Walter Marinovic

Kornblumen

**Georgs Wanderschaft
von Südtirol bis Schleswig-Holstein**

Walter Marinovic

Kornblumen

Georgs Wanderschaft
von Südtirol bis Schleswig-Holstein

Impressum

© 2013
Urheberrecht bei/Copyright by:

Nation & Wissen Verlag
Postfach 10 00 45
01571 Riesa
Tel.: (03525) 77 66 01
Fax: (03525) 77 36 914
www.nation-und-wissen-verlag.de
info@nation-und-wissen-verlag.de

ISBN 978-3-944580-02-9

Inhaltsverzeichnis

Kornblumen 9
Linke Demo 12
Schwester Irmgard 16
Freiheit und Mut 22
Gefangenschaft und Einkehr 25
Den Opfern Ehrfurcht 33
Aurora musis amica 38
Reicht die Hand zum Bunde! 43
In diesen heiligen Hallen 49
Synagoge des Satans 53
Rosenaus Geheimnis 60
Ritter Georg 66
Wie deutsch ist Österreich? 72
Wie deutsch ist Deutschland? 78
Brief ins Ungewisse 85
Gedächtnisstätte 91
Befreiung 2009 95
Kämpfer für Alldeutschland 100
Monument für unsere Toten 106
Jugend für Deutschland 112
Political correctness 119
Kampf gegen Rechts 126
Frühlingsglaube 130
Weise Worte – tolle Streiche 137
Nazis raus! 143
Kunst oder Anti-Kunst? 149
Heiliges Köln 157
Kornblumenblau 163
So mußt Du sein! 171
Deutschlands Schatzkästlein 178
Abendland oder EU? 184
Pommerland ist abgebrannt 189

Kinder sind unsere Zukunft	195
Gott, Kaiser, Vaterland	200
Dornenkrone	209
Mannd´r, ´s isch Zeit!	217
Freiheit der Presse	224
Kaiserstadt Wien	233
Drei Säulen	238
Föhnsturm	245
Wer das Weinen verlernt hat	252
Gott helfe mir!	260
Feige Gestalten	267
Sixtinische Muttergottes	274
Totengedenken	282
Kein schöner Land	288
Aufruf zum Ungehorsam	294
Auf rechten Wegen	301
New crowned hope	307
Blaue Blumen	312
Rote Rose	319
Morgentraum	323

Ich danke:

einem lieben Mädchen, das mir den Buchumschlag gestaltet hat, einem jüngeren Freund, der mich großzügig unterstützt hat, meiner lieben Frau, die mir seit mehr als einem halben Jahrhundert treu zur Seite steht.

Das Buch „Kornblumen" widme ich meinen Kindern und Enkeln und den Gesinnungsfreunden in allen deutschen Landen, von der Salurner Klause in Südtirol bis zum Gestüt Rabenhof in Schleswig-Holstein. Ich widme es auch allen Umerzogenen in unserem Volk und rufe ihnen zu:

Wacht auf!

Kornblumen

Kornblumen blühen blau vor meinem Fenster. Voll Sehnsucht blicken sie empor in den Himmel. Im Gelb des reifenden Korns sind sie blaue Boten einer schöneren Welt. Korn bringt Brot. Doch vom Brot allein leben wir nicht. Liebe zum Schönen brennt in uns, zum Rechten, zu Gott. Sehnsucht und Treue – für sie ist die Kornblume Sinnbild. Im niederösterreichischen Waldviertel blüht die blaue Blume trotz Gift und Gier nach Profit noch immer in Feldern und Gärten.

Georg Schönerer

Im Waldviertel lebte einmal ein Mann, der die Kornblume zum Zeichen seiner Gesinnung gewählt hat: Georg Ritter von Schönerer, Führer der „Alldeutschen" zur Zeit des Vielvölkerstaats Habsburg. Über ihn erzählten mir ältere Leute, die ihn noch kannten, liebenswerte Geschichten. Fuhr er von seinem Schloß Rosenau mit einem Pferdegespann in eines der Dörfer, liefen Kinder an der Straße zusammen, winkten ihm zu und riefen: „Heil, gnädiger Herr!" Lachend griff Schönerer in seine Tasche und warf Buben und Mädchen eine Handvoll Kreuzer zu, die sie eilfertig aufhoben. Er sorgte für Alte und Kranke unter den Arbeitern seines Landguts. In der nahen Stadt Zwettl baute er den Evangelischen eine Kirche. Das katholische Gotteshaus seines Schlosses schmückte er mit einer Kopie der Sixtinischen Muttergottes von Raffael. Keinen, der ihm einen Dienst erwiesen, der ihm Freude gemacht hatte, vergaß er. Eine Tante meiner Frau hatte von ihm ein Porträtfoto gemacht, für das er mit einem Kärtchen freundschaftlich dankte. In zügiger Kurrentschrift sagte er ihr seinen Gruß: „Für die von dem hübschen Bild begleiteten Neujahrswünsche sage ich besten Dank. Heil! Schönerer." Schönerer war ein Mensch, wie es nur mehr wenige gibt: Er war ein Herr.

Im Internet las ich einmal die Erzählung „Der Herr von Rosenau". Sie galt Georg von Schönerer. Wenn man im „Internetprojekt Gutenberg" schmökert, findet man, alphabetisch geordnet, viele Autoren und ihre Werke. Doch wie war der Name des Dichters? Beginnt er mit S? Schauen wir nach ... Tipp, tipp – schon zeigt mir der Bildschirm die Liste. S: Saar, Sacher-Masoch, Sailer Sebastian – das könnte er sein! Welche Werke? Tipp, tipp: Nein, Rosenau kommt nicht vor! Hat der Name des Autors anders begonnen? Vielleicht mit L? – Tipp, tipp: L'Isle, La Roche, la Sale ... Auch nicht! Oder R? Tipp, tipp: Raabe, Rabelais, Racine .... Autoren aus alter Zeit! Aber ich hab's doch gelesen! Im Internet? Oder wo? Oder hab' ich geträumt? Wie war das? Erinnere dich! „Der Herr von Rosenau" ... Bücher sind manchmal wie Träume. Man glaubt, was sie erzählen, sei wirklich gewesen. Vielleicht war es ein Traum? Schreib ihn auf! Gib ihm einen Titel! Aber welchen? – Kornblumen? – Kornblumen! – Ja! Das führt uns zur Frage, um die es Schönerer ging: Wie deutsch ist Österreich? Wie deutsch ist aber heute noch Deutschland? Wie ehren wir jene, denen wir unser reiches Erbe verdanken? Gedenken wir unserer Toten? Denken wir an unsere Kinder, an unsere Enkel? Kämpfen wir für unsere Zukunft?

Meine Träume kreisen um diese Fragen. Um sie geht es in meinem Buch: Georg sucht Antworten und wandert durch deutsche Lande.

Neuen Ordner öffnen! Klick! Aber soll es von Schönerer handeln, der vor hundert Jahren gelebt hat? War das nicht anders im Internet? Oder im Traum? Die Geschichte spielt nicht gestern, nicht vorgestern, wir erleben sie heute. Allzu gefährlich? Provokant? Darf man nicht provozieren? Wir müssen ja, damit man uns hört! Die

Kunst ist doch frei! So heißt es, aber das gilt nur für die Schrägen und Schrillen. Trotzdem: wir fürchten uns nicht, wir träumen, wir erzählen von einem Schönerer, der heute mitten unter uns lebt.

Wie nennen wir ihn? Georg – der Vorname bleibt. Das griechische Wort Georgos heißt der Bauer, das paßt zur Kornblume! Den Heiligen Georg bildet die Kunst als Ritter, als Kämpfer. Kühn hebt er sein Schwert, um den drohenden Drachen zu töten. Manchmal erscheint er auch anders: hoch aufgerichtet und stolz. Er muß nicht mehr kämpfen, er hat gesiegt. Er braucht kein Schwert. Wer ihn sieht, fühlt sich sicher. Georg ist unser Schutz. – Georg muß unser Held heißen! Wie aber noch? - - - Georg Merendorff! Warum Merendorff? Das verrate ich nicht! Ihr werdet ja sehen ...

Während sich das in meinen Gedanken entspinnt, steht wie im Traum Georg Merendorff plötzlich vor mir, ein Georg von heute: ohne Schwert, ohne Rüstung, ohne Schönerers Vollbart. Er glaubt daran, daß Österreich deutsch ist. Er will, daß Deutschland wieder deutsch wird. Er hat keine Angst. Er kämpft. Es kann beginnen!

Linke Demo

Universität Wien

11. Jänner 2007: Georg Merendorff steht in Wien am Fuß der Mölkerbastei, schräg gegenüber der Universität. Auf der Ringstraße wogt eine tobende Masse von Menschen: junge Leute mit Trillerpfeifen und Megaphonen, mit bunten Tüchern und Transparenten. „Gusenbauer!" steht auf einem riesigen Spruchband, „Lügner! Verräter!" Rote Jusos demonstrieren gegen Österreichs roten Kanzler, der mit seiner rot-schwarzen Regierung am Vormittag angelobt wurde. Seit Stunden blockieren sie den Straßenverkehr. Schrill gellt ein Pfiff. Unaufhaltsam ziehen die Demonstranten fünfzig Meter in der Richtung zur Schottengasse voran. Da hat ein Trupp Burschen, alle mit Bierdosen in Händen, Georg erspäht und marschiert

auf ihn zu. Einige Freunde, mit denen er eben noch sprach, setzen sich eilig ab. „Wohin?" ruft er und will sie festhalten. „Die tun uns doch nichts!" Aber die Hasenfüße sind schon um die Ecke verschwunden.

Georg lacht und geht locker auf den Trupp mit den Bierdosen zu. Die haben sich eben den Spaß ausgemalt, was dieser Alte tun wird, wenn sie ihn aus ihren Dosen mit Bier anschütten. Doch der kommt locker heran. „Grüß euch, Burschen! Ihr protestiert? Gegen den neuen Herrn Bundeskanzler, den Gusi? Weil er euch anlügt? Schluß mit den Studiengebühren, welche die Schwarzen eingeführt haben – das hat er euch versprochen. Aber jetzt: versprochen – gebrochen! Weil er feig ist, weil er kriecht vor den Schwarzen, weil er Kanzler sein möchte! Ihr demonstriert! Recht habt ihr! Ich bin dabei! Ehrlich sollten Politiker sein und uns nicht schäbig belügen!"

Die Bierdosenburschen stehen verblüfft: Ist doch an die vierzig Jahre älter als wir, denken sie, schaut blöd bürgerlich aus. Doch was er sagt, ist in Ordnung. Ein gutes Gesicht, etwas streng, aber dunkle Augen, dunkle Brauen, entschlossener Mund. Einer von ihnen, ein Blondkopf, beginnt leicht zu lachen. Entspannt lachen die anderen mit. „Na also", lacht auch Georg, „wir gehören zusammen! Wir protestieren!" Einer mit dunkleren Haaren drängt sich vor: „Protest gegen das schwarz-rote Establishment", ruft er, „alle Klassen, alle Generationen, jung und alt! Ich heiße Max. Und hier" – er weist auf den Blonden, der neben ihm steht – „mein Freund Lutz." Freundschaftlich schüttelt Georg den beiden die Hände. „Stürzen wir uns in die Demo!"

Wieder gellen Pfiffe, wieder rückt der Trupp auf der Ringstraße vor. Geballte Fäuste erheben sich drohend. „Gusenbauer – Bildungsklauer, Gusenbauer – Bildungsklauer", brüllen die Jungen im Sprechchor. „Regierung wegen Umfärbung geschlossen", liest man in teils roten, teils schwarzen Buchstaben auf einem Transparent, das im Wind flattert. Trotz winterlicher Kälte treibt Wut die brodelnde Masse der Menschen in wilde Hitze. Polizisten mit schweren Helmen stehen auf der Rampe der Universität. Eier und Farbbeutel fliegen und prallen von ihren hohen Schutzschilden ab. „Laßt das!" ruft Georg. „Die Polizei tut nur ihren Dienst. Im Grund sind das ebenso arme Teufel wie wir. Auch Gusi und seine Minister sind eigentlich nicht die Bösen. Hinter ihnen stehen Mächte, die sie und uns alle beherrschen." „Haben wir denn keine Demokratie?" fragt einer. Lautes Gelächter antwortet ihm. Max schaltet sich ein: „Churchill sagt, die Demokratie ist zwar schlecht, aber etwas Besseres gibt es nicht." „Wirklich?" ruft ein anderer aus dem Hintergrund. „Dann müssen wir etwas Besseres suchen!"

Lutz hat sich inzwischen in der Menge verloren. Interessiert wendet Max sich an Georg: „Wer, wenn nicht der Kanzler, bestimmt denn die Politik? Gibt es Leute, von denen er abhängt?" – „Kennen Sie Martin Schlaff?" Max schüttelt den Kopf. „Kaum jemand weiß etwas von ihm", sagt Georg. „Schlaff hat massenhaft Geld, ist ein Strippenzieher und verbunkert sich hinter Leibwächtern. Doch ich weiß, daß Gusi jetzt auf dem Weg zu ihm ist. Schlaff gibt ihm zur Feier der rot-schwarzen Regierung eine Promi-Polit-Party. Rotwein und Sekt fließen in Strömen. Operntenor Neil Shicoff singt eine Arie des Cavaradossi aus ‚Tosca'." „Wie reich ist der Mann?" fragt Max ungläubig. – „Zwei Milliarden hat er zumindest! Für seinen Freund, den Bankmanager Elsner, hat er locker eine Million als Kaution auf den Tisch gelegt. Elsner hat die Bank Bawag in Konkurs getrieben und sitzt jetzt in Haft. Aber der Deal, den sie einfädelten, ist gelungen."

Demonstranten, die neugierig zuhören, haben sich um Georg versammelt. „Ihr wißt doch", sagt er, „die ehemalige Gewerkschaftsbank gehört jetzt dem ‚Cerberus'. Was heißt dieser Name? Kerberos ist der Höllenhund in der griechischen Sage: drei Hälse, drei Köpfe, drei Mäuler mit scharfen Zähnen, die jeden, der sich an ihn wagt, zerfleischen. Den Kaufpreis, den ‚Cerberus' für die abgewirtschaftete Bawag zahlt, zocken uns Börsenbosse im Handumdrehen wieder ab. ‚Feindliche Übernahme' nennt man das. Da rollen Euro und Dollar und sogar Rubel, damit auch die russischen Oligarchen verdienen. Sie haben sich unter Jelzin die Sowjet-Wirtschaft um billige Schnäppchen gekauft. Schlaff ist ein Mann wie sie oder Madoff und Soros. Diese Leute haben überall ihre Finger: in Bulgarien, in Serbien, in Griechenland, in Israel, im Nahen Osten. Überall holen sie Geld." – „Der hetzt gegen Juden", schreit einer aus der Menge, „pfui, Antisemit!" Unerschrocken spricht Georg weiter: „Geld ist Macht. Politiker lassen sich mit Geld kaufen. Geld beherrscht uns und plündert uns aus. Jetzt feiert Schlaff ein bombastisches Fest mit SPÖ-Gusi. Früher flog er in seinem Privatflugzeug mit ÖVP-Schüssel nach Bulgarien, um Geschäfte zu machen. Bei seinen Plänen in Serbien intervenierte für ihn Gorbach von der FPÖ des Jörg Haider. Denkt einmal nach: Wer oder was ist denn unsere Regierung? Versteht ihr, warum die Parteien brechen, was sie versprechen? Dagegen müßt ihr euch wehren! Wir brauchen eine geistige Wende! Wir sind das Volk!"

Schwester Irmgard

Aus dem Megaphon dröhnt das Kommando: „Fünfzig Meter voran!" Gehorsam marschieren die Demonstranten. „Das war doch eine weibliche Stimme", sagt Georg. „Genau", antwortet Max, „Sabrina, eine tolle Emanze! Sie führt die Spitze der Demo." Georg bahnt sich durch das Gewühl der Leiber mühsam den Weg. Vor ihm ein Mädchen in fetzigen Jeans: schwarze Stiefel, brandrote Haarbürste, eckige giftgrüne Brille, Megaphon in der Hand: „Was will der in unserer Demo? Trau keinem über dreißig!" schreit sie Georg entgegen. Eine Emanze? – Aber die Stimme: hat er sie früher einmal schon gehört? Und ihr Gesicht? Eigentlich gut, klebte nicht der silberglitzernde Knopf eines Piercings am linken Flügel der Nase. Irgendwo schon gesehen? Georg versucht eine kleine Verbeugung. „Guten Abend, liebe Sabrina! Ist eure Altersgrenze so streng? Wollt ihr mich alten Knaben nicht auch ein Stück mitnehmen?" Huscht ihr da ein leichtes Erschrecken oder beinahe ein Lächeln über die Lippen? Hat er das liebe Lächeln irgendwann schon erlebt?

Max greift jetzt ein: „Sabrina, der Mann ist in Ordnung und paßt in unsere Demo. Auch er protestiert gegen Gusi und sagt: Ehrlich müssen Politiker sein, sonst fliegen sie raus!" Sabrina, die tolle Emanze, ist seltsam unschlüssig und gibt einem baumlangen Neger, der neben ihr steht, das Megaphon. Aus der Kolonne der Demonstranten braust wieder der Sprechchor: „Ho-ho-hei! Ho-ho-hei! Gusenbauer – Bildungsklauer! Gusenbauer – Bildungsklauer!" Rote Fahnen werden geschwungen, Fäuste ballen sich wild. „Sabrina", sagt Georg, „ich weiß leider zu wenig von euch. Würdest du mir nicht sagen, welche Forderungen ihr habt?" Verlegen zuckt sie die Achseln: „Hier in diesem Lärm? Man versteht nicht das eigene Wort." Er blickt sich um. „Liebe Sabrina, nicht weit von hier ist ein größerer Platz. Dort ist es ruhig. Nur wenige Schritte!" Max nimmt dem Neger das Megaphon ab. „Wenn du willst", sagt er, „gebe für die nächsten fünfzig Schritte ich das Kommando. Wenn etwas los ist, rufe ich dein Handy!" Noch etwas verlegen nickt Sabrina Max zu und verläßt den dichten Haufen der Demonstranten.

Georg, der ihr gefolgt ist, bittet sie um Verzeihung: „Fräulein Sabrina, ich habe Sie geduzt, weil das bei euch üblich ist. Aber Sie durchschauen mich ja. Ich bin hoffnungslos ewiggestrig und darf Sie bitten, daß Sie als Dame zu meiner Rechten gehen." Stumm wechselt sie die Seite, und wieder schwebt ein rätselhaftes Lächeln über ihr eigentlich anmutiges Antlitz, wäre da nicht die brandrote Haarbürste und der ekelhafte Piercingknopf an der Nase. Ihre eckige giftgrüne Brille nimmt Sabrina jetzt ab. Hellblaue Augen leuchten Georg fröhlich entgegen. „Kenne ich sie?" denkt er. „Dieses Gesicht habe ich irgendeinmal und irgendwo schon gesehen! Aber Sabrina hieß das Mädchen sicherlich nicht ..." Blitze der Erinnerung tanzen durch Georgs Kopf. Doch alles bleibt ungewiß. „Was studieren Sie?" fragt er schließlich, um nur irgend etwas zu sagen. „Medizin", antwortet sie, „seit dem Beginn dieses Semesters."

Nebeneinander gehen die beiden über den großen Platz abseits der Ringstraße. Das laute Geschrei der Demo verebbt. Oder hören sie es nicht, weil jeder von ihnen auf die Stimme des anderen lauscht, die doch vertraut ist? Das Mädchen hat ihn längst erkannt und deshalb die Brille von ihren hellblauen Augen genommen. Aber er? Muß sie seiner Erinnerung Brücken bauen? „Als ich nach Wien kam, wollte ich mein Abitur nachholen, aber gleichzeitig mußte ich auch etwas verdienen. Daher war ich drei Jahre lang Krankenschwester und war es mit großer Freude. Es ist schön, leidenden Menschen zu helfen. An manche Patienten denkt man auch später noch und freut sich, wenn man ihnen einmal begegnet." Wieder umspielt ihre Lippen ein leises Lächeln. Doch Georg geht an der Brücke, die sie ihm gebaut hat, vorbei. „Abitur, sagen Sie? Sie kommen aus Deutschland? Für mich ist das nicht Ausland, für mich sind Sie keine Fremde. Wir beide sprechen ja deutsch. Mir ist, als hätte ich Ihre Stimme irgendwann schon gehört." Blau funkeln ihre Augen: „Vielleicht war es so?"

Georg denkt nach: „Krankenschwester waren Sie? Drei Jahre lang? Und nun studieren Sie Medizin?" Er faßt sie ins Auge. Aber die scheußliche brandrote Haarbürste! Doch der blaue Blick ihrer Augen? Das schöne Deutsch ihrer lieblichen Stimme? Irmgard? Es kann nicht sein! „Es sind nun fast schon drei Jahre", sagt er langsam und stockend, „da lag ich im Krankenhaus Lainz. Autounfall! LKW mitten auf der Fahrbahn – prallt gegen mich – mein linker Arm – Operation. Als ich – auf dem Krankenbett – aus der Betäubung erwache, steht Schwester Irmgard wie ein Engel vor mir – ". Er bricht ab und sieht ihr ungläubig ins Gesicht. „Aber es kann ja nicht sein: Sie heißen Sabrina, nicht Irmgard!"

Hell lacht das Mädchen nun auf: „Irmgard heiße ich! Endlich erkennen Sie mich! Ich bin Schwester Irmgard! Meine Freunde behaupten, mein Name sei allzu deutsch und nennen mich deshalb Sabrina. Aber warum sollen wir Deutsche uns schämen, daß wir deutsch sind? Vielleicht erinnern Sie sich: im Krankenhaus haben wir beide viel darüber geredet. Wie ich Sie vorhin plötzlich erkannte, war alles wieder da, was wir damals sprachen. Als es Ihnen besser ging, hatten wir in meinem Nachtdienst aufregende Gespräche. Über die Umerziehung, die uns zu anderen Menschen gemacht hat, über die ewige Schuld, zu der man uns verdammt hat! Doch das war vor einigen Jahren. Mit dem Beginn meines Studium wurde es mit mir ganz anders. Meine Freunde sind alle links, ich will eben irgendwo mitmachen und stehe nun vorn in der Demo. Eigentlich sollte ich jetzt kommandieren, daß wir wieder ein Stück vorrücken." Erschrocken sieht sie sich um. „Wir sind schon zu weit weg. Ich muß zurück!"

„Irmgard", sagt Georg beglückt, „liebe Irmgard! Dreimal sind wir schon rund um diesen Platz gegangen, und alles ist zwischen uns wieder so wie vor drei Jahren. Als ich elend und bleich auf dem Krankenbett lag ... ich werde es nie vergessen! In meinen alten Tagen – lachen Sie mich bitte nicht aus! – habe ich ein Gedicht geschrieben über den Augenblick, als ich Sie erstmals sah. Erinnern Sie sich? 21. Juni: Mittsommertag! Hell strahlte die Sonne. Sie, Schwester Irmgard, standen an meinem Bett und hoben mich nach der Operation aus der Betäubung empor. Liebevoll hielten Sie mich in ihren Armen! Als ich das Krankenhaus dann verließ und Ihnen fern war, wurde mir das Glück unserer Begegnung erst voll bewußt. Ich mußte es in ein Gedicht fassen. Verse flogen mir zu, als würde mir jemand diktieren. Mit eiliger Hand schrieb ich sie auf. Was mich bewegt, möchte ich gestalten, ihm dauernde Form geben, muß dichten – Glück und auch Leid ganz dicht verdichten. Irmgard, liebe Irmgard, darf ich ...?" Sie nickt ihm zu. Leise, leicht stokkend spricht Georg sein Gedicht:

Als ich elend und bleich auf dem Krankenbett lag,
in dunkler Betäubung verloren,
da hast Du wie ein sonnendurchfluteter Tag
mich zu neuem Leben geboren.
Liebevoll mit starken Armen
hobst Du sanft mich voll Erbarmen
aus dem Dämmerschlaf empor,
bis das Dunkel sich verlor.

„Sind Sie böse", fügt er rasch hinzu, „daß ich im Vers ‚Du' zu Ihnen sage? ‚Sie haben' wäre ja holprig, paßt nicht in den Rhythmus. Im Gedicht hat man poetische Freiheit ... Verzeihen Sie, bitte ..." Eine lähmende Pause tritt ein. Georg wagt nicht, weiter zu sprechen. Wo ist sein Mut, wie er ihn gegen Männer stets hat? Endlich bricht Irmgard ihr Schweigen: „Du hast – Sie haben mich nicht böse gemacht, gar nicht ... Ihr Gedicht singt und klingt. Ich habe auch einmal Verse geschrieben: schlechte, das weiß ich jetzt. Ein Gedicht, sagten Sie, verdichtet, was wir erleben. War es so, als wir einander begegneten: ‚sonnendurchflutet'? Das ist wunderschön …!" – „Sonnendurchflutet war es, sonnendurchflutet!" – „Und", lächelt sie zart, „‚Du hast mich zu neuem Leben geboren'?"

„Du", antwortet Georg, verbessert sich aber: „Sie – waren mir wie eine Mutter, ‚liebevoll mit starken Armen'. Hilflos war ich, aber in Liebe geborgen. So muß es gewesen sein, als meine Mutter mich geboren hat. Vom ersten Augenblick unseres Lebens wissen wir ja nichts. Man sagt von den Neugeborenen nur, daß sie schreien. Warum? Aus Schmerz? Aus Freude? Aus Freude und Schmerz? Beides bringt uns das Leben: Schmerzen und Freuden. Was uns hilft, ist die Liebe. Gott ist die Liebe, die auch den Schmerz überwindet. In Ihren Armen habe ich das damals empfunden!" Irmgards heller Blick strahlt. „So haben Sie das erlebt?" – „Das Leben, das Gott uns geschenkt hat, ist schön! Diese Worte", fügt er zögernd hinzu, „las ich in Ihren Augen, und sie erfüllten mein Herz: Als lichter Lebensengel standen Sie an meinem Krankenbett und haben mich zu neuem Leben geboren."

Verlegen wehrt Irmgard ab: „Ich habe nur getan, was ich in der Schwesternschule gelernt habe. Einen Patienten, der nach der Operation kollabieren könnte, muß man kräftig emporheben, ihm fest in die Augen schauen, ihm wieder Mut geben …" „Mut", ruft Georg, „das war es! Mut haben Sie mir gegeben, als ich in dumpfer Betäubung nur trübes Vergessen und dunkle Schatten empfand, das schwarze Nichts …!" „Das schwarze Nichts", fragt Irmgard erschrocken, „was ist das?" Georg versucht zu erklären:. „Meine Frau, die ich innig geliebt habe, war wenige Monate vorher plötzlich gestorben, dann mein Unfall, meine Operation – Sie kennen das nicht, wenn plötzlich das Chaos aufbricht: alles kaputt, alles in Stücke geschlagen, Finsternis." „Ihre Frau ist tot?" unterbricht sie ihn. Tränen treten in Georgs Augen. „Damals, im Krankenhaus, konnte ich darüber nicht sprechen, mein Schmerz war zu groß. Meine liebe Frau – sie hieß Ingeburg, hatte einen schönen deutschen Namen wie Sie, liebe Irmgard. Glücklich waren wir miteinander, hatten zwei liebe Kinder, die nach ihrer Heirat nach Deutschland zogen. In wenigen Monaten wird unsere Tochter meiner verstorbenen Frau und mir einen Enkel schenken und uns zu Großeltern machen." „Opa?" entfährt es Irmgard. „So sehen Sie aber nicht aus! Und" – voll Mitleid schauen ihre hellblauen Augen auf ihn – „Sie haben jetzt keine Familie mehr?"

Georgs Blick trübt sich. „Ich bin allein. Aber ich darf nicht undankbar sein. Die Familie war viele Jahre mein Glück! Familie ist die schönste, die engste Gemeinschaft: Mann und Frau, Frau und Mann und die Kinder!" Als er bemerkt, daß Irmgard ihr Gesicht scheu abwendet, fügt er rasch hinzu: „Ihr Jungen habt euch leider umerziehen lassen. Aber die Natur ist stärker: Dem Winter folgt Frühling. Und dann, sagt ein Dichter so schön, ‚wird sich alles, alles wenden'! So ganz allein bin ich ja nicht. Ich habe viele Kameraden, ich habe eine Aufgabe. Und manchmal – so ist es eben jetzt – schenkt mir ein gütiges Schicksal das Wiedersehen mit einem lieben Menschen." Herzlich will Georg Irmgard an der Hand fassen, da schrillt plötzlich ihr Mobiltelefon. „Hallo?" Undeutlich ist eine erregte Stimme zu hören, offenbar von der Demo. „Ich muß", entringt es sich ihr, während sie nervös das Gespräch abbricht, „ich muß hinüber, man fragt, ob wir weiter vorrücken sollen."

Georg nickt mitleidvoll. „Jeder hat seine Aufgabe. Doch vielleicht ..." Irmgard unterbricht hastig: „Auch mir war es ein liebes Wiedersehen! Und bitte – schicken Sie mir doch das schöne Gedicht! Tschüß! Und danke! Danke!" Allein bleibt Georg zurück. Von der Ringstraße hört er das wilde Johlen der Demo: „Gusenbauer – Bildungsklauer! Ho-ho-hei! Ho-ho-hei!" Im Gespräch mit Schwester Irmgard waren seine Ohren ganz taub für den Lärm auf den Straßen gewesen. Seltsam! Wie war denn alles gekommen? Hat eine gütige Hand ihn und sie wieder zusammengeführt? Oder hat er geträumt?

Freiheit und Mut

Als Georg, noch erfüllt vom Wunder des Wiedersehens, in die Straßenbahn einsteigt, die ihn von seinem Abenteuer heimbringen soll, erhebt sich aus einer vorderen Reihe ein junger Mann, kräftig, mittelblond, und geht auf ihn zu. „Ich habe auch die Demo verlassen. Das Johlen und Pfeifen widert mich an. Mein Freund Max hat mich mitgezerrt. Aber dem linken Gesindel geht es nicht um Bildung, nur um Klamauk!"

„Ich weiß", antwortet Georg, „wir sind einander vorhin flüchtig begegnet. Sie sind der Lutz?" Freundlich reicht er dem Jungen seine Hand. Der strahlt ihn mit blauen Augen an, fast so hell wie die Augen von Irmgard. Seiner Sprachfärbung nach stammt er wohl aus einem östlichen Bundesland. „Sä komm' woul ous Sochsen", scherzt Georg, „wou dä scheen' Mähdchen wochsen?" Herzlich lachend entgegnet der Blondkopf: „Erraten! Ich komme aus Dresden. Doch ich rede, wenn es sein muß, auch hochdeutsch!" – „Aber nicht so makellos rein wie die Irmgard." – „Irmgard, wer ist das?" Georg schüttelt den Kopf. „Das können Sie nicht wissen. Ich meine die Emanze Sabrina an der Spitze der Demo." Jetzt versteht Lutz. „Sabrina ist eine Wessi, aus der Gegend von Bielefeld, die sprechen schöner als wir. Ist ein prima Mädel, nur etwas übergeschnappt, seit der rote Dani ihr Freund ist. Putzt sich, als wär' sie beim Zirkus, kommandiert herum und schreit linke Parolen. Ich kenne das, studiere ja Politologie. Zum Kotzen! Heimtückisch impfen uns die Professoren die Ideologie unserer unsühnbaren Schuld ein. Die meisten Kommilitonen lassen sich stumpfsinnig verblöden."

Georg lacht, hebt aber vorsichtig warnend die Hand. „Behutsam, lieber Lutz, man weiß nicht, wer in der Straßenbahn rechts und vor allem links zuhört! Aber Sie sagen ‚Kommilitonen', das hört sich doch konservativ an." – „Bin korporiert", antwortet Lutz stolz, „Burschenschaft Olympia Wien." – „Germania Salzburg", entgegnet Georg. „Wir sind Verbandsbrüder, könnten einander weiterhin siezen, aber" – er blickt in ein offenes, helles Gesicht – „sagen wir Du! Ich bin der Georg." – „Danke, danke!" ruft Lutz überrascht und schüttelt Georgs Hand so kräftig, daß es beinahe schmerzt. „Wie kommen dann aber Sie – wie kommst du als ‚alter Herr' in eine linke Demo?"

„Ich war mit Verbandsbrüdern verabredet. Als die Bierdosenburschen auf uns zuliefen, sind diese Hasenfüße plötzlich verschwunden. Ich bin nicht so und blieb. Wir müssen mit allen reden, besonders mit euch Jungen. Manche, wie die Sabrina, sind gar nicht so, wie sie reden. Umerzogen seid ihr von umziehenden umerzogenen Lehrern, von Zeitungsschmieranskis, von Disc-Jockeys und Talkshow-Emanzen, die dafür bezahlt werden. Wer sagt, was er denkt, dem hauen sie mit der Nazi-Keule brutal auf den Schädel. Die meisten schüchtert das ein. Mich nicht!"

Das Gesicht von Lutz leuchtet hell auf: „Solche Menschen brauchen wir Jungen. In Honeckers DDR, die ich als Kind noch erlebte, war es weniger schlimm. Die M-L-Schnulzen, also den Marxismus-Leninismus, so erzählten mir meine Eltern, lernte man auswendig, aber geglaubt hat man sie nicht. Doch in der BRD und auch in Österreich dreschen sie sechsmillionenmal mit der bösen Vergangenheit auf uns ein!" Georg stimmt zu: „Das Geschwätz von alten Geschichten vor mehr als sechs Jahrzehnten geht uns, die wir diese Zeit gar nicht erlebt haben, nichts an! Hat denn die Gegenwart keine Probleme? Öffnen sich in Zukunft nicht Abgründe, in die wir hineintaumeln, wenn wir uns nicht rechtzeitig wenden? Parteibuchwirtschaft, Korruption der Politiker, Riesenverschuldung, drohende Armut, das sind die drängenden Fragen unserer Zeit, nicht der alte Schnee von vorgestern. Und die andere Armut, die noch schlimmer ist als die Angst um das Geld: Armut an Kindern, Masseneinwanderung, Überfremdung, Kriminalität, Sittenverfall ..."

„Genau das", unterbricht Lutz, „bewegt auch uns Junge. Darüber schweigen sie alle: Lehrer, Professoren, Medien, Intellektuelle, die ganze politische Klasse. Mit euch, die ihr Erfahrungen habt, müssen wir diskutieren und lernen!" – „Können wir tun, lieber Lutz! Wo wohnst du?" – „In Währing, in der Edmund-Weiß-Gasse." – „Wunderbar! Das ist nicht weit von meiner Wohnung entfernt. Wir können oft zusammenkommen. Wenn du willst, fahren wir einmal gemeinsam zu meinem Freund, der noch frühere Zeiten erlebt hat. Siebenundachtzig Jahre ist er, aber geistig immer noch jung. Von ihm kann man lernen, was Perikles einmal so trefflich gesagt hat." – „Perikles in Athen, vor fast zweieinhalbtausend Jahren?" – „Weise Worte großer Menschen werden nie alt. ‚Das Geheimnis des Glücks', sagte Perikles, ‚ist die Freiheit. Das Geheimnis der Freiheit ist aber der Mut.'"

Gefangenschaft und Einkehr

Neun Wochen später, nachdem er mehrere Vorträge in Deutschland gehalten hat, sitzt Georg im Auto von Lutz, der mit ihm ins niederösterreichische Waldviertel zu Walther Groß fährt. Noch immer verschneit sind hier im März die Wiesen und Wälder, unter der weißen Last neigen die Fichten tief ihre Äste zum Boden. Hinter den Hügeln grüßt aus der Ferne der hohe Barockturm des Stiftes Zwettl. „Bald sind wir am Ziel", sagt Georg, „bei Walther Groß. Ich begegnete ihm erstmals vor mehr als zehn Jahren, als ich im Waldviertel einen Vortrag über Josef Weinheber hielt.

‚Durch einen Bombenangriff', sagte ich damals, ‚wurden dem Dichter in den letzten Monaten des Kriegs tausende Exemplare seines neuen Lyrikbandes vernichtet. Vor dem Eindringen der Roten Armee nahm er verzweifelt eine Überdosis an Schlafmitteln. In seinem Garten hat man ihn zur letzten Ruhe gebettet. Wenige Tage danach stürmten Sowjetsoldaten sein Haus und durchwühlten sein Grab.' – ‚Recht g'schegn is ihm, dem Nazi', schimpfte in der Diskussion ein fanatischer Antifaschist. Darauf erhob sich ein drahtiger älterer Herr und widersprach mit gemessenen, aber eindeutigen Worten: ‚Weinheber war ein Dichter, der größte deutsche Lyriker des 20. Jahrhunderts. Seine politischen Ansichten sind ebenso unwesentlich wie die von Bert Brecht. Doch für sein literarisches Werk gebührt dem Toten Ehrfurcht und Dank.' Der linke Krawallmacher verließ den Saal und schmetterte wütend die Tür ins Schloß. Ich aber ging auf Walther Groß zu und schüttelte ihm dankbar die Hand. Seither sind wir Freunde. Auch unsere beiden Frauen, seine Pauline und meine liebe Ingeburg, die damals noch lebte, freundeten sich ebenso an. Schöne Stunden verbringen wir seither bei langen Gesprächen über Gott und die Welt."

Lutz ist inzwischen nach rechts abgebogen auf die Straße, die von der Stadt Zwettl zum Stift führt. „Hier sind wir schon", ruft Georg,

„da steht Walther vor dem Haus und neben ihm sein braver Hund Troll." Folgsam bleibt der dunkle Colli-Schäfer bei seinem Herrn, beobachtet sie scharf, gibt aber keinen Laut. „Servus, Walther, hier bringe ich dir meinen jungen Freund Lutz, er möchte dich kennenlernen." Auch Pauline, freundlich lächelnd im blauen Hauskleid, begrüßt sie herzlich. Georg und Lutz klopfen den Schnee von den Schuhen und werden in ein wohnliches Zimmer geführt. Auf dem Tisch steht dampfend eine Kanne mit heißem Tee. „Bei acht Grad Minus zu einem alten Mann fahren", lacht Walther, „ist eine mutige Tat!" Klar und bestimmt ist seine Sprache. Hinter den Gläsern seiner dünn gerahmten Brille blicken scharfsichtige Augen. Vom Schicksal geprägt und lebhaft ist sein Gesicht.

Walther Groß als Soldat, 1941

„Walther", beginnt Georg, „in Kürze habe ich meinem Freund Lutz von deinem Schicksal erzählt. Ab 1940 warst du im Krieg an fast allen Fronten: Frankreich, Griechenland, Italien und Rußland. Darauf folgten mehr als acht Jahre Gefangenschaft in der Sowjet-Union." Walther Groß unterbricht: „Lieber Freund", wendet er sich zu Lutz, „ich will keine Geheimnisse. Sie sollen auch die Vorgeschichte erfahren. Ich habe mich mit zwanzig Jahren freiwillig zur Waffen-SS gemeldet und wurde dann Offizier. Wer diese Zeit nur vom Schulunterricht kennt, aber nicht erlebt hat, wird das vielleicht nicht verstehen. Man muß die Geschichte dieser Zeit kennen. Unsere Heimat blutete nach dem Ersten Weltkrieg aus schweren Wunden: harter Friedensvertrag, Gebietsverluste, Not, Hunger, Inflation, politische Spannungen. Es kam zum Bürgerkrieg zwischen Schwarzen und Roten. Der Riß ging durch viele Familien. Meine Großtante war eine führende Sozialdemokratin. Auch mein Vater wurde als ‚Sozi' nach 1934 verhaftet. Damals begann die Diktatur der klerikalen ‚Vaterländischen Front'. Wir Jungen wagten Widerstand. So wie viele meiner Freunde ging ich mit vierzehn Jahren illegal zur nationalen Jugendbewegung. Auch nach Österreichs Anschluß war ich ein Jugendführer."

Lutz, der gespannt zugehört hat, fragt: „Wie aber kamen Sie später in Kriegsgefangenschaft?" „Im April 1945", erzählt Walther Groß, „kämpfte ich bei der Verteidigung Wiens gegen die Russen und hatte noch eine Begegnung mit meiner Frau. Es waren nur kurze Minuten. Wir ahnten, daß es diesmal ein Abschied für sehr lange, vielleicht für immer sein werde. Wir hielten einander bei den Händen, sahen einander an. Viele Worte konnten wir nicht mehr finden. Es gab keine Tränen. Die Zeit war hart geworden. Bald kam ein Melder, der mich wegrief. Auch sie mußte gehen. Bei der Schlacht um Wien war ich Offizier in einem Marschbataillon. Eine russische Panzerabwehrkanone schoß meinen PKW ab, und ich kam in Kriegsgefangenschaft. Was ich an Hunger, Kälte und Zwangsarbeit erlebt habe, in der Kolchose Tula, in Reval beim Abreißen von Ruinen, in der zweieinhalb Jahre langen Zwangsarbeit im Ural, in den 3102 endlosen Tagen der Gefangenschaft, das erzählen Ihnen meine Bilder besser als meine Worte. Kommen Sie bitte mit mir!"

Sie steigen über eine schmale Holztreppe zum Obergeschoß in ein Zimmer, wo sich Bild an Bild reiht, eine erschütternde Chronik des Leidens. Der Blick der Besucher fällt auf ein Gemälde gegenüber der Tür: Ein deutscher Kriegsgefangener mit verwildertem Bart starrt mit erloschenen Augen ins Leere. Ängstlich umklammern seine Hände ein schmales Stück Brot, als sei es eine heilige Hostie. „Brot", erklärt Walther, „heißt dieses Bild. Sechshundert Gramm Nahrung standen uns zu. Die Gesamtrati-

*Walther Groß:
Das Ende der Flucht*

on gab man für die ganze Arbeitsgruppe aus. Ein Kamerad teilte sie genau und legte jedem das Stück, das ihm zukam, auf eine Waage, die wir uns mühselig gebastelt hatten. Es war jämmerlich wenig. Auf anderen Bildern sehen Sie Landser, die auf dem Boden nach Brotresten suchen, an denen Ratten genagt haben. Manche wollten dem bohrenden Hunger entkommen und in der Nacht entwischen. Wie das ausging, sehen Sie auf meinem Bild ‚Das Ende der Flucht'. Zwei Gefangene liegen vor einem Rotarmisten, der seine Arme breit in die Hüften stemmt, tot auf dem Boden. Ihre Kameraden ziehen an ihnen vorbei. Stumm nehmen sie die Mützen ab und blicken auf den drohenden Wachtturm am Ende des Lagers."

„Auch mein Onkel", wirft Georg ein, „war mit achtzehn Jahren Kriegsgefangener bei den Amis in Böhmen. Als man ihn drei Monate nach dem Kriegsende entließ, hatte er fast nur noch die Haut um die Knochen. Zweimal am Tag ein Stück hartes Brot und einen Löffel Büchsenfleisch, dazu kalten Kaffee, das war die von den ‚Befreiern' gnädigst zugestandene Ration." Walther nickt zustimmend: „In den Rheinwiesenlagern war es noch schlimmer. Unter menschenverachtenden Umständen krepierten die Leute dort wie die Fliegen. Für die Gefangenen in der Sowjet-Union hat man Zahlen erhoben: etwa drei Millionen Soldaten der Deutschen Wehrmacht gerieten an der Ostfront in Kriegsgefangenschaft. Von ihnen sind fast zwei Millionen umgekommen. Von den Kameraden, welche die Russen schon 1941 gefangennahmen, haben 95 Prozent die Zwangsarbeit nicht überlebt."

Lutz ist erschüttert. „Von den Professoren, die uns stets nur mit ‚deutschen Verbrechen' traktieren, sagt das keiner!" stößt er wütend hervor. Walther weist auf das Bild „Im Braunkohleschacht". Tief unter Tag stemmen sich die Gefangenen gegen einen schwer beladenen Wagen, um ihn über die holprigen Geleise zu schieben. „Aber", sagt Walther, „noch schlimmer als Zwangsarbeit und Hunger war die Ungewißheit. Kommen wir je wieder nach Hause? Wo ist die Heimat? Diese Fragen quälten uns." Lutz blickt auf ein Bild, auf dem ein Landser vor dem Stacheldrahtzaun kniet. Unbarmherzig glühen Scheinwerfer auf ihn. Am Horizont glimmt ein Licht: Wo ist die Heimat?

Ein Inferno der Grausamkeiten hat der Maler festgehalten. Auf einem anderen Gemälde sieht Lutz einen Menschen, der – das Gesicht in den Händen vergraben – niedergesunken ist. Krampfhaft hält seine Hand eine kleine, eng beschriebene Karte. „Das erste Lebenszeichen von daheim", erklärt Walther. „Über ein Jahr war vergangen, bis ich die erste Post erhielt. Unbeschreiblich war meine Erregung. Der Mund war trocken, die Hand zitterte, das Herz schlug schnell! Endlich war es so weit! Wieder und wieder las ich die lieben Zeilen, langsam Wort für Wort. Ein lieber Freund hat mich dann gebeten, ihm dieses Gemälde

Walther Groß:
Das erste Lebenszeichen

zum Druck für den Umschlag seines Buches zu überlassen. Es ist eine Erzählung aus dem Jahr 1945 über Krieg und Gefangenschaft. Er hat sie seinem im Krieg gefallenen Vater und seiner Mutter gewidmet." Georg sieht das Büchlein auf einem Tisch liegen und schlägt es auf. „Vielleicht", liest er im Nachwort, „wird meine Erzählung auch für euch, meine Kinder und Enkel, und für jene, die nach uns kommen, ein bescheidenes Zeitdokument sein. Wir waren keine Verbrecher. Wir waren Menschen, die viel gelitten haben. Und wir hatten den Mut, aus Trümmern eine neue Welt zu bauen."

„Dieser Schriftsteller", fügt Walther hinzu, „und noch ein anderer Freund haben mit mir einen Film gemacht: ‚Gefangenschaft und Einkehr'. Wenn ihr wollt, können wir ihn sehen." Auf dem Bildschirm erscheint Walther Groß und berichtet, was ihn, nachdem er 1953 endlich heimgekehrt war, mit unwiderstehlichem Zwang zur Kunst geführt hat: „Die Schicksalsjahre in russischen Lagern, die Kameraden, die dort umkamen, die Verzweiflung, nie wieder die Heimat zu sehen, quälen meine Erinnerung. Da las ich Solschenizyns Erzählung ‚Ein Tag im Leben des Iwan Denissowitsch'. Mit einem einzigen Schlag war alles wieder da! Ich mußte bewältigen, was ich erlebt hatte. Ich nahm Ölfarben und Pinsel und begann zu malen. So entstand mein erstes Bild: ‚Menschen im Regal.'" Der Film zeigt das Gemälde: eng zusammengepreßt hocken die Gefangenen mit krummen Rücken auf Holzpritschen. Erdrückend eng ist der Raum, in den sie gepfercht sind.

Ein Schreckensbild nach dem anderen fliegt vorbei: Arbeit bei eisiger Kälte oder glühender Hitze, das Tribunal der Kommissare unter den Bildern von Lenin und Stalin: sie verurteilen Groß und seine Kameraden wegen angeblicher „Beihilfe zu Greueltaten an friedlichen Sowjetbürgern" zum Tod. Wegen der Abschaffung der Todesstrafe ändert man das Urteil: 25 Jahre schwere Zwangsarbeit. Wenn die Verurteilten fragten, wo, wann und wobei sie Beihilfe geleistet hätten, kam barsch die Antwort: „Die Verbrechen der Waffen-SS

Walther und Pauline endlich vereint

sind der ganzen Welt bekannt. Abführen!" Lutz ballt, rot vor Zorn, seine Fäuste: „Gemeine Lügen!" Walther kommentiert sachlich: „Die Behandlung war nun noch härter als früher und versuchte uns zu entwürdigen: Hinsetzen auf Kommando, auch im Schlamm. Zwangshaarschnitt. Überbelegte Erdbunker ohne Tageslicht. Kaum Rundgänge an der Luft. Völlige Isolierung." „Wie hält man das aus?" ruft Georg. „Es war ein Todesurteil auf Raten", antwortet Walther. „Doch 1953 starb Stalin. Für die armen Russen in der Sowjet-Union änderte sich nichts. Für uns aber ereignete sich im Herbst 1953 ein Wunder: Heimkehr!"

Der Film zeigt eine österreichische Wochenschau: Bahnhof Wiener Neustadt. Dicht gedrängt stehen die Menschen und erwarten die Heimkehrer. Der Zug hält, Türen öffnen sich, glücklich springen Männer aus den Waggons. Jubelnd laufen ihnen die Angehörigen entgegen. Unter den vielen, die sich nach Jahren der Trennung endlich finden, hält der Film bei zwei Menschen kurz an: Walther und Pauline! Beglückt fallen sie einander in ihre Arme! Georg wirft einen Blick auf die beiden, die nun neben ihm sitzen. Der Mann, der Schweres ertrug und überwand, und seine Frau, die tapfer wartete, bis er wieder daheim war. „Und noch jemand kam mit Pauline", ergänzt Walther. „Wenige Monate, nachdem ich in Gefangenschaft kam, hat meine Frau ein Mädchen geboren. Bei meiner Heimkehr hat es mit acht Jahren erstmals seinen Vater gesehen."

Nach dem Film spricht einige Minuten niemand ein Wort. Als Georg und Lutz sich verabschieden, sagt Walther leise: „Die Jahre im Gulag waren nicht verloren. Sie haben meine Kameraden und mich zur Einkehr geführt. Die russischen Menschen, die lieben Bäuerinnen und die armen Teufel der Wachmannschaften, sind uns Freunde geworden. Auch sie waren Opfer eines unmenschlichen politischen Drucks. Wir wollen nicht Rache, sondern Versöhnung. Wir wollen keine Hetze, sondern den Frieden."

Den Opfern Ehrfurcht

Georg und Lutz sitzen im Auto und winken Pauline und Walther nochmals zu. „Danke", sagt Lutz zu seinem Freund, „das sollten alle Jungen einmal erleben! Wie weggeblasen wäre dann, was man uns als sogenannte Zeitgeschichte eintrichtert. Männer wie Walther Groß brauchen wir. Sie sollen unsere Vorbilder sein." Georg nickt ihm zu: „Viele seiner Altersgenossen, unter ihnen mein Vater, haben uns schon lange verlassen. Halten wir uns an das Beispiel, das sie uns geben. Es zeigt, wie man auch in dunkelsten Stunden seine Haltung bewahrt. Doch haßerfüllte Feinde warten darauf, daß diese Generation endlich tot ist. Ohne das Band zwischen Alt und Jung, hoffen sie, gerät alles endgültig aus den Fugen. Walther Groß und seine Pauline werden aber weiterwirken. An die dreihundert Bilder hat er gemalt, hat in Österreich und Deutschland Ausstellungen veranstaltet. Über seine Zeit im Krieg und in der Gefangenschaft schrieb er ein Buch. Schulen luden ihn zu Vorträgen ein. Lieber Lutz, was wir tun oder auch unterlassen, hinterläßt Spuren. Vieles kann daraus folgen, auch wenn wir es nicht mehr erleben."

„Vorhin", fügt Lutz hinzu, „sah ich bei Walther Groß auch andere Bilder: dunkle Wälder, grüne Heugarben und goldene Kornfelder, in denen blaue Kornblumen blühen." Georg stimmt zu: „Das ist das Waldviertel, das Land der Kornblumen, ‚ein Königreich der Stille', wie es der Dichter Konrad Windisch genannt hat. Bei Rosenau, wohin wir morgen kommen, hat Walther ein breites Kartoffelfeld gemalt mit dem weiten Blick über die sanften Hügel des Waldviertels. Hast du auf einem anderen Bild das Haus mit dem grünen Fachwerkgiebel gesehen?" „Ja", erinnert sich Lutz, „ein kleiner Holzzaun steht davor, links ragt ein hoher Baum, und rot blühen die Blumen." Georg lacht: „Zu diesem Haus werden wir bald kommen. Es gehörte einmal der Familie meiner Frau. Jetzt lebt dort ein Verwandter, der gestern nach Wien fuhr. Er lud uns ein, heute in diesem Haus zu übernachten. In Kürze kommen wir an. Beim Parkplatz gegenüber diesem Gebäude halten wir!"

Die beiden verlassen das Auto und stehen vor einem Haus, an dessen Front ein schmucker Erker mit grüner Haube steil aufsteigt. „Salve", zu deutsch „Heil", steht auf einem Schild an der Türe des Zauns. Schnell stellen sie ihr Gepäck in der holzgetäfelten Diele ab. „Im Kachelofen", entdeckt Georg, „glost noch Glut. Legen wir rasch Holzscheite nach!" Bald prasselt wärmendes Feuer. „Machen wir noch ein paar Schritte durch den Ort", schlägt Georg vor, „damit du unser Waldviertel kennenlernst!"

Mariensäule

Sie wandern an schönen Biedermeierfassaden vorbei und stehen dann auf dem geräumigen Marktplatz: ein breiter Dreiecksgiebel über dem Eingang zum Rathaus, daneben die stattliche Front des größten Gasthauses am Platz, zwei Marktbrunnen im Schatten von riesigen Eichen. In der Mitte thront auf hoher Säule Maria. Krone, Szepter und ein goldener Stern hinter ihrem Rücken schmücken sie als Königin des Himmels. Ihre schönste Zier ist aber auf ihrem Schoß das liebliche Kind. „Mutter der Barmhertzigkeit", liest Lutz die Worte in alter verschnörkelter Schrift, „bitte vur uns alle Zeit." „Katholisch fromm", urteilt er leicht abfällig. „Das ist", entgegnet Georg, „aus der damaligen Zeit zu begreifen. Schau auf die Jahreszahl an der Säule: 1697! Vierzehn Jahre zuvor waren die türkischen Janitscharen vor Wien und belagerten die Stadt monatelang. Sie haben auch in Niederösterreich gemordet, gesengt und geplündert. Bis hierher drangen sie nicht, aber sie brachten uns gewaltige Not. Wenn du das bedenkst, verstehst du auch den anderen Spruch auf dieser Mariensäule: ‚Zu dir, deinen Schutz und Schirm fliehen wir.'"

Während sie weitergehen, sagt Georg: „Zweimal – 1529 und 1683 – hat Wien an der Grenze des Reichs das Abendland verteidigt, indem es den Türken standhielt. Jetzt haben wir die dritte – nein, nicht Belagerung – es ist die Besetzung durch Türken und andere Fremde. Sollten nicht auch wir uns wehren und Kraft suchen im Glauben an Maria und einen liebenden Gott? Wir haben die Pflicht, unsere Frauen und Kinder, unsere Heimat zu schützen. Denken wir auch an jene, die dafür im Krieg ihr Leben eingesetzt haben. Wenn wir noch wenige Schritte gehen, erreichen wir das Denkmal, das die Bürger des Orts diesen Menschen erbaut haben." Hinter tief verschneiten Zypressen und Wacholdersträuchern ragt ein turmartiges Gebäude, zu dem Stufen emporführen. An beiden Seiten des Eingangs hängen Tafeln mit vielen Namen in goldener Schrift: die Toten des Ersten und des Zweiten Weltkriegs. „Fürst, Helmreich, Hietler, Kaufmann, Krammer", wundert sich Lutz, „nur deutsche Namen!"

Georg legt seinem Freund lächelnd die Hand auf die Schulter. „Du denkst an das Wiener Telefonbuch mit seinen vielen Prochaska, Lörincz und Mijatovic! Die kamen erst ab der Mitte des 19. Jahrhunderts aus Ländern der Habsburgermonarchie in die Kaiserstadt und heirateten dort Mädchen aus Wien oder Niederösterreich. Ihre Kinder, Enkel und Urenkel sind deutsche Wiener mit tschechischen, ungarischen oder kroatischen Familiennamen. Nun aber ist das anders. Viel Exotisches dringt bei uns ein: Incegül, Özdemir, Omofuma. Diese Massen von Fremden können und wollen sich nicht an uns angleichen. Es sind zu viele, und viele von ihnen sind viel zu fremd. Doch diese Überfremdung trifft vor allem Wien und andere große Städte. Im Waldviertel, das ein karges Land ist, triffst du Türken höchst selten. Im Ortsfriedhof findest du kaum einen Namen, der nicht kerndeutsch ist."

„Wiesmüller' steht hier auf der Tafel der Toten mit vier verschiedenen Vornamen!" sagt Lutz mit Bestürzung. „Der Blutzoll in manchen Familien", entgegnet Georg, „war furchtbar, vor allem seit 1941, als der Rußlandfeldzug begann." Sie betreten den hohen Raum der Kriegerkapelle, die mit Kränzen aus Moos, Tannen- und Pinienzapfen geschmückt ist. Gemeinde und Kameradschaftsbund, liest man auf bunten Schleifen, haben sie vor den Altar gelegt, auf dem ein Kruzifix, Kerzen und Vasen mit Blumen stehen. „Den Gefallenen zur Ehre, den Lebenden zur Mahnung", liest man auf dem Altar. Lutz hat auf einem Fensterbrett viele kleine Kränze entdeckt, auf welche die Familien der toten Soldaten auch Fotografien gelegt haben. Gerührt betrachtet Lutz ein Bildchen, das unter dem Stahlhelm ein schneidiges junges Gesicht zeigt: „Rudi Bernhard", liest er, „Leutnant und Kompanieführer in einem Pionierbataillon, Träger des Eisernen Kreuzes I. und II. Klasse, gefallen am 29. Mai 1942 im Alter von 23 Jahren. Was sterblich an ihm war, ruht auf dem Heldenfriedhof in Szirotinskaya am Don. Sein Geist lebt in uns weiter."

„Von vielen Gefallenen", sagt Georg, „vor allem in der Schlacht um Stalingrad, kennen wir weder den Tag noch den Ort, wo sie starben, noch das Grab. Denken wir auch an die Gefangenen, von denen uns Walther Groß berichtet hat. Millionen deutscher Soldaten sind im Krieg und in einem Frieden, der schlimmer als Krieg war, elend zugrunde gegangen. Erinnern wir uns an die Vertriebenen aus dem Sudetenland, aus Mähren, Schlesien, Ostpreußen, Pommern, die auf Todesmärschen zusammenbrachen. Vergessen wir nicht die Menschen, die Hungersnot und Krankheit nach dem Mai 1945 hinwegrafften. Wo sind die Frauen und Kinder, die ein brutaler Luftkrieg niedergebombt hat?" Lutz hat Tränen in seinen Augen. „Sollten wir nicht", fragt er, „eine große zentrale Gedenkstätte für sie errichten? Den Opfern gebührt Ehrfurcht!"

„Früher", sagt Georg, „war das bei uns selbstverständlich. Bei anderen Völkern ist es das auch heute. Doch ‚im freiesten Deutschland, das es je gab' und im angeblich freien Österreich nicht. Eine gemeinsame Gedenkstätte für die Opfer unseres Volkes im letzten Krieg ist uns verboten. Wir müßten etwas anderes schaffen, das schlicht und unauffällig ist, den Augen der Sieger und der Umerzogenen völlig verborgen. Plötzlich, Lutz, sehe ich diese Vision jetzt vor mir. Das möchte ich schaffen, und ihr Jungen sollt mir beistehen. Was Walther Groß gemalt hat, was sein Freund in der Geschichte ‚Mit sechzehn Jahren' erzählt hat, das ist ein Schicksalslied wie das Epos vom Untergang der Nibelungen. Ein unbekannter Dichter hat es erdacht: Uns ist in alten maeren wunders vil geseit ..." Lutz erblickt ein Blatt mit verblaßter Schrift auf dem Altar. „Das", sagt er, „hat ein anderer Unbekannter gedichtet: das Schicksalslied unserer Zeit." Er liest.

Die Jahre des Schreckens, von Menschen erdacht,
ums Leben gezittert, Nächte durchwacht,
und immer und immer den Tod im Genick:
das war unser Leben, denkt nur zurück!
Doch alle die Schrecken und jegliche Not
und was wir erlebt und was uns bedroht,
das schuf Kameradschaft so wunderbar groß
und half uns ertragen das bittere Los.
Die Qual der Gedanken an Weib und an Kind,
an Eltern und Heimat, an Liebe so lind,
sie schufen uns Kummer. Doch jeglichen Schmerz
überwindet, ihr Freunde, ein tapferes Herz.
Kam schließlich auch mancher zur Heimat nicht mehr,
er ist unter uns und geht mit uns einher.
Drum lasset die Häupter in Würde uns senken
und ihres Opfers in Ehrfurcht gedenken.
Wir folgen dem Vorbild, das sie uns gegeben,
und neu werden wir uns wieder erheben!

Aurora musis amica

Früh am nächsten Morgen erwacht Georg wohlig warm im Bett neben dem Kachelofen, der sanfte Wärme ausstrahlt. „Wo war ich?" durchzuckt es ihn. „Wer war bei mir? Maria? – Sabrina? – Nein, Irmgard! Auf dem Krankenbett – elend und bleich – doch nicht allein – oben, hoch auf der Säule – steigt herab – liebevoll mit starken Armen – Jungfrau – Mutter – Königin!" Traumverloren streicht Georg sich das Haar aus der Stirn. „Gedenkstätte mitten im Wald – hoch über dem Fluß – erst eine, dann viele – in allen deutschen Landen – von Südtirol bis Schleswig-Holstein!"

Allmählich findet er sich im dunkel dämmernden Zimmer zurecht. „Wie soll das geschehen? Im geistig besetzten, von Feinden beherrschten, von Umerzogenen hinterhältig gegängelten Land?" Die hohe Mariensäule auf dem Marktplatz schwebt ihm vor Augen, die verschnörkelte Schrift: „Mutter der Barmhertzigkeit – zu dier – fliehen wir – gnädig allezeit – gnädig uns allen – nicht in Verzweiflung verfallen … Bilden sich da Reime, Verse, Rhythmen? Verdichtet sich nicht, was ich träumte, jetzt zum Gedicht? Als ich elend und bleich – bis das Dunkel sich verlor – verlangt Ergänzung, Erfüllung, zweite Strophe! – Papier! Bleistift!"

Georg springt aus dem Bett, marschiert im Zimmer rings um den Tisch, schlägt mit der rechten Hand den Rhythmus der Verse, kratzt am Kopf, um Reime zu finden, stampft wütend auf, ruft dann begeistert: „Ja, jetzt hab' ich's!" Zuerst eilig im Stenogramm, schließlich – nachdem er da oder dort gestrichen und verbessert hat – steht in windschiefer Langschrift die zweite Strophe auf dem Papier. Sie hebt den Dank an Schwester Irmgard empor zur Bitte und zum Dank an Mutter Maria.

Denn allezeit ruht ja, Maria, auf Dir
die gläubige Hoffnung von allen.

*Sei gnädig uns Menschen und hilf, damit wir
nicht in dunkle Verzweiflung verfallen.
Willst Du Huld uns mild gewähren,
daß wir dankbar Dich verehren,
führt uns Liebe zu Dir hin:
Jungfrau, Mutter, Königin!*

Kaum hat Georg die letzte Zeile gekritzelt, klopft Lutz leise an die Tür und steckt vorsichtig seinen struppigen Blondschopf herein. „Guten Morgen! Darf ich?" – „Immer herein! Der Morgen ist gut! Gedicht ist gelungen! Aurora musis amica!" Lutz schüttelt schlaftrunken den Kopf: „Aqua – das Wasser, vinum – der Wein – hol dich der Teufel, verfluchtes Latein!" „Nicht genügend, setzen!" ruft Georg. „Aber ich will dir helfen: Aurora war den Römern die Göttin der Morgenröte, die mit leichter Hand die Nebel vom Horizont gewischt und mit ihrer Fackel den Himmel erhellt hat. Und die Musen, das weißt du doch?" – „Göttinnen der Dichtkunst!" – „Oder bildhaft für Dichtung. Na also: Aurora musis amica?" – „Heißt was Ähnliches wie: Morgenstund' hat Gold im Mund!" Georg lacht herzlich: „Das stimmt auch! Wer aber macht zur goldenen Morgenstunde unser Frühstück?"

Lutz hat schon ausgepackt, was sie gestern gekauft hatten, und kocht Kaffee, dessen verlockender Duft ihm den Schlaf aus dem Kopf treibt. „Passiert dir das oft", fragt er, „daß dich eine Aurora oder Sabrina oder Irmgard in aller Herrgottsfrühe mit einem Gedicht überfällt?" Georg schüttelt den Kopf: „Leider nein – könnte auch sagen – Gott sei Dank, nein! Dichten, etwas Poetisches formen – das kommt über dich wie ein unwiderstehliches Muß. Ebenso ging es Walther Groß beim Malen. Er mußte bewältigen, was ihn gequält hat. Mancher braucht dazu Pinsel und Farbe, ein anderer summt selig seine Melodie vor sich hin, und wieder ein anderer dreht und wendet im Wachen, was er im Schlafe geträumt hat, so lang hin und her, bis es in Vers und Reim auf dem Papier steht. Das kann man nicht kommandieren. Nein, zu manchem kann man die Poesie auch kommandieren: Stammbuchverse, Geburtstagsgedichte schreibt man auf Wunsch und im Auftrag. Wer die Sprache liebt, wer ein Ohr für das Klingen von Konsonant und Vokal hat, kann stets Brauchbares schreiben. Aber Dichten ist mehr. Man muß es müssen – wenn man es kann! Siehst du, das wäre wirksam. Statt aller Vorträge, aller Sachbücher, aller Bombenleitartikel in Zeitschriften sollte ich einfach Geschichten erzählen, spannend und lustig, manchmal vielleicht auch traurig."

„Traurig", fragt Lutz, „gefällt das den Lesern?" Georg überlegt. „Traurig", sagt er schließlich, „ist auch unsere Zeit. Das dürfen wir nicht mit Geflunker und Späßen vom Tisch wischen. Denken wir an die traurigen Bilder von Walther Groß. Aus ihnen wächst Mut, Kraft, Widerstand. Echte Trauer gehört zu unserem Leben. Die Trauer um unsere Toten mahnt uns, daß wir wie sie unsere Pflicht tun. Ein trüber Tag lehrt uns, welches Gottesgeschenk Sonne, Wärme und Licht sind. Traurig müssen und dürfen wir manchmal sein. Nur eines nicht: mutlos und feig!" „Kann man", will Lutz wissen, „wenn man Geschichten erzählt, die Menschen bessern und lehren?"

„Tun das nicht unsere Märchen", entgegnet Georg, „die uns Großmutter erzählt hat? Hänsel und Gretel sind von der bösen Hexe gefangen. Aber mit Mut und Klugheit befreien sie sich. Auch unsere Dichter sind ja Märchenerzähler. Goethes Gretchen begeht Sünde und Mord. Aber sie widersteht dem Teufel. ‚Gericht Gottes', ruft sie, ‚dir hab' ich mich übergeben!' Wir können straucheln und fallen, doch wir müssen uns wieder erheben! Dann hören wir leise, aber vernehmlich die Stimme von oben: ‚Sie ist gerettet!'"

„Doch Faust," wendet Lutz ein, „läßt sich von Mephistopheles weiter von Schuld zu Schuld schleppen." – „Des Menschen Tätigkeit kann allzuleicht erschlaffen, er liebt sich bald die unbedingte Ruh.

Drum geb' ich gern ihm den Gesellen zu, der reizt und wirkt und muß als Teufel schaffen.'" Georg freut sich, seinen „Faust" so leicht und locker zitieren zu können. „So sehe ich auch das Böse, Verkehrte, Perverse, das heute allgegenwärtig ist. Es muß uns zum Widerstand reizen, zum Aufstand der wirklich Anständigen!" – „Aber wie sollen wir Widerstand leisten, wenn der Teufel, wie du sagst, so viel Macht hat?" – „Auch darauf antwortet uns Goethe. Als Faust stirbt und der Teufel seine Seele in die Unterwelt schleppen will, wehren die Engel ihn ab und rufen: ‚Wer immer strebend sich bemüht, den können wir erlösen!'"

„Ja", ruft Lutz zustimmend, „wir müssen kämpfen und uns der Umerziehung verweigern! Das müßte man in einer Geschichte erzählen, aber mit Worten und Menschen von heute! Unser Regime schwätzt immer von ‚Freiheit der Kunst' und will damit jeden Mist salonfähig machen. Auch für echte Kunst darf es daher kein Verbotsgesetz geben, kein Political-correctness-Diktat! Dichter und Künstler sollen uns den rechten Weg aufzeigen dürfen!" „Lutz", lächelt Georg und drückt dem Jungen die Hand, „was wir jetzt so kunterbunt ins Unreine philosophiert haben, bestätigt den lateinischen Spruch: ‚Aurora musis amica'. Irgendwo, glaube ich fest, gibt es sie schon: die jungen Dichter, die uns im Traum auf den rechten Weg führen, die Musiker, die Dissonanzen in Harmonie auflösen, die Künstler, die uns den kühnen Trommler aus Holz oder Ton oder Bronze bilden, der uns mitreißt zum neuen Aufbruch des Guten und Schönen!"

Grell unterbricht ein Mobiltelefon das Gespräch. Lutz hebt das Gerät an sein Ohr. „Ja? Du bist's, Max? Wir sind im Waldviertel. Wo? Nahe bei Zwettl. Vormittags sind wir im Schloß Rosenau. Ihr wollt kommen?" Mit der rechten Hand das Telefon abschirmend, wendet er sich an Georg: „Max ist es, den du kennst, und seine Freundin Doris. Ist dir's recht?" Da Georg zustimmend nickt, sagt Lutz zu Max: „Gut, wir könnten uns treffen – sagen wir, in Zwettl bei der Dreifaltigkeitssäule, etwa zwei Uhr? – Bis dann, Max!"

„Hoffentlich", wendet Lutz sich an Georg, „ist es dir nicht unangenehm. Max kennst du von der Demo vor einigen Wochen. Als Politologe ist er zwar links, aber sonst prima." Sein älterer Freund beruhigt: „Andere Meinungen stören mich nicht: Man prüft die eigene am Widerspruch der anderen. Wer aber ist Doris? Ein anderer Name für Sabrina, die eigentlich Irmgard heißt?" Lutz lacht herzlich: „Ein einziger linker Deckname genügt! Nein, die Doris ist ganz anders. Hübsch ist sie auch, aber politisch – wie soll ich sagen? – unbedarft. Nie werde ich klug aus ihr. Etwas kokett ist sie schon." „Also hintergründiges weibliches Wesen", scherzt Georg. „Doch Irmgard oder Sabrina, was ist mit der?" – „Mit den Medizinern komme ich kaum zusammen, und mit den Linken schon gar nicht." – „Sie bat mich bei unserer Begegnung – eigentlich war es eine Wiederbegegnung –, ihr ein Gedicht zu schicken. Jetzt könnte ich ihr auch die zweite Strophe in den Brief legen. Nur habe ich sie nicht nach ihrer Anschrift gefragt. Kannst du mir helfen?" – „Doris wird das wohl tun können. Aber" – Lutz blickt auf die Uhr – „wir wollten doch vor Mittag zum Schloß Rosenau fahren. Was machen wir dort?" Um Georgs Lippen spielt ein hintergründiges Lächeln: „Der Tag, den Aurora uns so hold eröffnet hat, wird nun vom hellen Strahl masonischer Wahrheit erleuchtet: in Rosenau ist jetzt das Museum der Freimaurer!"

Reicht die Hand zum Bunde!

Schloß Rosenau

Stürmisch düsterer Himmel und wildes Schneetreiben empfangen Georg und Lutz, als sie ihre gastliche Herberge verlassen. Nach kurzer Fahrt über weit gewundene Straßen durchqueren sie einen dunklen Wald mit hochstämmigen Fichten und halten dann auf einem geräumigen Platz. Heftiger Wind treibt ihnen Schneeflokken ins Gesicht, so daß sie die imposante Fassade des Schlosses nur dunkel erahnen. Eben hat eine Führung im Freimaurermuseum begonnen. Sie eilen über eine Stiege nach oben und schließen sich an. In einem hohen Raum, an dessen Decke und Wänden bunte Fresken prangen, sind viele Besucher versammelt, in deren Mitte die

Schloßführerin steht. „Herzlich willkommen", beginnt sie geläufig ihr Sprüchlein, „welcome, Ladies and Gentlemen, in Rosenau, im Museum der Freimaurer! Erbaut wurde unser Schloß – seine Architektur ist barock – in den Jahren 1736 bis 1747 von Leopold Christoph Graf Schallenberg. Dieser war am Hofe Maria Theresias Zeremonienmeister. Das alte Erdgeschoß blieb bestehen, doch darüber ließ er einen Neubau errichten. Im Inneren wurde dieser von seinem Maler Johann Rinkolin mit Fresken geschmückt. Der kleine Fenstergucker – Sie sahen ihn vorhin an der Wand – ist sein Selbstbildnis." Mit den für die meisten Gäste unverständlichen Worten „Net, seng S' des …" deutet sie zum Stiegenhaus.

„Nicht wahr, sehen Sie das", versucht Georg, seinem sächsischen Freund die Waldviertler Mundart zu übersetzen. „Was die gute Frau auswendig gelernt hat", flüstert er, „spricht sie hochdeutsch. Doch ab und zu schlägt ihr der Dialekt ins Genick!" Ihr Redeschwall läuft pausenlos weiter: „ … eine abenteuerliche Geschichte, Ladies and Gentlemen: Manche der Darstellungen Rinkolins verraten uns ein Geheimnis: sein Auftraggeber Graf Schallenberg war Freimaurer!" – „Oh yes! That's why!" hört man erstauntes Raunen. Ohne darauf einzugehen, schnattert die Führerin ihr Sprüchlein weiter: „Die Fresken Rinkolins sind kühne perspektivische Durchblicke. Die Deckengemälde schuf der berühmte Daniel Gran: hier zwei olympische Götter, die Göttin Hera, daneben ihr Gemahl Zeus – besonders bemerkenswert sein Antlitz. Manche meinen, es sei das Porträt eines späteren Besitzers von Rosenau …" „Eindrucksvoll", sagt Lutz bewundernd. „Richtig", stimmt Georg zu, „ich kann dir das später erklären."

„Jetzt", hört man die weibliche Stimme schon aus dem nächsten Raum, „sehen Sie die großen Freimaurer des 18. Jahrhunderts in Österreich: Kaiser Franz I. Stephan von Lothringen, den Freiherrn von Sonnenfels, den Großmeister der Freimaurer, Ignaz von Born, und vor allem natürlich: Wolfgang Amadeus Mozart!" Wieder ertönt bewunderndes Raunen: „Oh yes! Beautiful! Don Giovanni!" Musik klingt auf. „Land der Berge, Land am Strome", sagt Georg, „warum spielt sie die österreichische Hymne?" „Leider nein", lächelt die Führerin verschmitzt und stoppt ihr Tonband. „Wir beginnen nochmals. Achten Sie auf den Text!" Ein Männerchor singt die bekannte Melodie, aber mit anderen Worten.

> *Brüder, reicht die Hand zum Bunde,*
> *führt uns hin zu lichten Höh'n,*
> *laßt, was irdisch ist, entflieh'n.*
> *Uns'res Bundes Harmonien*
> *dauern ewig, fest und schön!*

Triumphierend blickt die Frau in die Runde: „Net, hör'n S' des? Freimaurerkantate, jetzt Bundeshymne, komponiert von Mozart, Mitglied der Freimaurerloge ‚Zur neu gekrönten Hoffnung' in Wien!" Georg schüttelt den Kopf und sagt halblaut zu Lutz: „Ein Schwindel, um uns nach 1945 die schöne Melodie Haydns zu stehlen." Ein dicker Mann mit fremden Zügen blickt Georg mißbilligend an und rügt hochmütig: „Diskussion später!" „Danke für die Einladung", antwortet Georg mit knapper Verbeugung, „wir kommen darauf zurück." Wortlos zuckt der Angesprochene die Schulter und schreitet händchenhaltend mit einer jungen Begleiterin im Ausseer Dirndl in den nächsten Raum. Von dort hört man das Geschnatter der Führerin: „Freimaurerei – Aufklärung – Toleranz – Humanität – Toleranz – Brüderlichkeit – Freimaurerei ..."

„Vielleicht", schlägt Georg vor, „sehen wir uns ohne Führung alles selbst an. Ursprünglich", erklärt er, „war Haydns Kaiserlied Österreichs Hymne: ‚Gott erhalte Franz, den Kaiser'. Sie blieb es mit wechselndem Text bis zum Ende der Monarchie und auch in der Ersten Republik. Deutschlands Bundespräsident Ebert schlug 1922 vor, diese Melodie mit den Worten Hoffmanns von Fallersleben als deutsche Hymne zu singen: ‚Deutschland, Deutschland über alles!'

Das war das Deutschlandlied bis 1945, während ihr nun bloß die dritte Strophe verwendet: ‚Einigkeit und Recht und Freiheit'. Uns blieb nach dem Anschluß 1938 die Musik Haydns erhalten. Auch wir sangen dann: ‚Deutschland, Deutschland über alles!'. Das duldeten die alliierten Sieger nach 1945 jedoch nicht. Plötzlich, behauptete man, sei eine Kantate Mozarts entdeckt worden. Ihren Text hörten wir eben: ‚Brüder, reicht die Hand zum Bunde'. Paula von Preradovic schrieb zu dieser Melodie den Text ‚Land der Berge'. Auch er hat poetische Worte: ‚Volk, begnadet für das Schöne'. Doch die langweilige Musik ist nicht von Mozart, sondern von dem längst vergessenen Johann Baptist Holzer. Man hat uns Haydns schöne Hymne gestohlen und uns ein Freimaurerlied aufgezwungen."

„Stimmt es", fragt Lutz, „daß Mozart Freimaurer war?" „Zweifellos", antwortet Georg, „ebenso Graf Schallenberg, der Rosenau erbaut hat, der Naturwissenschafter Ignaz Born, auch Lessing, Klopstock, Wieland und andere Große des 18. Jahrhunderts. Aber die Freimaurerei hat sich im Lauf der Zeiten gewandelt." – „Woher kommt dieser Name?" – „Ihren Ursprung führen die ‚Freemasons', wie sie sich nannten, auf die englischen Steinbauwerker des Mittelalters zurück. Diese brachten an ihren Arbeiten Kennzeichen an. Daher sahen wir vorhin eine Kopie des ‚Fensterguckers' von Anton Pilgram aus dem Wiener Stephansdom. Er hält in den Händen Zirkel und Winkelmaß, die Symbole der Freimaurer. Doch mit Baumeistern hatten die englischen ‚Freemasons' nur den Namen gemeinsam. Sie verfolgten ganz andere Ziele und schlossen sich 1717 zur ersten Großloge zusammen. Wenig später griff der Freimaurerbund auf Europa und die deutschen Länder über und entwickelte geheimnisvolle Rituale. Die Freimaurer gliedern sich in drei Grade: Lehrling, Geselle, Meister. Heute ist die internationale Freimaurerei global über die Welt verbreitet, und es gibt, schätzt man, sechs bis sieben Millionen Freimaurer." Aus der Ferne hören sie wiederum monoton: „Humanität – Toleranz – Aufklärung … "

„Waren alle Freimaurer", fragt Lutz, „Menschen wie Mozart, Lessing und Wieland?" – „Gehen wir zum ersten Raum zurück, der jetzt eine Sonderausstellung zeigt. Da siehst du Freimaurer aus jüngster Zeit." Lutz entdeckt unter den Bildern ein bekanntes Gesicht. „Das ist doch Fred Sinowatz", ruft er, „der einmal euer Bundeskanzler war!" – „Richtig, ab 1983. Vorher war er ab 1971 Unterrichtsminister unter Kreisky und noch früher ein burgenländischer Landesrat, den kaum jemand kannte. Aber schau auf die Jahreszahl unter seinem Bild!" – „1968!" – „Damals wurde er Freimaurer. Drei Jahre später war er Unterrichtsminister und wollte die Gesamtschule bis zum 14. Lebensjahr einführen, die unsere Jugend verblöden soll.

Sinowatz blieb erfolglos, hielt sich aber als Freimaurer in seinem Amt, wurde Vizekanzler und nach Kreisky sogar Bundeskanzler. Er gab sich ‚demütig', sagte sein Sprüchlein ‚Alles ist kompliziert' und machte als Kanzler eine traurige Figur. Nach mehreren blamablen Episoden mußte er zurücktreten. Er hetzte gegen Kurt Waldheim, den der Jüdische Weltkongreß bei seiner Kandidatur zum Bundespräsidenten gehässig verfolgte." – „Warum?" – „Weil Waldheim, der früher Generalsekretär der UNO war, Sanktionen des Sicherheitsrats gegen Israel zu vertreten hatte. Sinowatz beteiligte sich an der Verleumdung, Waldheim sei im Krieg SS-Offizier gewesen. In einem Prozeß bestritt er das aber und wurde daher wegen falscher Zeugenaussage verurteilt. Jetzt zeigen ihn die Freimaurer stolz als ihren Bruder, der ihnen die Hand zum Bunde gereicht hat."

„Unter dem nächsten Bild", sagt Lutz, „lese ich einen Namen, der mir nichts sagt: Richard Coudenhove-Kalergi." „Dieser Fall", antwortet Georg, „ist noch interessanter. Graf von Coudenhove-Kalergi lebte in Wien und verfaßte 1923 die Schrift ‚Paneuropa'." – „Schon damals? Was verstand er darunter?" – „Einen europäischen Bundesstaat ohne England und Rußland, aber mit afrikanischen Kolonien. 1938 emigrierte er nach New York und gründete die

‚Paneuropäische Union'." – „Aus der dann die EU wurde?" – „Nicht sofort, aber über ‚Europäische Gemeinschaft für Kohle und Stahl' und ‚Europäische Wirtschaftsgemeinschaft' kam man zum gegenwärtigen Staatenbund EU. Seine Kommissare wollen daraus nach dem Beispiel der USA die zentralistisch gelenkten ‚Vereinigten Staaten Europas' machen. Du wirst sehen, Lutz, wir erleben das in wenigen Jahren: Bankenkrach, Wirtschaftspleite, Arbeitslosigkeit, ‚Schuldenbremsen' und ‚Rettungspakete' der EU und dann die gemeinsame Wirtschaftsregierung. Schritt für Schritt, bis es kein Zurück mehr gibt: Versklavung der Völker Europas!"

„Kann man so langfristig planen?" fragt Lutz. – „Die Pläne Coudenhove-Kalergis sind noch radikaler. Der globalisierte Bundesstaat EU braucht ein globalisiertes Multikulti-Mischvolk. In seinem Buch ‚Praktischer Idealismus' prophezeite er 1925: ‚Der Mensch der fernen Zukunft wird Mischling sein. Die heutigen Rassen und Kasten werden der zunehmenden Überwindung von Raum, Zeit und Vorurteil zum Opfer fallen. Die eurasisch-negroide Zukunftsrasse, äußerlich der altägyptischen ähnlich, wird die Vielfalt der Völker durch eine Vielfalt der Persönlichkeiten ersetzen.'" „Eurasisch-negroid!" ruft Lutz entsetzt. – „Was die Menschen 1925 lasen, hielten sie für eine verrückte Utopie. Heute, zweiundachtzig Jahre später: die eurasisch-negroide Mischrasse des Hochgradfreimaurers Coudenhove-Kalergi erleben wir in den U-Bahnen unserer Großstädte. Die Kommissare der EU drängen uns aus Afrika und Asien Massen von Fremden in unser Land. Das soll aber keine ‚Vielfalt der Persönlichkeiten' werden, sondern eine bequem beherrschbare Masse von Arbeitssklaven und Konsumidioten!"

In diesen heiligen Hallen

Georg und Lutz beginnen die Wanderung durch sieben Prunkräume, die der Schloßherr Graf Schallenberg für seine Freimaurerloge eingerichtet hat. „Die Rote Armee", erklärt Georg, „war nach 1945 zehn Jahre im Schloß und hat es verwüstet. Erst danach machte man eine sensationelle Entdeckung. Als sieben Schichten von Übermalungen abgetragen waren, kamen Fresken mit Freimaurersymbolen zum Vorschein: Zirkel, Winkelmaß, Hammer, Kelle, Senkblei und Obelisken. Im ersten Raum war das Einschreibezimmer, im zweiten die Bibliothek mit Freimaurerschriften. Nun sind wir im wichtigen dritten Raum, in der ‚Dunklen Kammer'. Du siehst einen Totenkopf und eine Sanduhr. Der ‚Neophyt', der Aufnahme in die Loge begehrte, sollte sich im mystischen Dunkel vorbereiten, wenn er von den Meistern zur ‚neuen Geburt der Lichterteilung' in den Freimaurertempel geführt wurde. Darauf folgte in den nächsten Räumen eine pompöse Zeremonie.

Hier siehst du nun das Bild von Salomons Tempel, der ein Freimaurersymbol ist." – „Wer war Salomon? – „Sohn von David und Bathseba, König von Judäa und Israel. Er baute den Marmortempel in Jerusalem für den jüdischen Gott Jahwe. Das gemeine Volk mußte sieben Jahre schwere Zwangsarbeit leisten, Bewohner von Judäa und Jerusalem aber waren davon befreit. Mehrmals wurde der Tempel zerstört: 597 vor Christus vom babylonischen König Nebukadnezar, der die Oberschicht der Juden nach Babylon deportierte. Römische Feldherren eroberten später Judäa, schlugen Aufstände nieder und machten das Heiligtum dem Erdboden gleich. Warst du einmal in Rom?" Lutz verneint. „Auf dem Triumphbogen des Kaisers Titus sieht man, wie die Legionäre nach der Zerstörung des Tempels den siebenarmigen Leuchter im Triumphzug mitführen. Nach einem weiteren Aufstand im 2. Jahrhundert nach Christus wurde es den Juden verboten, Jerusalem zu betreten." – „Warum?"

– „Im Buch ‚Vom Paradies bis Golgatha' las ich einmal: ‚Von klein auf war der Jude gelehrt worden, er gehöre zu den Auserwählten Gottes. So sah er in jeder fremden Regierung ein unerträgliches Joch.' Auf Befehl der Römer mußten die Juden daher Jerusalem und ihr Gelobtes Land verlassen und zerstreuten sich in viele Länder der Welt." – „Was haben Juden und Salomons Tempel mit den Freimaurern zu tun?" – „Die Freimaurer sollen Salomons Tempel wieder errichten."

Georg und Lutz stehen nun in einem prachtvollen Marmorkabinett. Ein Fußbodenmosaik aus verschiedenen Hölzern zeigt das Riesenbild einer strahlenden Sonne, an der Wand erhebt sich ein Marmorobelisk, um den sich ein Weinstock rankt. „Das ist", erklärt Georg, „der ‚Raum der verlorenen Schritte'. Hier fanden geheimnisvolle Rituale statt, bevor man durch diese Tür den Versammlungsraum der Logenbrüder erreichte. Er heißt – so wie das Heiligtum Salomons – der ‚Tempel'! An den Wänden siehst du viele Ziegel gemalt, zwischen denen Zwischenräume leer bleiben." – „Was bedeutet das?" – „Zum neuen Tempel Salomons müssen die Brüder noch Ziegel hinzufügen. Auch die zwei abgebrochenen Säulen mahnen zum Aufbau eines Tempels der Humanität." „Humanität", protestiert Lutz, „Toleranz, Aufklärung, das war die Litanei der Führung, die wir vorhin hörten. Bruder Sinowatz und Bruder Coudenhove-Kalergi waren keine Apostel der Toleranz, sondern beinharte Fanatiker ihrer Ideologie!"

„Lutz, du sagst, was von allen Besuchern, in deren Ohren die Gebetsmühlen ‚Menschlichkeit und Toleranz' klingeln, kaum einer erkennt: Prächtiger Prunk spiegelt uns ein Heiligtum vor, das uns täuscht. In der Marmornische des Tempels leuchtet hier eine goldene Sonne, doch einen Hinweis auf ein göttliches Wesen findest du nicht. Den Tisch vor der Sonne nennen die Freimaurer einen ‚Altar'. Auf ihm liegt eine Bibel, aber daneben sind Freimaurersymbole: Zirkel und Winkelmaß. Der pompöse Sessel hinter dem Altartisch gehört dem ‚Meister vom Stuhl'. Die Sitze für Gesellen und Lehrlinge trennt ein breiter Teppich. Auf ihm siehst du eine Pyramide. Dieses Sinnbild zeigt, daß alle Macht von der Spitze ausgeht. Es gibt ja nicht nur die drei Grade Lehrling, Geselle und Meister, wie die Führerin sagte. Darüber ragt eine riesige Hierarchie bis zum dreiunddreißigsten Hochgrad. Hier, die drei gewundenen Säulen haben die edlen Namen ‚Weisheit', ‚Stärke' und ‚Schönheit'. Doch das wahre Wesen der Freimaurer erkennst du an den zwei Steinen neben dem Tisch." Lutz tritt näher und vergleicht sie: „Ein Stein ist ein spiegelglatt polierter Kubus, der andere unbehauen und rauh. Was heißt das?" – „Der kleine Freimaurer ist nicht frei. Er wird glattgeschliffen, muß sich anpassen und fugenlos einfügen. Wer dagegen verstößt, wird bestraft."

„Kürzlich" wirft Lutz ein, „las ich ein Buch von Maurice Caillett: ‚Ich war ein Freimaurer'. Er war ‚Ehrwürdiger' einer französischen Loge und arbeitete am Gesetz für freie Abtreibung, das unter Ministerpräsident Chirac eingeführt wurde. Gesundheitsministerin war Simone Veil, die einmal im Lager Auschwitz war. Ihr Berater war Pierre Simon, Großmeister einer Freimaurerloge. Nach wenigen Wochen war das Abtreibungsgesetz erlassen. Alle Freimaurer unter den Abgeordneten und viele Angepaßte stimmten dafür. Der Mord im Mutterleib wurde 1974 in Frankreich legal. Dann wurdet ihr unter Kreisky und Broda auch in Österreich von dieser ‚humanitären Endlösung' beglückt. Heute herrscht sie in den meisten Ländern Europas. Wie kann da Mozarts Sarastro singen: ‚In diesen heiligen Hallen'?"

„Mozart", entgegnet Georg, „war ein argloses Kind. Seine Musik ist ein Wunder göttlicher Harmonie. Aber in mehr als zweihundert Jahren hat sich manches gewandelt, auch in der Freimaurerei. Die Fassade von Schloß Rosenau ist wunderschön, die Logenräume sind prächtig, die Rituale der Brüder geheimnisvoll, ihre Parolen ‚humanitär'. Die Wirklichkeit ist anders: Sinowatz, Coudenhove-

Kalergi und die Einpeitscher der Abtreibung dienten dunklen Tendenzen. Das ist die Rückseite der schönen Medaille." „Bist du", fragt Lutz, „mit Freimaurern zusammengekommen?" – „Sicherlich! Auch du: eben jetzt bei der Führung. Das Stimmengewirr war international, weil es hier wohl einen kleinen Freimaurerkongreß gibt. Der Dicke mit dem fremden Akzent, der uns von oben herab sagte, wir sollten den Mund halten, war wohl ein Bruder oder gar ein Großmeister. Ich erinnere mich an den Vortrag eines ORF-Korrespondenten: ‚Wir sind', behauptete er, ‚von Rußland bedroht. Ein Glück, daß die USA uns beschützen!' Ich konnte mich nicht halten und rief: ‚Bedroht sind wir von den USA! 1945 warfen sie Atombomben und brachen seither einen Krieg nach dem andern vom Zaun!' In der Diskussion fielen viele über den Mann her, so daß er mir dann leid tat. Ich wollte mich entschuldigen, weil Übereifrige ihn arg angerempelt hatten. Er unterbrach mich: ‚Lassen Sie ab von Ihren Vorurteilen! Das ist gefährlich! Ich warne Sie!' Dieser Mann hat seine Erfahrungen. Sein Rat war vermutlich gut gemeint." „Soll man nach solchen Drohungen vorsichtig sein?" fragt Lutz. – „Ich bin nicht feig. Ich gehe den rechten Weg. Ich heiße Georg Merendorff."

Synagoge des Satans

Inzwischen haben sie den „Tempel" verlassen und stehen in einem langen Gang, an dessen Wänden Schautafeln hängen. „Hier", sagt Georg, „zeigt sich die Macht der Freimaurerei. Auf den Fotos siehst du aber nur Verstorbene, denn die lebenden Freimaurer verbergen sich hinter der ‚Tugend ihrer Verschwiegenheit'. ‚Wir halten nichts geheim', täuschen sie vor, müssen aber zugeben: ‚Es gibt Dinge, über die wir nicht sprechen'. Geheimnisse bleiben die Vorgänge in den Logen und die Namen der Mitglieder. ‚Für sich selbst', sagen sie, ‚ist jeder Bruder frei, ob er sich Profanen gegenüber als Freimaurer zu erkennen gibt. Doch niemand hat das Recht, einen anderen Bruder als Freimaurer Nichtfreimaurern kenntlich zu machen.' Daher liest du hier nur Namen von Politikern der Zwischenkriegszeit, die längst tot sind. Das rote Wien von 1918 bis 1934 war von Freimaurern dominiert."

„Wie ist das heute?" fragt Lutz. – „Noch ärger! Doch trotz aller Geheimniskrämerei sickert manches durch. Volksanwalt Stadler hielt kürzlich den Vortrag ‚Welche Rolle spielt die Freimaurerei?' Er nannte als Freimaurer aus der SPÖ neben den verstorbenen Ministern Sinowatz und Broda auch viele, die noch leben: Zilk, Vranitzky, Kostelka, Caspar Einem und Heinz Fischer, der jetzt Bundespräsident ist. Freimaurer, sagte Stadler, seien auch der grüne Van der Bellen, der schwarze Busek, ebenso Androsch und Bosse der Banken und Medien wie Hugo Portisch und Milo Dor." – „Wie können diese Leute einander erkennen?" – „Sie haben ein Zeichen: den hoch über die anderen Finger der rechten Hand hinaufgespreizten Daumen. Martin Schlaff zeigt sich gern so." – „Der dem Kanzler Gusi, wie Max mir erzählte, eine tolle Party veranstaltet hat?" – „Derselbe! Hier in dem Buch, das ich mir an der Kasse kaufte, siehst du noch einen, der seinen Daumen zum Freimaurergruß emporspreizt."

„Dr. Michael Kraus", liest Lutz auf dem Umschlag, „Großmeister der Großloge Österreich." – Georg blättert im Buch. „Welche Macht dieser Mann hat", sagt er, „siehst du auf diesem Bild." Es zeigt den Großmeister im Tempel von Rosenau mit pompöser blau-gelber Schärpe unter der goldenen Sonne der Freimaurerei. In seiner weiß behandschuhten Hand hält er den Freimaurerhammer. „Er hat Befehlsgewalt", erklärt Georg. „Lehrlinge und Gesellen sind dem Meister zu Verschwiegenheit und Gehorsam verpflichtet. Sie sind Angepaßte, Umerzogene. ‚Derzeit', sagt dieses Buch, ‚gibt es in Österreich 58 Logen mit etwa 2700 Mitgliedern.' Ihre Zahl steigt ständig. Inzwischen sind es wohl 3000. Die oberen Grade kontrollieren die unteren und erteilen Aufträge. Ihre Macht reicht in die Wirtschaft, in die Justiz und in alle Parteien. Die Herkunft des gegenwärtigen Großmeisters gibt dir ein Beispiel."

„Wer ist Dr. Michael Kraus?" – „Sein Vater Herbert Kraus war ein Gründer des VdU, des Verbandes der Unabhängigen. Die Demokratie in Österreich begann 1945 damit, alle ehemaligen NSDAP-Mitglieder vom Wahlrecht auszuschließen. Das war ein großer Prozentsatz. Die alliierten Sieger ließen nur drei Parteien zu: die schwarze ÖVP, die rote SPÖ und die sowjethörige KPÖ. Erst nach der Amnestierung der Nationalsozialisten erlaubte man als vierte Partei den Verband der Unabhängigen, den VdU, der aber listig nach links gelenkt werden sollte. Daher mußte neben dem Journalisten Reimann der erzliberale Herbert Kraus an der Spitze stehen. Sein Sohn ist nun Großmeister. Unter schweren Kämpfen fand der VdU einen eigenen Weg und hieß dann ‚Freiheitliche Partei'. Sie vertritt das ‚Dritte Lager', das es schon in der Habsburgerzeit und in der Ersten Republik gab. Bei der Eröffnung des Parlaments tragen ihre Abgeordneten die blaue Kornblume. Aber immer wieder gibt es Gezänk und Spaltungen." – „Norbert Steger, Heide Schmidt, Jörg Haider?" – „So ist es! Vor zwei Jahren hat Haider seine eigene Partei FPÖ gesprengt und die Konkurrenzpartei BZÖ gegründet, die den Freiheitlichen Mandate abnehmen soll."

„Gewaltig", wirft Lutz ein, „ist die Übermacht unserer Feinde. Wie war es in der BRD? Dort hat man Mendes nationalkonservative FDP zur liberalen Clique umgebogen. Wenn jemand wie Möllemann da nicht mitmachen wollte, stürzte er beim Fallschirmsprung ab." – „In Österreich", entgegnet Georg, „blühen die blauen Kornblumen kräftiger und waren durch liberalistisches Gift nicht auszurotten." – „Gibt es in der FPÖ keine Freimaurer?" – „Diese Frage stellte man Stadler in der Diskussion. Er sprach sich nicht klar aus, nannte aber sogar einen Namen. Die Freimaurer bekämpfen die Freiheitlichen fanatisch. Großmeister Kraus setzte sofort ein Signal. Kaum trat er sein Amt an, brachten fast alle Tageszeitungen ganzseitige Jubelberichte über die menschheitsbeglückende Freimaurerei."

„Manchmal", sagt Lutz, „erkennt man ihre Macht. Presse und ORF reagieren gleichgeschaltet wie auf plötzlichen Knopfdruck. Einer meiner älteren Freunde kämpft gegen die Diktatur des Häßlichen in der Kunst, gegen die Pornopoetin Elfriede Jelinek und die Blut- und-Kot-Spektakel des Hermann Nitsch. Eines Tages erschienen in fast allen Zeitungen von Wien bis Vorarlberg Aussendungen von Ariel Muzicant. Er behauptete, wie David Irving und Moshe Ariel Friedman sei auch mein Freund ein Holocaustleugner. Dieser wehrte sich und schrieb an Muzicant: ‚Ich habe keine Holocaustleugnung begangen. Das wäre strafbar. Aber auch die Bezichtigung eines unbescholtenen Menschen als Holocaustleugner ist strafbar. Ich erwarte, daß Sie die ehrenrührige Bezeichnung zurücknehmen und das in allen Medien mitteilen.'" – „Was hat Muzicant geantwortet?" – „Nichts! Keine einzige Zeile! Muzicant ist Präsident der Israelitischen Kultusgemeinde und außerdem, sagt Stadler, Großmeister der jüdischen Loge B'nai Brith. Ihre Mitglieder sitzen auch in anderen Logen und haben gewaltigen Einfluß."

Georg und Lutz betrachten die Bilder führender Freimaurer und sehen den Publizisten Sebestyen und den Schriftsteller Felix Salten. „Der das hübsche Kinderbuch ‚Bambi' geschrieben hat?" fragt Lutz. – „Nicht nur, auch den Pornoschund ‚Mutzenbacher'!"

Plötzlich ruft Lutz erstaunt: „Der Wiener Kardinal König! War er auch Freimaurer?" – „Wohl nicht, hatte aber viel mit ihnen zu tun. Hier sieht man ihn im vertrauten Gespräch mit einem prominenten Logenbruder."

„Sind die Freimaurer nicht Feinde des Christentums?" fragt Lutz. – „Von Anfang an bekämpften sie die katholische Kirche. In ihrem Grundgesetz ‚Alte Pflichten' schrieben sie 1723: ‚Die Freimaurer glauben an den Allmächtigen Baumeister aller Welten als Schöpfer des Universums. Sie sollen gute und redliche Männer sein – von Ehre und Anstand – ohne Rücksicht auf ihr religiöses Bekenntnis oder darauf, welche Überzeugung sie sonst vertreten mögen.'"
„Hört sich schön an", meint Lutz, „aber nicht alle Freimaurer waren Muster von Ehre und Anstand!" „Sicher", schränkt Georg ein, „treten ihnen auch ordentliche Menschen bei, neugierig, welche Geheimnisse sich hinter ihren Symbolen verbergen. Andere erwarten sich Vorteile von einflußreichen Freunden. Doch warum meiden die Freimaurer das Wort ‚Gott'? Wer ist ihr ‚Allmächtiger Baumeister'? Er hat, sagt das Alte Testament, Himmel und Erde erschaffen. Aber nimmt er an seinem Werk Anteil? Regt er sich in uns als Gewißheit, als unser Gewissen? Davon ist bei den Freimaurern keine Rede. ‚Ohne Rücksicht auf religiöses Bekenntnis', heißt es im Buch ‚Alte Pflichten', also mögen die Freimaurer auch Muslime, Juden, Atheisten oder Satanisten sein."

„Hat sich die katholische Kirche", fragt Lutz, „nicht gewehrt?" – „Sie tat das sehr bald. Schon 1738 ließ Papst Clemens XII. in den Codex iuris canonici die Bestimmung aufnehmen: Zugehörigkeit zur Freimaurerei bewirkt ohne Anklage, schon durch die Handlung selbst, die Exkommunikation. Auch Papst Leo XIII. warnte 1894 vor dieser ‚Synagoge des Satans'. Trotzdem wäre der italienische

Kardinal Rampolla, den man später als Freimaurer entlarvte, beinahe der nächste Papst geworden. Doch Nachfolger Leos XIII. wurde 1903 Pius X., ein frommer Mann, den Papst Pius XII. zum Heiligen erhob." „Pius X.", fragt Lutz, „hat er etwas mit den Piusbrüdern zu tun?" – „Damit sind wir mitten im Heute! Die Priesterbruderschaft Pius X. wird von den Freimaurern gehaßt und verfolgt. Die Logen haben nach Rampolla wieder einen Kardinal in ihre Netze verwickelt, Angelo Giuseppe Roncalli, der 1958 das Konklave als Papst Johannes XXIII. verließ."

„Er hat doch", wirft Lutz ein, „das Zweite Vatikanische Konzil einberufen. Warum?" – „Angeblich zur ‚Erneuerung des religiösen Lebens der Christen'. Doch wie steht die katholische Kirche nach dem Konzil da, das unter Paul VI. zum Abschluß kam? Zu wenige Priester, manche beginnen zu zweifeln, bekennen offen, daß sie im Konkubinat leben, und segnen Schwule und Lesben als Paare. Die Diözese Innsbruck errichtete ein ‚Integrationshaus', das einen muslimischen Gebetsraum hat. Im Hof steht ein Minarett, von dem man jeden Freitag den Ruf des Muezzins hört. Das Zweite Vatikanische Konzil hat die Gläubigkeit nicht erneuert, sondern Tendenzen der Freimaurerei in die Kirche getragen."

„Welche Rolle", fragt Lutz, „spielte der Wiener Kardinal König? In der öffentlichen Meinung gilt er als verdienstvoller Theologe." „Die öffentliche Meinung!" ruft Georg belustigt. „Sie entsteht nicht von selbst', verriet uns Henry Kissinger, ‚sie wird gemacht!'" – „Aber es gibt doch die Pressefreiheit!" – „Dazu sagte Paul Sethe, Mitherausgeber der FAZ: ‚Die Pressefreiheit ist die Freiheit von 200 reichen Leuten, ihre Meinung zu verbreiten.' Und wenn unter diesen 200 Leuten auch nur die Hälfte Freimaurer sind? Die Freimaurer beherrschen Wirtschaft und Politik. Schon 1776, bei der Gründung der USA, wurde ein Freimaurer ihr erster Präsident: George Washington. Auch die meisten seiner Nachfolger waren und sind Freimaurer. In ihren Händen liegt die sogenannte Freiheit der Presse.

Wenn die Medien jemanden einstimmig als Experten rühmen, werde ich mißtrauisch. Wenn sie einen anderen als ‚Rechtsextremisten' beschimpfen, frage ich: ‚Was hat er denn Böses gesagt und getan?'" – „Und Kardinal König?" – „Der ‚verdienstvolle Theologe' König führte den Dialog mit den ‚Nichtgläubigen'. Daher siehst du ihn auf dem Foto, vor dem wir nun stehen, intensiv mit einem Freimaurer sprechen. Schritt für Schritt gab die Kirche den Freimaurern nach. 1983 hob Johannes Paul II. die Bannbulle über die Exkommunikation der Freimaurer auf."

„Haben die Freimaurer Einfluß auf die EU?" fragt Lutz. – „Auf dem Umschlag des Buchs ‚Was ist Freimaurerei?' siehst du hier in goldener Farbe Zirkel und Winkelmaß. Sie sind zu einem Gebilde von fünf Zacken verschränkt. Diesem Maurersymbol gleichen die fünfzackigen Sterne der EU-Fahne. Der Freimaurer Coudenhove-Kalergi, der die ‚eurasisch-negroide Zukunftsrasse' propagierte, war Mitglied der Wiener Loge ‚Humanitas'. ‚Das Humanitäts-Geschwafel der EU-Vertreter', sagt Stadler, ‚ist reinste Freimaurerei.' Die EU weigert sich, den Namen Gottes in der Verfassung zu nennen. Der Italiener Buttiglione durfte nicht Kommissar werden, weil er Homosexualität eine Sünde genannt hat. Die EU bedrängt ihre Staaten, die Abtreibung straffrei zu machen. Homo-Ehe, Gender-Wahn, Emanzentum werden gefördert. Doch wenn du die Ideologie der Freimaurer hinterfragst, hält man dir wie eine Pistole das Wort ‚Vorurteile!' entgegen. Wenn die Kirche den Anspruch auf die Wahrheit ihres Glaubens aufgibt, hat die Freimaurerei gesiegt. Das Zweite Vatikanische Konzil war auf diesem Weg ein entscheidender Schritt." – „Ein Papst", wiederholt Lutz nachdenklich, „nannte die Freimaurerei die ‚Synagoge des Teufels'..."

Georg und Lutz verlassen das Museum und durchschreiten die Empore der Schloßkirche von Rosenau. Da öffnet sich ihnen ein herrlicher Anblick. Strahlen der Sonne haben den Nebel durchdrungen, und hell durchflutet liegt unter ihnen der Chor der barokken Kirche. Den rechten Seitenaltar schmückt eine Kopie von Raffaels Sixtinischer Muttergottes. Zärtlich hebt Maria ihr Kind an die Brust. Zu ihren Füßen knien lieblich zwei Engel. Dankbar breitet Georg beide Arme weit aus. Das liebe Bild ruft ihm den Vers in den Sinn, den ihm sein Traum heute früh eingab: „Jungfrau, Mutter, Königin!"

Rosenaus Geheimnis

Als sie Rosenau verlassen, wirft Lutz noch einen Blick auf die majestätisch breite Fassade des Schlosses. Auf den weiten Vorplatz hat frisch gefallener Schnee einen blendend weißen Teppich gelegt. Über den Bäumen blinzelt Sonnenschein durch die Wolken, und der Himmel leuchtet in zartem Blau, das blühenden Kornblumen gleicht. An der Front eines anderen breiten Gebäudes sehen sie die bunten Fresken springender Pferde und darüber in großen Buchstaben die Inschrift MAIERHOF. „Das ist ein Haus", erklärt Georg, „das wir mit Freunden einmal besuchen sollten. Erbaut wurde es für die Pferde des Grafen Schallenberg." – „Ist ein Pferdestall sehenswert?" – „Aus diesen alten Zeiten schon. Gestützt werden seine weiten Räume von Säulen aus grauem Granit, dessen Körnchen im Licht von Kerzen wunderbar glitzern. Diese Architektur ist ebenso schön wie die Räume im Schloß, die wir vorhin sahen. Das Schloß und seine Nebengebäude wurden 1945 von der Roten Armee besetzt, die darin fürchterlich hauste. Als die Russen dann abzogen, hat die Familie Weissenhofer diesen Pferdestall aus der Barockzeit erworben und in langjähriger Arbeit aus ihm ein wahres Juwel gemacht. Hier veranstaltet sie auch ihren ‚Meierhof-Heurigen'."

„Schmackhaftes Essen und kräftiger Wein?" fragt Lutz interessiert. „Zu günstigen Preisen und in herrlichem Rahmen! Möbel aus alten Zeiten, Kutschen und Schlitten hat man neben die Granitsäulen gestellt. Holzscheite liegen neben einem Küchenherd, Teller und Krüge stehen auf den Kredenzen, Bilder aus früheren Zeiten hängen an der Wand. Das Waldviertel, wie es einst war, wird wieder lebendig. Eine Burschenschaft hat mich vor kurzem eingeladen, bei ihrer Festkneipe einen Vortrag zu halten. Feierlich haben Wirt und Kellnerin alles gestaltet. Eine lange Tafel stand in der Mitte des großen Hauptraums, in dem ein mächtiger Kachelofen wohlige

Wärme ausstrahlte. Mit bunten Tüchern, roten Äpfeln und weißen Kerzen waren die Tische prächtig geschmückt. Fröhlich erklangen die Lieder der Korporierten. Sie feierten den Geburtstag eines Besitzers von Rosenau, der ein Kämpfer für Alldeutschland war!"

„Das war aber doch kein Freimaurer!" entgegnet Lutz. – „Lieber Freund, die Führung im Schloß hat uns Unheimliches erzählt, hat von Toleranz, Humanität und Vorurteilen gefaselt, die man aufklären muß. Aber das ist nicht die ganze Geschichte von Rosenau."
„Irgendwie", wirft Lutz ein, „hatte ich schon vorhin das Gefühl, daß Rosenau noch ein Geheimnis, ein schönes Geheimnis verbirgt."
Georg lächelt: „Dein Gefühl führt dich auf den rechten Weg. Das Thema meines Vortrags hieß übrigens: ‚Wie deutsch ist Österreich?'"

Nachdem sie im Auto losgefahren sind, öffnet sich hinter einem Hain riesiger Eichen bald eine weite, schneeüberflutete Wiese, aus der ein Turm mit breitem Zinnenkranz hoch emporragt. „Was mag das sein?" fragt Lutz. „Steigen wir aus", antwortet Georg, „und betrachten wir das Relief, das du am Turm siehst." Schnell springen sie aus dem Wagen und stapfen tapfer durch die weiße Pracht, die unter ihrem Schritt kräftig knirscht. „Bismarck!" ruft Lutz überrascht, als er das Reliefbildnis des Eisernen Kanzlers erkennt. „Wie kommt ein Bismarck-Turm nach Rosenau?" – „Dein Gefühl hat dich nicht getrogen, du hast das Ge-

Bismarck-Turm bei Rosenau

heimnis von Rosenau richtig geahnt. Erinnere dich an die Schloß-
führung! Nachdem der Sohn des Grafen Schallenberg das Schloß
verkauft hatte, wechselten in rascher Folge viele Besitzer, bis es im
19. Jahrhundert ein Matthias von Schönerer erwarb." – „Matthias?
Doch der Verehrer von Bismarck hieß Georg!" – „Richtig: 1842
wurde Georg als Sohn von Matthias geboren. Auch sein Vater war
ein bedeutender Mann, der Österreichs erste Eisenbahnen baute,
für seine Verdienste in den Adelsstand erhoben wurde, das Schloß
Rosenau erwarb und es seinem Sohn hinterließ. Sein Wahlspruch
lautete: Recta sequi – Folgen wir rechten Wegen!"

Otto von Bismarck

Während sie nach Zwettl fahren, erzählt Georg: „Georg von Schönerer wanderte auf rechten Wegen. Aber die Führung im Freimaurer-Museum verschwieg ihn verschämt, obwohl er auf dem Deckengemälde im Eingangssaal deutlich zu sehen ist. Das Antlitz von Zeus, des Vaters der Götter und Menschen, das dich so beeindruckt hat, trägt dort Schönerers Züge. Mit 27 Jahren nahm er seinen Wohnsitz in Rosenau, wo er nach einem Leben aufregender Kämpfe 1921 verstarb. – Aber schau jetzt aus dem Wagen nach rechts! Der Turm, den du siehst, gehört der evangelischen Kirche, die Schönerer erbauen ließ. Der katholischen Kirche von Schloß Rosenau hat er die Kopie der Sixtinischen Muttergottes gestiftet, die wir eben sahen. – Jetzt sind wir in Zwettl und fahren die Landstraße hinunter bis zur hohen Dreifaltigkeitssäule, wo wir anhalten."

Als sie aussteigen, fällt Georgs Blick auf ein Paar, das grüßend auf sie zukommt. Er sieht Max, der ihn bei der Demo gegen Gusenbauer mit Lutz und Irmgard bekannt gemacht hat. Neben dem jungen Mann wiegt sich mit elegantem Schritt eine üppige Schöne: schwarzes Haar fällt lang auf den hellen Pelzkragen ihres Mantels herab, dunkle Augen blitzen, ein breiter, sinnlicher Mund öffnet sich zu strahlendem Lächeln und zeigt makellos weiße Zähne, die blenden und locken und raubtierhaft drohen. „Meine Freundin Doris", stellt Max seine Begleiterin vor. Heimliches Mißtrauen überkommt Georg, als er ihre Hand, die sie ihm spontan entgegenstreckt, leicht zögernd annimmt. „Mäxchen hat mir viel von Ihnen erzählt", sprudelt sie los, „Sie waren der General bei der tollen Demo am Ring!" „Ich hatte nichts zu kommandieren", wehrt Georg das Kompliment ab, „aber es war schön, dort Lutz und Max zu begegnen. Diese jungen Freunde machen mir nun die Freude, auch Sie kennenzulernen." Georgs höfliche Verbeugung erwidert Doris mit bezauberndem Lächeln, das ihre blitzenden Zähne zur Schau stellt. Flink fügt sie hinzu: „Könnten wir nicht drüben in die Konditorei gehen?" – „Sie haben noch nicht zu Mittag gegessen?" – „Schon – aber was Süßes – Mäxchen?" Während dieser noch zögert, schaltet sich Lutz ein: „Die Ausstellung im Rathaus ist nur zwei Stunden geöffnet. Wir sollen die Zeit nützen."

Da Georg sich zum Fortgehen wendet, zieht Doris ein schiefes Mäulchen, folgt aber doch. Nach wenigen Schritten stehen sie vor dem hohen Turm des alten Rathauses, dessen Fassade graue Sgraffitibilder reich schmücken. Kaum haben sie den ersten Schauraum betreten, ruft Lutz überrascht aus: „Walther von der Vogelweide!" Sie sehen eine Wiedergabe der berühmten Miniatur aus der Heidelberger Liederhandschrift. „Ich sâz ûf eime steine", erklärt Georg, „so beginnt ein Gedicht dieses Minnesängers. Er sitzt hier, wie es seine Verse schildern, auf einem Stein, hat seine Beine übereinander geschlagen, stützt den Ellbogen auf sein Knie und faßt nachdenklich seinen Kopf mit der Hand." „Er denkt nach", flötet Doris.

„Worüber", will Max wissen. „Über eine Frage", erklärt Georg, „die uns alle angeht. Wie erwerben wir drei Dinge, die einander oft im Weg stehen: Ehre und materiellen Besitz und dazu noch Gottes Huld, deren Gold die beiden anderen überstrahlt? Die hätte der Dichter gern beisammen. Doch leider kann das nicht sein. Steg und Weg sind versperrt. Gewalt zieht über die Straße. Untreue lauert im Hinterhalt. Gottes Huld leuchtet uns erst, wenn der Mensch auf rechten Wegen den Platz findet, der ihm zusteht."

„Schön!" Die Lippen des Mädchens öffnen sich wieder sinnlich und breit, aber ihre Zustimmung ist echt. „Schön! Wann hat der Dichter gelebt?" Georg lächelt: „Sie werden es kaum glauben. Vor 800 Jahren." Lutz fällt ein: „Hat damals nichts von schwarzer und roter Parteibuchwirtschaft gewußt, aber das Problem perfekt erkannt!" „Das Mittelhochdeutsche", wirft Doris ein, „das Sie rezitiert haben, kann man noch heute beinahe verstehen. Es hat einen – wie soll ich sagen – einen so süßen Klang." Georg freut sich. „Ja, weil es Ihnen gefällt, sage ich Ihnen nun ein Gedicht, das aber nicht von Walther verfaßt wurde. Es hätte auch für Sie gedichtet sein können. Hören Sie, bitte, es ist leicht zu verstehen.

Dû bist mîn, ich bin dîn:
des solt dû gewis sîn.
Dû bist beslozzen
in mînem herzen:
verloren ist das slüzzelîn:
dû muost immer drinne sîn.

Wieder öffnen sich die roten Lippen, und es blitzen die blendend weißen Zähne. Die Blicke des Mädchens funkeln zu Max, heften sich dann aber auf Georg: „Schön! Du mußt immer bei mir sein! Und wie lieb Sie das sagen! Wie heißt der Dichter?" – „Das kann Ihnen niemand verraten, denn die Verse schrieb ein Ritterfräulein vor mehr als achthundert Jahren in einem Liebesbrief an ihren Geliebten. Aber", erinnert sich Georg unvermittelt, „mir fällt da etwas ein: Sie kennen doch die Irmgard – Sabrina, wollte ich sagen, die auch bei der Demo auf der Ringstraße war. Ich versprach ihr zu schreiben. Wissen Sie ihren Familiennamen? Haben Sie ihre Anschrift?" Kaum merklich hat Doris für ein kleines Momentchen wieder das schiefe Schmollmündchen in ihrem hübschen Gesicht. „Leider nein", sagt sie, „aber doch, es könnte sein." Hastig nestelt sie aus ihrem silberfarbenen Handtäschchen ein Heft und blättert: „Sabrina – ja! Die Handynummer kann ich Ihnen geben: 0699/121646." Und wieder öffnet sich lächelnd ihr roter Mund.

Ritter Georg

Nachdem Georg die Rufnummer notiert hat, bittet er seine Begleiter: „Gehen wir in den nächsten Raum! Walther von der Vogelweide hat Zwettl wohl nicht gekannt, aber ein anderer, der uns viel zu sagen hat, lebte hier in der Nähe: Georg von Schönerer!" „Dieser Rassist", entsetzt sich Max, „dieser Rechtsextremist und Antisemit! Die Sabrina müßte jetzt hier sein! Sie und der rote Dani könnten euch sagen, was für ein Faschist der Schönerer war! Hitler schrieb in ‚Mein Kampf' ein ganzes Kapitel über diesen Judenverfolger. Über ihn gibt es hier einen eigenen Saal? Da bringen mich zwanzig SS-Männer nicht hinein! Ich gehe hinauf in den zweiten Stock!" Wütend stampft er davon, während Lutz schallend lacht: „Blödsinn! Paranoia antifaschistica! Was Max schwätzt, hätte er hier auch lesen können!" Lutz nimmt einige Flugblätter aus einem dicken Stapel und verteilt sie. Sie sollen die Besucher schon beim Saaleingang belehren, welchem Unhold sie nun begegnen: „Schönerer", liest man, „verkörpert raffinierte Kombination politischer mit kultureller Propaganda, antiösterreichische Tradition der Deutschnationalen, Heimkehr ins Reich, doktrinäre Preußenverehrung, Mißachtung der Demokratie, Antiklerikalismus, rassischen Antisemitismus ... Seine ‚Alldeutsche Partei' kann als Vorläuferin der NSDAP Hitlers angesehen werden ... Vieles ist bis auf den heutigen Tag lebendig geblieben."

„Alles, was recht und rechts ist!" lacht Lutz und betritt den Ausstellungsraum. Doris will Max folgen. Als aber Georg mit Lutz geht, schließt sie sich zögernd an: „Sie können so gut alles erklären. Eigentlich interessiert mich der Schönerer auch. Heißt ja" – wieder lockt ihr helles Lachen – „Georg wie Sie! Warum ist diese Ausstellung gerade in Zwettl?" Georg führt seine beiden Begleiter zu einem Bild, das zwei Pferde und eine Kutsche zeigt. Auf dem Sitz neben dem Wagenlenker sieht man einen bärtigen Herrn. „Das ist", erklärt er, „Georg Ritter von Schönerer, Schloßherr von Rosenau, der mit seinem ‚Zeugl', wie man die Kutsche hier nennt, quer durch das Waldviertel fuhr und oft nach Zwettl kam. Bürger, Bauern und Kleinhäusler kannten und liebten ihn. Er half Armen und Kranken und ließ Kindern, die weite Wege zur Schule hatten, warme Mittagssuppen geben. Er gründete Kindergärten und Gemeindebibliotheken. Hier seht ihr eine Danksagung der Feuerwehr von Groß Gerungs an ihren Gönner, daneben ähnliche Blätter aus Ottenschlag und Langenlois. Leidenschaftlich bewunderte er Otto von Bismarck, weil dieser bewirkt hatte, daß sich alle deutschen Länder 1871 zum Zweiten Deutschen Kaiserreich zusammenschlossen. Schönerer wollte, daß alle Deutschen des Habsburgerreichs diesem Beispiel folgen sollten, hielt politische Versammlungen ab und wurde mit 31 Jahren als Abgeordneter in den Reichsrat gewählt. 1878 wählten ihn die Bürger auch in den niederösterreichischen Landtag."

„Hatte Georg eine Partnerin?" will Doris wissen. – „Im selben Jahr heiratete er seine Philippine. Sie war in seinem aufregenden Leben stets treu ihm zur Seite." – „Was ist da Spannendes geschehen?" – „Zunächst reihte sich Erfolg an Erfolg: 1873 gab es den großen Börsenkrach. Schönerer bekämpfte Korruption, Cliquen und Clubs, die den Betrug zu vertuschen versuchten." – „Schön, wenn das auch jetzt jemand täte!" – „Darauf wurde er wiederum in den Reichstag gewählt, gründete die Tageszeitung ‚Unverfälschte deutsche Worte' und kämpfte dafür, die Nordbahn, die damals Privateigentum war, zu verstaatlichen." „Was heute doch selbstverständlich ist", ergänzt Lutz. Doris schüttelt den Kopf: „Warum heißt es dann ‚Pfui, ein Nazi!'? Mein Mäxchen ist deswegen davongelaufen." Georg lacht: „Vor der Nazikeule rennen fast alle davon! Auch gegen Schönerer schlug sie zu. 1888 kam der Wendepunkt seiner politischen Laufbahn: Deutschlands Kaiser Wilhelm I. starb." – „Aber das war doch im Ausland!" – „Schönerer sah das nicht so. Liebe Doris, Ihre Freundin Sabrina spricht deutsch so wie Sie und wie wir: empfinden wir sie als fremd? Warum sollten die deutschen Bürger von Österreich nicht auch dem Deutschen Reich angehören? Das forderte das Programm von Schönerers ‚Alldeutscher Bewegung'. Als Deutschlands Kaiser Wilhelm I. starb, richtete sich der Haß von Schönerers Feinden daher wütend auf ihn."

Drei Extra-Ausgaben

„Wer hat", fragt Doris besorgt, „Ritter Georg gestürzt?" – „Eine schäbige Intrige. Hier in dieser Vitrine seht ihr drei Extra-Ausgaben des ‚Neuen Wiener Tagblatts', zwei vom 8. März 1888, eine vom 9. März 1888: ‚Kaiser Wilhelm todt!' – ‚Falsche Todesnachricht!' – ‚Kaiser Wilhelm gestorben!' Das melden einander widersprechende Schlagzeilen innerhalb weniger Stunden. Um dreifaches Geschäft mit Extra-Ausgaben zu machen, bringt die

Redaktion zuerst eine verfrühte Todesmeldung, widerruft sie dann und läßt die Straßenverkäufer zum drittenmal ‚Extra-Ausgabe' schreien, nachdem der Tod wirklich erfolgt ist. Vielleicht wollte man damit auch Aktienkurse beeinflussen, um an der Börse Profite zu machen. Schönerer war – ich bin es ja auch – ein leicht erregbarer Mensch. Wütend griff er zu Hut und Spazierstock, marschierte zum Zeitungsbüro, klopfte vermutlich nicht an und hieb vielleicht mit dem Stock auf einen der Schreibtische. Diese Karikatur an der Wand zeigt, wie sich die Schreiberlinge ängstlich verstecken, weil ihr Kollege bei der Türe hereinstürzt und ruft: ‚Waih geschrieen, der Schönerer kimmt!' Was wirklich geschah, steht nicht fest, jedenfalls hatte er keine Waffe, und es gab weder Blut noch böse Verletzung. Aber das Hetzblatt erstattete eine Anzeige wegen angeblichen Hausfriedensbruchs, eine wilde Pressekampagne brach los, und Ministerpräsident Taaffe, ein Erzfeind Schönerers, jubelte: ‚Nun haben wir ihn, jetzt kommt er uns nicht mehr aus!'"

„So ein Skandal!" ruft Doris. – „Aber nicht Schönerers Eindringen im Zeitungsbüro war der Skandal, sondern die rachsüchtige Strafe durch die Politjustiz: vier Monate schwerer Kerker, verschärft durch zwei Fasttage pro Monat, Verlust des Adelstitels, Verlust des Reichstagsmandats und des aktiven und passiven Wahlrechts für fünf Jahre! Schönerers Freunde sammelten Bittschriften für die Aufhebung des willkürlichen Urteils. Ein prächtig gebundenes Buch mit 45.000 Unterschriften seht ihr hier in dieser Vitrine. In Wien versammelten sich seine Anhänger zu Kundgebungen: alles vergeblich! Berittene Polizei sprengte sie brutal auseinander. Das Regime wollte Schönerers Laufbahn zerstören." Wütend stampft Lutz mit dem Fuß auf. „Heute ist es nicht anders! Wer nicht demütig mitschwimmt im politischen Mainstream, wird geächtet und ausgegrenzt." Georg beruhigt den jungen Freund: „Die Bauern und Bürger des Waldviertels und auch viele Arbeiter in Wien liebten ihren Schönerer. Viele Petitionen liegen hier im Museum, die ihn baten, wieder zu kandidieren. Obwohl ihn falsche Freunde verließen, kehrte er in die Politik zurück. 1901 war seine ‚Alldeutsche Vereinigung' wieder mit 21 Abgeordneten im Reichsrat vertreten."

„Ritter Georg hat also gesiegt!" ruft Doris und lacht. „Doch so wie heute", entgegnet Georg, „ging es in der Politik auch damals steil hinauf und hinab. Dazu kam das Unheil der deutschen Zwietracht: Eigensucht, Neid, Mißtrauen, Streit. Die Partei spaltete sich, und Schönerer zog sich auf sein Gut Rosenau zurück, zu seiner Familie und seinen Bauern. Alljährlich fuhr er in den Sachsenwald bei Hamburg, wo Bismarck, sein großes Vorbild, begraben liegt. Auf einer dieser Reisen starb seine liebe Frau Philippine. Seine letzte politische Rede hielt er kurz vor Beginn des Ersten Weltkriegs und beendete sie mit dem Ruf: ‚Alldeutschland war und ist mein Traum! Heil dem Bismarck der Zukunft, Retter der Deutschen und Gestalter Alldeutschlands!'"

Doris senkt enttäuscht ihren Blick: „Ein trauriges Ende: von Feinden gejagt, von Freunden verlassen, und dann stirbt ihm die Frau!" Georg faßt sie tröstlich am Arm. „Liebe Doris, Sie haben den Mann Ritter Georg genannt. So hieß er auch bei seinen Kameraden. Es gibt, glaube ich, im Museum auch eine Zeichnung des Ritters und ein Gedicht." Sie sehen sich um und finden neben vielen Porträts von Bismarck und Schönerer auf Tellern und Pfeifenköpfen auch dieses Bild: ein Ritter im eisernen Harnisch, der mit dem Speer einen Drachen tötet. Blutend wälzt sich das Untier zu seinen Füßen. Darüber sieht man Schönerers Bildnis, von Lorbeer gekrönt, und daneben zwei Verszeilen in schwarzer Frakturschrift, die von roten Initialbuchstaben verziert ist: „Ihr fraget," liest man, „wer der Lindwurm sei hier unten auf dem Bilde?" Georg lächelt: „Was hier liegt, sind keine Kunstwerke. Aber es sind rührende Zeichen der Zuneigung einfacher Menschen zu einem Mann, den erbitterte Gegner glühend haßten und den man noch heute auf den Flugblättern beim Eingang verketzert."

„Das Gedicht über Ritter Georg", sagt Doris, „ist sicher sehr schön. Sie wissen so viel, kennen auswendig viele Verse und heißen auch Georg! Können Sie uns vielleicht das Gedicht sagen? Bitte!" Georg will abwehrend die Hand heben, denkt aber nach, um das Mädchen nicht zu enttäuschen: „Wie war das nur? Ich wußte es einmal auswendig, vielleicht gelingt es mir noch? – Ja!"

Ihr fraget, wer der Lindwurm sei
hier unten auf dem Bilde?
Und wer der Ritter nebenbei
im runden Wappenschilde?
Der Lindwurm ist die schlechte Sitt',
Verderbnis unsrer Zeiten,
und Schönerer, der ihn niederstritt,
der Ritter ihm zur Seiten.

Wie deutsch ist Österreich?

„Mäxchen!" ruft Doris, als sie das Museum verlassen, und läuft auf ihren Freund zu, der in einer dunklen Nische mißmutig beim Ausgang steht. „Mäxchen!" haucht sie ihm mit roten Lippen einen Kuß auf die Wange und streicht ihm seine schwarzen Haare aus der zornig gefalteten Stirn. „Wie schade, daß du nicht bei uns warst! Der Ritter Georg ist gar nicht böse! Und ein anderer Ritter Georg" – ihr koketter Blick fliegt zu dem, der sie durch die Ausstellung führte – „weiß Spannendes zu erzählen! Sogar ein Gedicht – " Unwirsch unterbricht Max: „Ich kenne den Judenfeind Schönerer aus den Vorlesungen der Politologie! Das Faltblatt, das ich mir angeschaut habe, sagt es: ‚Vieles von Schönerer ist bis auf den heutigen Tag lebendig geblieben.' Nein, das darf nicht wiederkommen! Wehret den Anfängen!" Georg geht freundlich auf den erregten Max zu: „Kein Mensch ist nur schwarz, keiner nur weiß. Als Politologe und Historiker wissen Sie, daß man die Menschen aus den Umständen ihrer Zeit beurteilen muß, und – " „Das gäbe doch eine Diskussion!" ruft Doris dazwischen. „Etwas Süßes wollten wir ja vorhin schon essen! Da ist ein nettes Lokal. Kommt ihr?" – Lutz, auf den Georg fragend geblickt hat, ist dafür: „Für die Fahrt nach Wien brauchen wir nur zwei Stunden. Und wir, Max, kreuzen wieder einmal unsere Klingen!"

Zu viert setzen sie sich um einen Tisch. Georg hat sich Kaffee bestellt, Lutz und Max trinken Bier, vor Doris steht eine bunte Portion Eis. „Schönerer", beginnt Max, „wollte die Österreicher ‚heim ins Reich' holen und den Habsburgerstaat zerstören. Aber er stand doch mit seinem Deutschnationalismus völlig allein!" „War das wirklich so?" entgegnet Lutz. „Seiner Bewegung gehörten auch Victor Adler und Engelbert Pernerstorfer an, die später führende Sozialdemokraten waren. Karl Lueger war Schönerers Parteifreund, bevor er die Christlichsoziale Partei gründete. Als er Bürgermeister von Wien war, hatten alle, die das Wiener Bürgerrecht anstrebten, ihren Eid auf den deutschen Charakter von Wien abzulegen. Viele Menschen wollten damals Österreichs Vereinigung mit Deutschland." Wütend schlägt Max mit der Faust auf den Tisch. „Schönerer hat Österreich gehaßt", ruft er, „so wie Hitler, der uns im März 1938 überfallen und besetzt hat!"

„Max", widerspricht Lutz, „ich habe eine Seminararbeit darüber geschrieben und muß dich berichten: bei der Volksabstimmung im April 1938 haben 99,73 Prozent der Österreicher für den Anschluß gestimmt!" – „Ergebnis politischer Propaganda!" – „Aber 1921, als Hitler politisch unbekannt war? Damals stimmten in Tirol fast 99 Prozent für den Anschluß!" – „Was ist ein einzelnes Bundesland?" – „Fünf Wochen danach waren in Salzburg mehr als 99 Prozent für die Vereinigung mit Deutschland. Auch Kärnten und die Steiermark wollten Abstimmungen durchführen, doch die Siegermächte verboten das." – „Es gab ja keine direkte, sondern die repräsentative Demokratie!" – „Noch nie von der Gründung der Republik Österreich am 12. November 1918 gehört? ‚Deutsch-Österreich ist eine demokratische Republik', hieß der erste Satz der Verfassung. Der zweite: ‚Deutsch-Österreich ist ein Bestandteil der deutschen Republik.' Alle Abgeordneten haben einstimmig beschlossen, was Schönerer, der Kämpfer für Alldeutschland, gewünscht hatte. Deutschland hat diesem Wunsch zugestimmt. Die deutschen Sudetenländer wollten sich anschließen. Aber die Friedensdiktate der Siegermächte haben diese demokratischen Beschlüsse mißachtet und den Anschluß ausdrücklich verboten. Sogar den Namen ‚Deutsch-Österreich' haben sie untersagt und die Wünsche der Österreicher und ihrer gewählten Politiker brutal unterdrückt!"

Von diesen Aussagen in die Enge getrieben, begehrt Max nochmals auf: „In der ‚Moskauer Erklärung' haben die Alliierten des Zweiten Weltkriegs 1943 den Anschluß Österreichs für ‚null und nichtig' erklärt!" „Sie haben", entgegnet Lutz, „das Anschlußverbot auch im

Staatsvertrag von 1955 ausgesprochen. Aber hat man darüber jemals das Volk abstimmen lassen? Die einzige Entscheidung des Volkes war das überwältigende ‚Ja' der Österreicher bei der Abstimmung im April 1938. Damit haben sie Schönerers alldeutscher Politik zugestimmt." Doris schaltet sich ein: „Aber vielleicht wissen es die Dichter besser als die Politiker. Im Museum" – ihr Blick richtet sich auf Georg – „haben Sie uns von Walther von der Vogelweide erzählt." Georg nimmt ihren Wunsch, den Streit zu schlichten, gern an. „Liebe Doris, ich schrieb kürzlich das Buch ‚Deutsche Dichtung aus Österreich' und kann einige Dichter als Zeugen zitieren. Walther, der von sich sagte, ‚Ze Ôsterrîche lernte ich singen unde sagen', war ein gefeierter Minnesänger am Hof der Babenberger zu Wien. Die fränkischen Babenberger hatte der deutsche Kaiser Otto II. im zehnten Jahrhundert beauftragt, die Grenzen des Reichs im Südosten zu sichern. Um 1200 blühte hier der Minnesang, und Walther bekannte sich freudig zu deutschem Wesen und deutscher Kultur."

Von der Elbe bis zum Rhein
und zurück bis her ans Ungerland
mögen wohl die besten sein,
die ich in der Welt je fand ...
Deutsche Männer – wohlerzogen,
recht wie Engel sind die Frau'n zu sehn.
Wer sie schilt, ist arg betrogen,
anders kann ich's nicht versteh'n.

Da sich Georg bei dem Vers, der die Frauen als Engel bezeichnet, vor Doris verneigt, lächelt sie geschmeichelt. Max aber wehrt sich hartnäckig: „Das war doch vor achthundert Jahren zur Zeit der Babenberger!" „Nach den Babenbergern", entgegnet Georg, „regierten die Habsburger, und Österreichs neuer Landesherr war Rudolf, Kaiser des Heiligen Römischen Reiches deutscher Nation. Von 1439 bis 1806 waren Habsburger in ununterbrochener Reihe die deutschen Kaiser, und Wien war Haupt- und Residenzstadt des Deutschen Reichs. Wer kann behaupten, Österreich sei damals nicht deutsch gewesen?" – „Doch nach 1806?" – „Daß Franz II. die deutsche Kaiserkrone ablegen mußte, hat Napoleon erzwungen, um die deutschen Länder zu schwächen und das Reich zu zerreißen. Nach seinem Sturz gründete man aber den Deutschen Bund, und die Revolution von 1848 wollte ein gemeinsames Reich aller Deutschen. 1871 vereinigte Bismarck 35 große und kleine Fürstentümer und vier Reichsstädte zum Zweiten Deutschen Kaiserreich. Das deutsche Österreich blieb ausgeschlossen, da die Habsburger ihren Vielvölkerstaat nicht auflösen wollten. Doch was hat ihnen das genützt? 1918, nur dreißig Jahre, nachdem man Schönerer ins Gefängnis geworfen hat, ist ihre Donaumonarchie zerbrochen. Grillparzer, Österreichs großer Dichter, hat mit einfachen Worten gesagt, was die meisten Menschen in Österreich dachten: ‚Ich bin froh, ein Deutscher zu sein.'"

„Es gibt auch andere Dichter", begehrt Max wiederum auf. „Zum Beispiel", erwidert Georg, „Stefan Zweig, der als Jude sicher kein Schönerianer war. ‚Deutschland', sagte er, ‚war uns niemals ganz Ausland, niemals Fremde, jede Stadt Teil unserer geistigen Heimat, ihre Dichter, ihre Meister, ihre Gelehrten die unseren, und die unseren die ihren.' Anton Wildgans bekannte 1930 in seiner ‚Rede über Österreich': ‚Der österreichische Mensch ist seiner Sprache und ursprünglichen Abstammung nach Deutscher und hat als solcher der deutschen Kultur auf allen Gebieten menschlichen Wirkens und Schaffens die wertvollsten Dienste geleistet.' Die Grenzen eines Staates werden heute so und morgen wieder anders gezogen. Nach Niederlagen im Krieg werden sie von fremden Mächten willkürlich diktiert. Die gemeinsame Muttersprache verbindet uns trotzdem. Halten wir Menschen wie Lutz oder Irmgard – ich meine Sabrina – für Fremde? Ihre Staatsbürgerschaft steht im Reisepaß. Doch unser gemeinsames Erbe lebt in unseren Herzen. Fast alle Völker Europas haben früher oder später ihre Stämme vereint und Nationalstaaten gebildet: Franzosen, Engländer, Spanier, Italiener, Polen, Tschechen, Slowaken, Serben, Kroaten und andere. Sollen gerade wir, die wir deutsch reden und ein gemeinsames Schicksal haben, getrennt bleiben?"

Max, dem Doris die Hand beruhigend auf die Schulter gelegt hat, ist von Georgs Worten zwar beeindruckt, fragt aber doch: „Hat die Zeit ab 1945 nicht manches verändert?" „Lieber Freund", antwortet Georg, „Sie und Doris und die Menschen Ihrer Generation erleben ja, wie gezielte Umerziehung und mediale Berieselung Ihnen ein anderes und fremdes Bewußtsein einimpfen wollen. Doch selbständig denkende Menschen lassen sich nicht für alle Zeiten verdummen. Sie kennen doch den Künstler Alfred Hrdlicka und seine politische Gesinnung?" – „Ja, er ist Kommunist und hat antifaschistische Denkmäler errichtet." – „Er ist also kein Anhänger Schönerers. Doch dieser überzeugte Kommunist Hrdlicka sagte einem ORF-Reporter in dem breiten Wienerisch, das er stets sprach: ‚I bin a Großdeutscha, aber ka Nazi.' Auf die entsetzte Frage, ob er für den Anschluß Österreichs sei, antwortete er: ‚Ja, da hätt i gar nix dagegen, Deutschland und Österreich, a großes deutsches Sprachgebiet, wär mir sehr recht.' Trotz Krieg und Siegerdiktat bekennen sich aufrechte Menschen zum Selbstbestimmungsrecht der Völker. Das tat auch der Dichter Josef Weinheber. Obwohl er 1934 erleben mußte, daß die österreichischen Politiker Dollfuß und Schuschnigg den Wunsch nach dem Anschluß an Deutschland gewaltsam bekämpften, beschwor er Schönerers Traum von Alldeutschland in seinem Gedicht."

Der Traum, den wir geträumt, ist aus.
Dämonenmacht zerschlug das Haus.
Die Scholle taub, der Baum entlaubt,
die Stube still, der Herd beraubt.
Uns Letzte, nackt und vogelfrei,
wirft auf den Mist die Tyrannei,

zerstreut der Sturm, zerbläst der Wind.
Weh uns, die große Nacht beginnt!
Weh uns, vergeblich war das Leid,
weh uns, im Blut ertrinkt die Zeit,
weh uns, den Abel mordete Kain –
Deutschland, o Traum, wann wirst du sein?!

Josef Weinheber

Wie deutsch ist Deutschland?

Am nächsten Morgen ist Georg wieder in Wien. „Irmgard!" ist sein erster Gedanke. Hastig holt er das Blatt mit der Rufnummer, die Doris ihm gab, aus der Tasche und wählt 0699/121646. „Wird sie abheben? Was wird sie sagen? Wie soll ich beginnen?" Unendlich dehnen sich die Sekunden. „Your call is not allowed!" hört er dann die Stimme des automatischen Rufbeantworters, „your call is not allowed!" Mißmutig legt Georg den Hörer beiseite und versucht es eine Stunde später nochmals: „Your call is not allowed!" heißt es wieder. Kurz danach läutet hell sein Gerät. „Das ist sie!" ruft er beglückt und nennt seinen Namen. „Guten Morgen, Georg", hört er die fröhliche Stimme von Lutz, „zum Gespräch von gestern hätte ich eine Idee. Wenn du Zeit hast, komme ich rasch vorbei." Abermals ist Georgs Hoffnung enttäuscht, doch der Besuch des jungen Freundes ist ihm willkommen.

Kurz später kommt Lutz. „Was wir gestern besprachen", ruft er, „hat meine Gedanken ins Rollen gebracht. Österreich, sagtest du, ist durch EU und durch viele Studenten aus Deutschland heute fast enger ans Reich angeschlossen als je. Aber wie ist es mit Deutschland? Ist Deutschland noch deutsch? Deutschland haben die Sieger 1945 entzwei geschnitten. Bis 1990, da war ich ein Kind, lebte ich in der Deutschen Demokratischen Republik: DDR, drei Buchstaben, drei faustdicke Lügen! ‚Deutsch' war die DDR nicht, sondern der klägliche Rest nach dem Länderraub und der Teilung. ‚Demokratisch' war sie auch nicht. Es herrschten Leute wie Ulbricht, der durch Berlin eine Mauer baute, von der herab Flüchtlinge niedergeknallt wurden. Sein Nachfolger Honecker floh dann in das Sowjetparadies und von dort nach Chile. Ein Prozeß gegen ihn fand nie statt. Und eine ‚Republik', eine ‚res publica', die nach Cicero eine ‚res populi', eine Sache des Volkes, sein soll, war die DDR jedenfalls auch nicht!"

„Leider", entgegnet Georg, „denken die meisten nicht mehr daran, daß die Besatzer Deutschland gewaltsam geteilt haben. Was hältst du von der westlichen BRD?" – „Diese drei Buchstaben sind keine geringere Lüge! Herrschte bei uns sklavischer Gehorsam gegen ‚unseren großen Bruder Sowjet-Union', so diktierten im Westen die Päpste der Umerziehung aus der ‚Frankfurter Schule'. Das ‚ML'-Geschwätz, erzählten mir meine Eltern, die Lehren von Marx und Lenin, gingen beim linken Ohr rein und beim rechten wieder raus. Aber in der BRD hat die ‚Kultur-Revolution' der ‚Achtundsechziger' die Gehirne vernebelt und dann ihren ‚Marsch durch die Institutionen' begonnen. Der giftgrüne Joschka Fischer, der Polizisten niedergetrampelt hat, war Vizekanzler und Außenminister. Ich erinnere mich an sein Grinsen im Fernsehen, als jemand zu sagen wagte, Deutschland werde von den Westmächten bevormundet. ‚Bedenken Sie doch', flapste er zynisch, ‚die historische Verantwortung Deutschlands'! Sofort duckte sich jeder. Wer wagt es, der ‚unsühnbaren deutschen Schuld', die uns die Medien tagtäglich einhämmern, zu widersprechen? Im Osten mußten wir gehorchen, aber geglaubt haben wir daran nicht. Im Westen sind viele so umerzogen, daß sie den Herrschenden nicht nur gehorchen, sondern die Schuldzuweisungen gläubig verbreiten."

Georg stimmt zu: „Vor einigen Jahren saß ich am Rhein mit zwei netten Leuten in einer Schenke beim Wein. ‚Wie geht es bei euch', fragte ich, ‚mit Türken und Negern?' ‚Entsetzlich!' antworteten sie. Doch vorher hatten sie sich scheu links und rechts umgesehen, obwohl an den Nebentischen kein Mensch saß. Das wiederholte sich stets, wenn ein heikles Thema berührt wurde. Ist das der ‚freieste deutsche Staat', den es je gab?" Lutz braust auf: „Die Wessis sind feig! Und immer mehr Ossis werden es auch. Der Staat manipuliert und unterdrückt uns. In Staatsfunk und Staatsfernsehen mahlen die Mühlen der Umerziehung. Eine Ausstellung über angebliche Verbrechen der Wehrmacht zog durch die Lande, doch von Vertreibung, vom alliierten Bombenterror oder

der Zwangsarbeit deutscher Kriegsgefangener darf man kein Wort sagen. Die meisten Jungen schlucken die Geschichtslügen brav und schämen sich, Deutsche zu sein! Wer sich den Mut zur Wahrheit bewahrt, den grenzt die Antifa als ‚Rechtsextremisten' erbarmungslos aus. Wie heißt es doch in Weinhebers Gedicht, das du gestern zitiert hast?"

„Uns Letzte, nackt und vogelfrei, wirft auf den Mist die Tyrannei", wiederholt Georg und fügt hinzu: „Trotzdem klingt am Schluß des Gedichts leise Hoffnung an: ‚Deutschland, o Traum, wann wirst du sein?!' Es endet mit Fragezeichen und Rufzeichen. Wir sollen an diesen Ruf glauben und für ihn arbeiten." „Genau!" stimmt Lutz zu. „Mein Traum heißt Deutschland! Dieses wunderbare Wort steht in einem Roman mit dem schönen Titel ‚Heimat ist ein Paradies'. Viktor Streck ist der Verfasser, ein Deutscher aus Rußland. Ich habe ihn daheim kennengelernt, und eben jetzt ist er in Wien. Wenn du willst, rufe ich ihn an." Georg nickt zustimmend. „Gerade im rechten Augenblick!" jubelt Lutz nach kurzem Ferngespräch, „morgen verläßt Viktor Wien. Aber er kommt gleich zu uns. Dich kennt er, weil er einen deiner Vorträge in Hannover gehört hat." – „Wenn ich nur alle Zuhörer noch in Erinnerung hätte! – Lutz, vielleicht kannst du mir über ihn etwas erzählen?"

„Viktor Streck", berichtet Lutz, „wurde in Sibirien geboren, in einer der deutschen Familien, die im 18. Jahrhundert dem Ruf der Zarin Katharina gefolgt sind. Wolga-Deutsche nannte man sie. Doch Stalin hat ihre Gemeinschaft zerrissen und die einen dahin, die anderen dorthin in fremde Umgebung verpflanzt. Viktors Familie kam nach Sibirien. Dort mußte er russische Schulen besuchen und sowjetischen Militärdienst ableisten. Zu Hause sprachen sie aber deutsch, und er las voll Begeisterung deutsche Bücher. Sein Traum war Deutschland, das Land von Goethe und Schiller, die Heimat von Immanuel Kant. Mit 25 Jahren konnte er 1988 die Sowjet-Union endlich verlassen. Doch als er in das Land seiner Träume kam, mußte er sich fragen: Wie deutsch ist das total umerzogene Deutschland eigentlich noch?

In Rußland blieb seine Jugend unberührt von den sogenannten westlichen Werten, die man uns seit Jahrzehnten aufdrängt. Im Deutschland von Helmut Kohl und Gerhard Schröder erlebte er jedoch, was die Umerziehung aus uns gemacht hat: Verlust der Liebe zur Heimat, Zerstörung der Familie, Zerrüttung sittlicher Werte. Das fand Eingang in seinen Roman, mit dem er sich von seiner Enttäuschung befreien wollte. Hell wie eine Fanfare tönt der Titel seines Buches: ‚Heimat ist ein Paradies'. Frontal stößt er gegen die Thesen der Umerziehung, für die Heimat und Volk ‚faschistoid' sind. Er fragt: ‚Kann Deutschland wieder werden, was es einst war?' Hauptperson des Romans ist Frank Uffelmann, ein junger Deutscher, der eben aus Rußland in seine geistige Heimat gekommen ist, nach der er sich in der Fremde gesehnt hat. Nun muß er erleben, daß sie nur in seiner Traumwelt existiert. Als er in tadellosem Anzug und mit Krawatte seine Klasse in einem Gymnasium betritt, bricht schallendes Gelächter unter den Mitschülern aus, die in fetzigen Jeans auf den Bänken herumlungern. Großartig ist der Beginn der Erzählung." „Hast du ihn noch in Erinnerung?" fragt Georg.

„Zwei Episoden stehen einander gegenüber. Im Kant-Gymnasium hält der Schulleiter eine pathetische Festrede über ‚verantwortungsvolles Miteinander und Toleranz'. Beschwörend warnt er vor der ‚Ausgrenzung von Menschen anderer Kulturkreise', da doch der große Philosoph, dessen Namen das Gymnasium führen darf – und so weiter in dieser falschen Tonart. Am Buben-WC geht es aber ganz anders zu. Türken haben den kleinen Sebastian gepackt, der auch ein Deutscher aus Rußland ist, reißen ihm sein Geld aus der Börse und hauen ihn dann brutal in die Fresse. Hohle Phrasen und schändliche Wirklichkeit prallen da zusammen. Den Geschichtsunterricht führt eine stramme Antifaschistin, die einen gehässigen

‚Kampf gegen Rechts' führt. Schüler ‚mit Migrationshintergrund' und Linke machen brav mit, die anderen mucken nicht auf. Nur Frank, nach Kants Lehre dem Bekenntnis zur Wahrheit verpflichtet, wagt Widerspruch. Nein, sagt er, von einem deutschen Überfall auf die ‚friedliebende' Sowjet-Union kann keine Rede sein, denn Stalin hatte seine Divisionen bereits an den Grenzen, als ihm die deutsche Wehrmacht knapp noch zuvorkommen konnte. So gewinnt Frank durch seinen Mut und seine Kenntnisse in Geschichte und Philosophie die Freundschaft der meisten Klassenkameraden, und der Aufstand – " Da läutet die Glocke der Haustüre, Georg öffnet, und hereintritt der Autor, von dessen Buch Lutz eben berichtet hat.

„Guten Tag, meine Herren", sagt er mit weicher, sympathischer Stimme, deren etwas fremde Färbung unverkennbar, aber nicht unangenehm ist. „Ich heiße Viktor Streck. Herr Georg Merendorff, ich habe mit Begeisterung Ihren Vortrag in Hannover gehört. Ihre Worte bleiben für immer in meiner Erinnerung!" Freudig ergreift Georg die Hand des jüngeren Mannes, dessen träumerische Augen ihn sofort sehr berühren. „Mein Freund Lutz erwähnte heute Ihr Buch. Es fügt sich schön, daß wir einander wieder begegnen. Erzählen Sie uns bitte, warum Sie Ihren Roman schrieben."

Bescheiden senkt Viktor seinen Kopf und antwortet mit leiser Stimme: „Ich bin in einer Tradition groß geworden wie meine Großeltern und Eltern, in Sehnsucht nach Deutschland. Zur Zeit der Sowjet-Union konnte ich diese Sehnsucht leider nicht erfüllen. Erst in der Perestroika kam ich in die Heimat meiner Vorfahren, die auch meine Heimat werden sollte." Er hält etwas inne und setzt noch leiser fort: „Ich liebe Deutschland. Aber das Wesen der deutschen Menschen entsprach nicht dem, was ich erwartet hatte. Ich wollte, daß dieses große Gefühl, das uns früher begeistert hat, wieder aufleben sollte. Ich wollte in Erinnerung rufen, was Heimat ist. Ich habe mein Buch für die Jugend, für Gymnasiasten, geschrieben.

Die Handlung spielt in der Schule einer deutschen Kleinstadt." „Lutz", unterbricht Georg, „hat mir einen Teil Ihrer Erzählung bereits berichtet. Es kam dann, sagte er, zu einem Aufstand der Klasse gegen die antifaschistische Geschichtslehrerin." „So ist es", bestätigt der Autor. „Mein Frank Uffelmann hat durch seinen Mut und die Liebe zur Wahrheit die Herzen seiner meisten Mitschüler gewonnen, und sie haben diese fanatische Frau aus der Klasse verdrängt. Eine andere Lehrerin übernahm den Unterricht und ließ die Schüler einen Aufsatz schreiben, um sie kennenzulernen: ‚Mein Traum', hieß das Thema." „Erzähle das doch", bittet Lutz.

„Ich kann nicht alles auswendig. Aber ich will versuchen, einige Sätze daraus zu zitieren." In Viktors Gesicht spiegelt sich die Vision seiner Idee, als er zögernd beginnt: „Mein Traum ist Deutschland ... Ich sehe im Traum meine Heimat, meine geliebte deutsche Heimat. Ich sehe sie am frühen Morgen, wenn Kirchtürme in den Strahlen der Sonne zu leuchten beginnen ... Das Gold gelber Weizenfelder lacht mir entgegen, welche die fleißigen Hände der deutschen Bauern bestellen. In den Gassen unserer Dörfer höre ich das Lachen und den fröhlichen Lärm der spielenden Kinder. Sie wachsen geborgen in ihren Familien auf. Den neugierigen Fragen der Buben und Mädchen antworten Vater und Mutter und zeigen ihnen die Schönheit von Gottes herrlicher Welt. Am Abend vor dem Einschlafen erzählen sie ihnen Märchen, die sie sanft in ihre Träume begleiten ... In meinen Träumen sehe ich aufblühende junge Menschen, die das Geheimnis der Liebe erahnen. Diese Liebe ist etwas Großes, auf das zu warten und hoffen sich lohnt. Nicht triebhaftes Begehren bindet sie, sondern innige Zuneigung. Ihr größtes Glück, ihr Segen sind Kinder. Denn aus den Kindern wächst unser Volk ..."

Viktors Stimme gewinnt allmählich Kraft: „Volk ist Gemeinschaft. Im Volk wie in der Familie gehören die Menschen zusammen: Eltern und Kinder, Großeltern und Enkel, Brüder und Schwestern, Männer und Frauen. Jeder hat sein eigenes, unverwechselbares Gesicht, sein persönliches Wesen. Aber gemeinsames Leben und Streben verbindet sie. In unserem Volk leben wir inmitten von Menschen, die unsere Sprache sprechen. In ihren Seelen klingt verwandte Musik ... In meinen Träumen hat mein gutes Volk das Glück, ein Volk zu bleiben. Es hat wieder zu sich gefunden und schämt sich dessen nicht ... Ich wünsche auch jedem anderen Volk dieses Glück. In meinen Träumen ist Europa das christliche Abendland, ein Staatenbund freier Völker ... In meinen Träumen finden wir wieder Kraft, unser Leben neu zu gestalten. In meinen Träumen bin ich nicht allein! In meinen Träumen ..."

Viktors Erzählung hat Georg tief ergriffen. Er geht auf ihn zu und umarmt ihn. „Lieber junger Freund: Darf ich ‚du' zu dir sagen? Deine Worte gehen mir zu Herzen. Sie sind der Auftrag an unsere Zeit: Lösen wir uns vom ‚Mainstream' der Umerziehung und dem Wahn von Schuld und Schmach. Stemmen wir uns dem Niedergang und Selbstmord des Volkes entgegen. Lieben wir unsere Heimat und ein Europa, das nicht Zentralstaat EU heißt und nicht von Kommissaren beherrscht wird. Des freien Abendlands Mitte sei Deutschland: ein Deutschland, das wieder deutsch wird! Hoffen wir auf die Jugend: in jeder Schulklasse müßte es einen Frank Uffelmann geben. Dann fänden die Herrschaft der Finanzmärkte, die Zersetzung von Kunst, Sitte und Glauben endlich ein Ende!"

Brief ins Ungewisse

Seit diesem Gespräch mit Viktor Streck hat Georg für die Ideen, die sie damals entwickelten, unablässig gearbeitet. Mehr als ein Jahr ist er wiederholt durch deutsche Lande gefahren und hat Vorträge über Fragen von Kunst, Geschichte und Politik gehalten. In den Pausen dazwischen hat er ein Buch verfaßt, in dem er sein Leben und die Zeit darstellen wollte, die er kritisch erlebt hat. Für Irmgard hat er es geschrieben. Ihr wollte er zeigen, was er war und wofür er kämpfte. „Könnte ich ihr doch helfen", dachte er, „die linken Wege, zu denen man sie verführt hat, jetzt zu verlassen!" Immer wieder wanderten seine Gedanken zu dem Mädchen, das ihm einst die Freude am Leben aufs neue erweckt hatte. Bei der Demonstration hatte er sie zuerst als die wilde Emanze Sabrina erlebt, aber dann doch in ihr wieder seine liebe Schwester Irmgard entdeckt. Täglich hatte er anfangs ihre Rufnummer gewählt: 0699/121646. „Was wird Sie sagen?" dachte er ängstlich während des Wartens. „Wird sie sich meiner erinnern?" Aber stets mußte er hören: „Your call is not allowed!" Einmal warf er wütend den Hörer zur Seite und schrie: „Wer verbietet mir, mit einem lieben Menschen zu sprechen?" Doch jedesmal, wenn er es wieder versuchte, hörte er den verhaßten Anrufbeantworter: „Your call is not allowed! Your call is not allowed!"

Sein Freund Lutz erklärte ihm das Rätsel: „Die Rufnetzbetreiber machen sich wenig Mühe. Wenn sich jemand von ihnen abmeldet, lassen sie seinen Anrufbeantworter weiter sprechen. Ob der Anrufende jemals die neue Gesprächsnummer erfährt, kümmert sie nicht!" Georg war verzweifelt. Was sollte er tun? Es war am Mittsommertag, an dem ihm einst – wie lange war das! – der liebe Engel am Krankenbett erstmals begegnet war. Anrufen war nicht möglich. Schreiben? Wohin, wenn man keine Anschrift wußte? Da nahm Georg entschlossen einen Bogen Papier und begann, ins Ungewisse zu schreiben:

Wien, 21. Juni 2008

Liebe Schwester Irmgard!

Im Jänner des vorigen Jahres – erinnern Sie sich? – geschah etwas, das mich tief beglückt hat. Mitten in einer wilden Demo, in einer tobenden Menge, begegne ich einem Menschen, dem ich einen wunderbaren Augenblick meines Lebens verdanke. Zuerst kann ich es gar nicht glauben: man nennt Sie Sabrina, manches hat sich verändert – doch dann sind Sie meiner Erinnerung wieder ganz nahe: der Lebensengel, der mir im Krankenhaus, als ich aus der Betäubung erwachte, den jubelnden Ruf auslöste: Die Welt, die Gott uns geschenkt hat, ist schön! Voll Freude hatte ich damals das Gedicht geschrieben, das ich Ihnen noch sagen konnte, bevor ein schrilles Handy uns auseinanderriß.

Ihre Freundin Doris gab mir Ihre Rufnummer, doch sie hat sich wohl geändert. Verzweifelt gab ich schließlich auf. Oft denke ich an Sie und frage mich: Sind Sie nun Sabrina oder wieder meine liebe Schwester Irmgard? Heute sind es genau vier Jahre, daß ich elend und bleich auf dem Krankenbett lag. Mittsommertag war es, und sonnendurchflutet hell war der Saal! Wie liebevoll haben Sie mich damals betreut und dem Leben wieder geschenkt! Gerne würde ich Sie wieder sehen, wieder mit Ihnen sprechen. Aber ich kenne nur Ihren Vornamen und weiß nicht, wo Sie wohnen.

Seufzend unterbricht Georg sein Schreiben. Wohin soll er den Brief schicken? Ins Nirgendwo? Da durchfährt ihn wie ein Blitz der Gedanke: „Als Medizinstudentin hat sie gelegentlich bei der Hochschülerschaft etwas zu tun!" Mit frischem Schwung schreibt er weiter:

Liebe Irmgard, ich sende daher diesen Brief an die Österreichische Hochschülerschaft, die Ihnen, wenn Sie dort einmal vorbeikommen, mein Schreiben hoffentlich ausfolgen wird. Lassen Sie dann bitte bald etwas von sich hören! Ich möchte Ihnen so gerne erzählen, was mein Leben bewegt. Etwas will ich Ihnen aber jetzt schon verraten: Dankbar für die gütige Hand, die mich auch in schlimmen Zeiten geführt hat, schrieb ich einiges über mein Leben und über die Menschen, die mir begegnet sind. Es ist mein neuntes Buch. Vor kurzem hat der Verlag es mir druckfrisch geschickt. Voll Freude halte ich es in meiner Hand. Wenn ich Sie mit Geschichten von alten Zeiten nicht langweile, wenn ich Sie nicht erschrecke, weil ich mich dem Zeitgeist nie anbiederte, machen Sie mir eine große Freude, wenn ich mein Buch als kleine Erinnerungsgabe diesem Brief beilegen darf.

Mit der Hoffnung auf ein frohes Wiedersehen

Ihr sehr ergebener Georg Merendorff

P. S.: Bei der Demo sagte ich Ihnen mein Gedicht über unsere Begegnung im Krankenhaus. Da Sie mich damals baten, es Ihnen zu schicken, lege ich es jetzt bei. Inzwischen schrieb ich noch eine zweite Strophe. Wird auch sie Ihnen gefallen?

Als ich elend und bleich auf dem Krankenbett lag,
in dunkler Betäubung verloren,
da hast Du wie ein sonnendurchfluteter Tag
mich zu neuem Leben geboren.
Liebevoll mit starken Armen
hobst Du sanft mich voll Erbarmen
aus dem Dämmerschlaf empor,
bis das Dunkel sich verlor.
Denn allezeit ruht ja, Maria, auf Dir
die gläubige Hoffnung von allen.
Sei gnädig uns Menschen und hilf, damit wir
nicht in dunkle Verzweiflung verfallen.

Willst Du Huld uns mild gewähren,
daß wir dankbar Dich verehren,
führt uns Liebe zu Dir hin:
Jungfrau, Mutter, Königin!

Einige weitere Verse sind mir auch in den Sinn gekommen. Aber die Strophe rundet sich nicht. Kann sein, daß später einmal ... Wenn wir einander, hoffe ich sehr, wieder sehen!

Auf den Umschlag schreibt Georg: Irmgard ... (studiert Medizin) P. A. Österreichische Hochschülerschaft, Taubstummengasse 7-9, 1040 Wien – Bitte an die Adressatin weitergeben! Als er das Paket mit Brief und Buch bei der Post aufgibt, durchzuckt ihn der Gedanke: „Hätte ich Irmgard auch die anderen Strophen senden sollen? – Nein, lieber nicht! – Ich weiß ja zu wenig von ihr. Aber die gütige Hand, von der ich ihr schrieb? Wird sie mir helfen? Wann werden wir wieder uns finden?"

Einige Wochen, nachdem Georg den Brief zur Post gebracht hat, kommt er von Vorträgen, die er in Potsdam, Riesa und Bautzen gehalten hat, wieder nach Wien. Hastig öffnet er seinen Briefkasten: Irmgards Antwort? Stöße von Poststücken entnimmt er dem Fach und prüft sie eilig, noch bevor er die Wohnung betritt. Zeitschriften, Massen von Werbeschriften, Briefe von Freunden – doch Irmgards Name ist nirgends zu lesen. Enttäuscht stellt er seinen Koffer ab, und die Wohnung, die er bei jeder Heimkehr immer voll Freude begrüßt hat, erscheint ihm nun öde und leer. „Irmgard? Antwortet sie nicht? Will sie nichts von mir wissen? War es zudringlich von mir, ihr zu schreiben? – Doch der Brief ging ja nicht an sie! Wer macht sich in der Hochschülerschaft die Mühe, eine der vielen Studentinnen ausfindig zu machen, um ihr ein Schreiben zu geben, von dem er nicht wissen kann, was es enthält? – Das volle, übervolle Herz eines einsamen Mannes! Aber noch ist gar nichts verloren: Warten wir ab!"

Unbeirrbar bleibt Georg überzeugt, daß ihm, wie schon so oft, ein hilfreicher Engel beispringen wird, und eilt jeden Wochentag voll Aufregung zu seinem Brieffach. Doch immer ist es dasselbe: Zeitschriften über Zeitschriften, grellbunter Werbekrimskrams und auch Nachrichten, die seine Bücher und Vorträge betreffen. Aber das, was er so sehnlich erwartet, bleibt aus. Auch bei jedem Anruf erfaßt ihn Hoffnung. Immer wird sie enttäuscht. Allmählich naht das Jahr 2008 seinem Ende. Adventzeit bringt auch trübe Gedanken. Georg grübelt: „Hätte ich Irmgard mein Buch nicht schicken sollen? Hat es sie erschreckt, daß ich offen erkläre, auf rechten Wegen zu wandeln? Aber ich muß die Wahrheit bekennen! Vor allen Menschen und besonders vor ihr, die ich gewinnen, der ich helfen möchte! In meinen Erinnerungen liest sie ja auch Fröhliches, Geschichten aus meiner Jugend und Gedanken über die Schönheit der Welt, die Gott uns geschenkt hat! Aber vielleicht liegt der Brief irgendwo und kam gar nicht an sie? Ist das Papier, das ich ins Ungewisse geschickt habe, schon zerrissen, verdorben, verbrannt?"

Schrill unterbricht der Fernsprecher Georgs Gedanken: „Irmgard? Ist sie es wirklich? Hat mein Brief sie erreicht?" Seine Hoffnung auf eine weibliche Stimme wird aber enttäuscht. Martin spricht, ein oberösterreichischer Freund: „Servus, Georg, wie geht's?" – „Eine volle Antwort auf Deine Frage wäre sehr lang! Aber in Kürze: Das Jahr Acht ist dahingebraust wie ein Wirbelwind. Das Buch über mein Leben ist schon erschienen. Bei meinen Vorträgen wird es mir überall aus der Hand gerissen: in Wien und in Salzburg, in Stuttgart, Hannover und ganz oben im nördlichen Rendsburg, überall in deutschen Landen! Mehr als dreißig Vorträge waren es heuer, dreiunddreißig, wenn ich es richtig im Kopf hab'!" – „Du bist unser Wanderprediger, Georg, und brichst alle Rekorde! Jetzt getraue ich mich gar nicht zu fragen: Hältst du uns heuer noch einen vierunddreißigsten Vortrag? Denn ich hab' einen Anschlag auf dich: in wenigen Tagen am Abend in Linz, eine Julrede zum 21. Dezember. Du kommst doch?" Georg ist etwas unschlüssig. Aber Julrede

– das hat er noch nie gemacht. „Wo soll es sein?" fragt er. „Auf dem Pöstlingberg nahe bei Linz, ganz hoch oben!" Georgs anfänglicher Widerstand schmilzt. „Gemacht, lieber Freund, ich komme. ‚In Linz beginnt's', sagt man. Und heuer endet's in Linz. Servus, Martin!"

Martins Anruf hat Georgs trübe Gedanken verscheucht. Er hat eine Aufgabe, er wird gebraucht und muß dem Ruf folgen. Und der Brief an Irmgard? Wird er sie erreichen? Ein Kämpfer hört nie auf zu hoffen!

Gedächtnisstätte

Am 21. Dezember sitzt Georg voll Tatendrang in der Bahn. Allein ist er im Abteil und hat den Schreibblock vor sich, in den er Notizen zum Vortrag einträgt: Wende der Sonne im Winter – Licht – Feuer – Wärme – Weihnacht – Kind – Hoffnung ... Quietschend öffnet sich die Türe. Ärgerlich über die Störung blickt er auf. Aber das ist kein lästiger Fahrgast, nur die Schaffnerin. Nur? Eine hübsche Person, die Mütze verführerisch flott auf den dunklen Locken, behend bei der Kontrolle der Fahrkarte und lieb lächelnd. Schaut sie ihn prüfend an? „Ihren Bahnausweis, bitte!" Ganz nahe zu ihm beugt sie sich nieder, liest seinen Namen, prüft das Bild, prüft sein Gesicht und lächelt noch liebenswürdiger als zuvor.

Als Georg allein ist, arbeitet er weiter an seinen Notizen, anfangs etwas zerstreut, denn auch Irmgard kommt ihm in den Sinn. Hat sie seinen Brief, sein Buch, sein Gedicht nicht erhalten? Will sie nichts von ihm wissen? Doch dann überlegt er, wie es beim Vortrag auf dem Pöstlingberg sein wird: Männer und Frauen im großen Kreis, in ihrer Mitte das brennende Feuer, da werden die rechten Worte schon fließen. Er blickt zum Zugfenster hinaus: das barocke Stift Melk, die majestätische Kuppel, die strömende Donau, unser Land, unsere Heimat! Und drüben am anderen Ufer die Kirche von Maria Taferl. Der Fluß, die Hügel, die Wälder: wie schön ist die Welt!

Ein Gedanke blitzt auf: „Vielleicht könnte man hier, hoch über der Donau die Gedenkstätte errichten, von der er vor fast zwei Jahren im Waldviertel einmal geträumt hat: eine Gedächtnisstätte für Menschen, die nach dem Ende des Kriegs ihr Leben verloren: in Gefangenenlagern, auf Flucht und Vertreibung, geschändete Frauen und Mädchen, die Toten in Städten, welche die US-Luftwaffe niedergebombt hat. Ja, hier soll sie entstehen, nicht groß und monumental, sondern einsam und ganz verborgen. So hat man einst auch das Bild der Mutter Maria vor den Anhängern der Reformation geflüchtet in die dunklen Wälder um Maria Taferl."

Doch wieder quietscht die Türe, wieder steht die Schaffnerin da. Aber diesmal ist ihr Lächeln etwas verlegen. „Störe ich?" Georg will seufzend zum zweitenmal seine Fahrkarte auskramen, doch sie winkt ab. „Sie erkennen mich nicht?" Er ist ratlos. „Vor einigen Monaten haben wir auf der Fahrt lange geplaudert. Und das schöne Buch über Ihr Leben, das Sie mir damals geschenkt haben, wissen Sie noch?" Entsetzt schlägt er mit der Hand gegen die Stirn. „Senile Vergeßlichkeit! Verzeihen Sie mir, daß ich Sie nicht erkannt habe! Ich begegne auf meinen Fahrten und Vorträgen so vielen Menschen! Jetzt verstehe ich erst! Deswegen haben Sie vorhin meinen Ausweis und meinen Namen so genau kontrolliert! Sehr geschickt! Haben Sie etwas Zeit? Noch mehr als eine halbe Stunde bis Linz, wir könnten uns unterhalten." Einladend bietet ihr Georg gegenüber von ihm einen Platz an, und sie setzt sich erwartungsvoll. „Aber", lächelt sie verschmitzt, „ein seniler Greis sind Sie doch nicht. Sie haben so viel erlebt und sind noch immer so tätig."

Georg hört das nicht ungern und lächelt auch. Hübsch ist das Mädchen mit ihrer schicken Mütze auf dem dunklen Haar! „Haben Sie mein Buch inzwischen gelesen?" fragt er. – „In wenigen Tagen! Wie lebendig Sie von früheren Zeiten erzählen! Wie viele Schauspieler Sie kennen, auch Künstler und Politiker! Schon der Beginn ist so schön: Sie erwachen nach einer Operation. Das Leben, die Sonne, das Licht ist wieder da. Und dann heißt es, glaube ich: ‚Das Leben, das Gott uns geschenkt hat, ist schön!' Auch ich sage das oft: Die Welt, das Leben, alles, alles ist schön!" In übersprudelnder Begeisterung spricht sie, ihre blitzenden Augen auf Georg gerichtet. „Und wie Sie so lieb auch von Ihrer Großmutter schreiben: Sie hat Ihnen Märchen erzählt und konnte Ihnen Schillers ‚Glocke' auswendig vortragen. Wenn ich das lese, glaube ich, daß ich Ihre Großmutter vor mir sehe und höre!"

„Ja, meine Großmutter", wirft Georg nun ein, „sie ist der Grund, daß ich in der Bahn sitze und die Freude habe, Sie wieder zu sehen. Wie lieb Sie über mein Buch sprechen! Meine Großmutter war eine Oberösterreicherin aus dem Mühlviertel ..." – „Ja, das schreiben Sie!" – „ ... und sie hat mir oft vom Pöstlingberg erzählt. ‚Die Wallfahrtskirche', sagte sie, ‚blickt von der Höhe auf Linz und die Donau herab.' Daher ist mir der Pöstlingberg wie ein Traum aus der Kindheit. Meine liebe Großmutter war eine fromme Frau, hatte viele Wahlfahrtsorte besucht und Andenken heimgebracht. Als Bub habe ich sie immer bestaunt und stand am liebsten vor einer Kaffeeschale, die ein buntes Bild der Kirche auf dem Pöstlingberg zeigte. ‚Burschi', sagte meine Großmutter zu mir, ‚auf den Pöstlingberg mußt du auch einmal gehen. Da liegt die Welt wie ein Spielzeug tief unter dir: Häuser und Menschen sind ganz klein.' ‚Großmutter', fragte ich, ‚ist das so wie im Himmel?' – ‚So ähnlich.' ‚Aber im Himmel möchte ich nicht sein', antwortete ich, ‚dann ist man ja tot!' Großmutter lachte: ‚Du kannst im Leben auch einmal auf diesen Berg kommen. Er ist hoch, und ganz oben ist es fast so schön wie im Himmel'. Und wegen dieses Pöstlingbergs fahre ich jetzt nach Linz und halte dort eine Julrede, liebe – verzeihen Sie, ich weiß leider nicht Ihren Namen."

„Veronika heiße ich. Aber Julrede, was ist das?" – „Jul ist ein altes Wort für das Sonnwendfest. Am 21. Juni wendet sich die Sonne, und die Tage werden kürzer. Von einem 21. Juni erzählt mein Buch am Beginn, als mich Schwester Irmgard nach meiner Operation so liebevoll betreut hat. Und heute, am 21. Dezember, wendet sich wieder die Sonne, und das Licht nimmt von Tag zu Tag zu. Das feiern meine Freunde auf dem Pöstlingberg, entzünden dort ein Julfeuer, singen frohe Lieder, und ich halte die Julrede." Veronikas dunkle Augen leuchten auf. „Schön, wunderschön!" Dann blickt sie besorgt durch das Fenster, hinter dem die ungetümen Schlote der Kraftwerke und dunkle Wolken auftauchen. „Wir sind bald in Linz! Ich muß zum Mikrophon und eine Ansage machen! Leben Sie wohl! Danke! Auf Wiedersehen!"

Behend ist Veronika durch die Türe entschlüpft. Zurück bleibt ein Georg, der sich nicht als „Greis" fühlt, sondern wieder ganz jung ist. Auf Wiedersehen? Wird er sie je wieder sehen? Wie begeistert sie von seinem Buch gesprochen hat! Was würde Irmgard – ? Hat sie sein Buch, seinen Brief, sein Gedicht bekommen? Würde auch sie sich so über seine Verse, seine Erzählungen freuen? Für sie hat er das Buch doch geschrieben! Warum gibt sie nicht Antwort? Wie schön wäre es, auch sie wieder zu sehen! Wie viele Pläne er hat! Wie viel noch zu tun ist! Die Gedächtnisstätte für die Toten im Krieg und in der bösen Zeit nach dem Krieg! Den Gedanken, der ihn beim Anblick von Maria Taferl plötzlich durchblitzt hat, muß er festhalten! Jung sein im Herzen, arbeiten, lieben, kämpfen! Alle seine Freunde sieht er in Gedanken im Kreis vereint um sich herum, als müßte er ihnen zurufen: „Ihr Lieben, das Leben, das Gott uns geschenkt hat, ist schön!"

Befreiung 2009

Seine Kindheit ist Georg wiederum nah, als er mit seinem Freund Martin in Linz hinaufwandert auf den Pöstlingberg. Blendend weiß liegt Schnee, Wind treibt Flocken von den Bäumen. Immer mehr Menschen kommen herbei, Kameraden jeglichen Alters stapfen mit Georg denselben Weg. Hell flackert das Feuer der Fackeln. Auf einer Anhöhe stehen dann alle in weit geschwungenem Kreis, in dessen Mitte ein großer Holzstoß entzündet ist. Es prasselt und knistert das brennende Holz. Ein Lied klingt auf: „Hohe Nacht der klaren Sterne ..." Dunkel treibende Wolken verhüllen die Sterne, doch aus der sanften Melodie strahlt hoffnungsfroh Licht: „Mütter, euch sind alle Sterne, alle Herzen aufgestellt ..." – „Die Wende kommt", empfindet Georg beglückt, „wir finden den Weg zur geistigen Wende. Auch der Sonnenlauf wendet sich nun!" Kameraden sprechen Weihnachtsgedichte. Dann ist die Reihe an ihm.

„Liebe Kameraden und Freunde", beginnt Georg, „wir gehören zusammen: Mädchen und Burschen, Männer und Frauen, Junge und Alte. Wir sind eine Gemeinschaft, wir sind ein Volk! Wir feiern die Wende der Sonne, die Wende der Zeit. Vor Jahrtausenden haben unsere Ahnen dasselbe getan. Am ersten Tag, als der Sonnenaufgang nur winzig nach Osten gerückt war, dachten sie: Vielleicht ist das Zufall? Doch als es Tag für Tag früher hell wurde, gewannen sie wieder den Glauben an gute Götter, an einen liebenden Gott.

Sonne bringt Licht, bringt uns Wärme. Wärme spendet uns das flackernde Feuer hier in unserer Mitte. Auch der Mensch, der die Kunst fand, Feuer zu machen, schuf sich aus eigener Kraft Freude und Wärme und Licht. Vielleicht hat er das ähnlich getan wie wir jetzt. Wir stehen im Kreis, haben einander die Hände gereicht. Warm fließt es von Hand zu Hand, vom Menschen zum Menschen. Gnadenreich ist der Druck der Hände! Liebevoll wärmen einander die Hände von Mann und Frau! Zärtlich pulst in ihnen die Liebe der Eltern zum Kind, vom Kind zu den Eltern!

Das Fest des Kindes, das Fest der Geburt – das ist Weihnachten. Glücklich die Menschen, die sich freuen an Sonne und Licht. Selig jene, die glauben: der Erlöser ist uns geboren. Im Kind vor zweitausend Jahren, in jedem Kind, im Wunder des neu geborenen Lebens gebiert sich die Hoffnung. Wir bedürfen der Hoffnung. Denn vieles, das wir im nun bald vergehenden Jahr erlebten, führt in Verzweiflung. Dringender, Freunde, war Hoffnung nie!

Materielle Werte sind uns im Jahr 2008 durch den Krach der Banken zerfallen wie zerbröselnder Mörtel und Staub. Vielleicht ist das heilsam. Denn für manche ist auch Weihnachten nur eine Ware, ein Taumel durch den Supermarkt der Geschenke. Die wahre Weihnacht ist das aber nicht. Besinnen wir uns: Nicht uns, doch vielen, ja den meisten sind die wahren Werte fragwürdig geworden: Liebe, Treue, Anstand, Ehrlichkeit, Recht, Familie, Vaterland, Gott.

Liebe Freunde, bewahren wir, gewinnen wir wieder die wahren Werte des Lebens! Suchen wir rechte Wege zur geistigen Wende! Glauben wir wieder! Verbinden wir uns zur großen Gemeinschaft! Auch mit jenen, die nicht auf Punkt und Beistrich in allem dasselbe meinen. Viele Kreise gibt es, die ähnlich denken wie wir, die wir hier um das Julfeuer stehen. Sie knien vor einem Altar, sie lauschen gnadenvoller Musik, sie sprechen verständige, trostvolle, begeisternde Worte. Verbinden, vernetzen wir uns: alle Menschen, die guten Willens sind! Denn unserer Feinde sind viele. Diese Feinde sind mächtig, übermächtig.

Wer ist unser Feind? Wer diese Frage nicht stellt, ist ein schlechter Soldat. Denken wir nach: Wie tarnt sich der Feind? Was sind seine Ziele? Raubt er uns heimtückisch, was wir zum Leben brauchen: Geld? Brot? Energie? Setzt er – noch nicht bei uns, aber in anderen

Teilen der Welt – mit Raketen und Bomben brutal seine Übermacht ein? Will er uns schwächen, indem er uns gnadenlos umerzieht? Schlau flüstert er uns in die Ohren: Frauen, seid doch Emanzen, aber ja keine Mütter! Burschen, seid ‚Softies', nur ja keine mutigen Männer! Brav zwitschern die Umerzogenen: ‚Gibt es Kinder, gibt es keine – das bestimmen wir alleine!' Wenn wir vergreisen und aussterben, sagen sie flapsig: ‚Na und?'

Erkennen wir nicht, was der Feind will? Uns und alle Völker des Abendlands überfremden und umvolken! Schrankenlos und willkürlich herrschen! Unsere Kunst der Diktatur des Häßlichen unterwerfen! Unsere Schulen kaputtmachen! Uns alle verdummen! Uns einreden, unsere Welt sei sinnlos, wertlos und gottlos! Heillos ist diese ‚one world' der Globalisierer. ‚Make money!' heißt ihre Predigt, ‚Fun and Action' ihr Stundengebet. Sie dienen nur sich, der Finsternis und dem Bösen. Doch jetzt haben Lehman Brothers, Madoff und Greenspan mit einem einzigen Mausklick den Wirtschaftswunderplunder und Milliarden an Geldwert in Stücke gesprengt. Wir spüren ihren grausamen Griff in unseren Geldtaschen und an unseren Kehlen. Dunkel regt sich unter uns Wut, Unmut, vielleicht sogar Mut. Deswegen werden die Hände, die uns bisher mit Wohlstand totstreicheln wollten, plötzlich zu Fäusten, eisern und hart. Sie wollen die geistige Wende, die allmählich aufbricht, brutal unterdrücken.

Doch die Wende der Sonne zum hellen und immer helleren Tag, zum lebenspendenden Licht hält niemand auf. Der Feind selbst ist gar nicht so mächtig. Aber er hat ein Heer von Trabanten und Umerzogenen. Er füttert sie mit Vorteilen und mit Profit. Sie alle zusammen sind aber nicht stärker, nicht tüchtiger als wir. Sie sind nur, was wir nicht sind und niemals sein sollen: gehässig, skrupellos, feig. Wir wollen das Gegenteil sein: liebevoll, gerecht, tapfer. Doch wir haben es mit haßerfüllten Feinden zu tun. Wir müssen wehrhaft sein, müssen kämpfen und siegen. Dann können wir denen, die auf dem Boden liegen, großmütig – wenn sie es annehmen – die Hand reichen. Üben wir Großmut! Und haben wir Mut!

Kameraden und Freunde! Das neue Jahr, das Jahr Neun gibt uns Hoffnung: 2009 sind es zwanzig Jahre, daß 1989 die Menschen in Leipzig auf die Straße gingen und riefen: ‚Wir sind das Volk! Wir sind ein Volk!' Die Berliner Mauer zerbrach, das Sowjetimperium zerfiel, die getrennten Teile Deutschlands wurden wieder vereinigt.

2009 sind es zweihundert Jahre, daß 1809 der Sandwirt im Passeier, Andreas Hofer, gerufen hat: ‚Mannder, 's ischt Zeit!' Die Tiroler Bauern schlugen die Franzosen am Berg Isel und trieben sie aus dem Land. ‚Lützows wilde verwegene Jagd' führte im Norden den Widerstand fort. Deutsche, Österreicher und Russen haben in der Völkerschlacht bei Leipzig gesiegt. Napoleons Imperium zerfiel.

Arminius, der Befreier Germaniens

2009 sind es zweitausend Jahre, daß im Jahre 9 nach Christus unser Arminius seine Cherusker und andere Stämme Germaniens sammelte. In den Tälern des Teutoburger Walds schlug er drei römische Legionen. Das Imperium Romanum drang nicht bis zur Elbe vor, sondern zog sich von der Weser zurück an den Rhein. Roms Historiker Tacitus ehrte Arminius mit Worten, die über zwei Jahrtausende hin hell zu uns klingen: ‚Liberator Germaniae', Befreier Germaniens. So kämpften und siegten unsere Ahnen: vor zwanzig, zweihundert, zweitausend Jahren. Und wir? Sollte uns das im Jahr Neun, im neuen Jahr nicht gelingen? Mit neuem Mut und neuer Kraft? Vor uns steht die Wahl: Untergang oder Widerstand?

Im neuen Jahr 2009 feiern wir Friedrich Schillers 250. Geburtstag. Folgen wir seinen Worten im ‚Lied an die Freude'."

> *Festen Mut in schweren Leiden,*
> *Hilfe, wo die Unschuld weint,*
> *Ewigkeit geschwornen Eiden,*
> *Wahrheit gegen Freund und Feind,*
> *Männerstolz vor Königsthronen –*
> *Brüder, gält es Gut und Blut:*
> *Dem Verdienste seine Kronen,*
> *Untergang der Lügenbrut!*

Begeistert drückt Martin seinem Freund Georg nach seiner Rede die Hand. Aus allen Augen, bei Jungen und Alten, Männern und Frauen, Mädchen und Burschen strahlt Freude. Leichtfüßig wandern sie bergab in ein nahes Gasthaus, wo sie eine gut geheizte Stube mit wohliger Wärme empfängt. Heimatliche Musik erklingt: Ziehharmonika, Zither und Hackbrett. Juch-huhu-Rufe erschallen, Paare drehen sich tanzend im Kreis. Suppen, Knödeln und Würste werden auf die Tische gestellt. „G'sund hat er's ihnen einig'sagt", ruft ein Mann in Mühlviertler Tracht und schwingt seine Faust. „Wollen Sie im nächsten Jahr nicht wieder Vorträge halten", fragt ihn ein kerniger Graubart, „Arminius – Anderl Hofer – Berliner Mauer? Täten Sie zu uns kommen?" Eine junge Frau im blauen Winterdirndl will schnell ein Bild des Julredners knipsen. Georg spricht gerne mit allen, drückt kräftig die Hände, die man ihm entgegenstreckt. Ein biederer Bauer nähert sich zutraulich: „Wen haben S' denn g'meint, wie Sie g'sagt haben: ‚Unser Feind'"? Georg lächelt: „Dreimal dürfen Sie raten!"

Kämpfer für Alldeutschland

2009 wird aber nicht das „Jahr der Befreiung", auf das Georg in seiner Julrede gehofft hat. Ungeduldig klagt er in Gesprächen mit Freunden: „Im vergangenen Jahr krachten die Banken zusammen: Lehmann Brothers stürzten in Insolvenz. Zuerst trudelte die Wallstreet, dann die Börsen Europas. Die Kurse fielen in den Keller. Wer so dumm war, faule Aktien zu kaufen, hatte wertloses Papier in der Hand. Manager und Spekulanten streiften satten Gewinn ein. Jetzt steigen die Staatsverschuldungen in schwindelnde Höhen. Doch die Politiker ducken sich feig. Denn die internationalen Finanzmakler haben die Herrschaft und verlangen unverschämt hohe Zinsen. Keiner wagt es zu fragen, wer denn die Finanzmakler sind: Madoff & Co, die andere um 50 Milliarden Dollar betrogen haben? Das Geld, das die kleinen Leute verloren, ist ja nicht weg, es ist in der Hand raffinierter Gauner! Das lassen wir uns gefallen? Wählen wir wieder gehorsam die Roten und Schwarzen, die uns an die Finanzmärkte verkaufen? Demnächst vielleicht auch die Giftgrünen?"

Nicht nur Georgs politische Wünsche, auch seine Hoffnungen auf Nachricht von Irmgard werden bitter enttäuscht. Verzweifelt ruft er die Wiener Hochschülerschaft an, doch eine mürrische Stimme entgegnet ihm barsch: „Wir kennen keine Medizinstudentin Irmgard. Wir sind kein Auskunftsbüro!"

Eines Tages hält er jedoch einen Brief in der Hand, der zwar nicht Irmgards ersehnte Antwort enthält, aber seine Gedanken endlich in andere Richtungen lenkt. Sofort erkennt er die schwungvolle weibliche Hand, die ihm schrieb. „Frauke Vogt!" ruft er freudig und liest:

„Lieber Georg, warum hört man von Dir kein Sterbenswörtchen? Schreibst Bücher, hältst Vorträge, sammelst Freunde, aber vergißt uns im nördlichen Schleswig-Holstein! Doch eben erfahre ich, Du sprichst wieder einmal in Hamburg. Das muß ich doch hören! Und dann – ein kleines Stück meines Geheimnisses will ich verraten: Dein Georg von Schönerer, der Kämpfer für Alldeutschland, von dem Du mir einmal vorgeschwärmt hast, hat auch in Deutschlands Norden Spuren gezogen, und die kann ich Dir zeigen. Georg, Du kommst doch nach dem Vortrag mit mir? Herzlich grüßt Dich – Deine Frauke." Georg lächelt: „Das ist Frauke! Frank und flott wie immer! Hat sie Schönerers Grab entdeckt, das in der Nähe von Bismarcks Fürstengruft liegen soll? Das muß ich auch sehen! Und die entzückende Frauke muß ich wieder treffen, vielleicht wird das meine Trübseligkeit lindern!"

Als Georg vor dicht gedrängter Zuhörerschaft in Hamburg seinen Vortrag „Schicksale deutscher Dichter, 1945 und danach" abschließt, stürmt ihm Frauke, rank und schlank mit wallendem hellblonden Haar, freudig entgegen und drückt ihn herzlich an sich. „Georg, ich kam, wie so oft, ein wenig zu spät, aber jetzt muß ich dich gleich umarmen. Was du über Weinheber, Hauptmann und Jelusich erzählst, war wieder einsame Spitze. Den einen hat man verfolgt, den andern in den Tod getrieben, und Gerhart Hauptmann mußte erleben, wie man Dresden ausgelöscht hat! Das muß man den Leuten ins Gesicht schreien, die uns weismachen wollen, man hätte uns 1945 befreit!" Georg kann sich dieser Begeisterung kaum erwehren, denn schon eilen auch andere herbei, wollen von ihm ein Buch kaufen, das er dann signieren muß, stellen Fragen, erzählen, was sie selbst auf dem Herzen haben, und das übliche Gewühl nach dem Vortrag raubt ihm den Atem.

Endlich kann er sich lösen: „Liebes Fraukelein, schön ist es von Dir, daß du vom höchsten Norden zu mir kommst und nun beim Wiedersehen noch viel hübscher bist als jemals!" „Schmeichler!" wehrt sie ab, obwohl ihre strahlenden Augen verraten, daß ihr das Kompliment wohltut. „Aber du kommst jetzt rasch in meinen Wagen, und ich führe dich zu dem Geheimnis, das ich im Brief – du weißt ja?" Während der Fahrt plaudert sie unentwegt, von ihrem Mann, der leider nicht mitkommen konnte, sich aber freut, Georg noch heute zu sehen, und von den Pferden auf ihrem Gestüt „Adlerhorst", das nahe bei Flensburg liegt. „Da müssen wir beide heute noch hin, aber zuerst – ja, da sind wir schon! Aussteigen!"

Bismarck-Denkmal im Sachsenwald

Sie stehen vor einem hohen Hain mit rauschenden Bäumen, zwischen denen mächtige Felsenfindlinge aufragen. Dunkel, würdig und ernst sind diese steinernen Male, die in goldener Frakturschrift die Namen der bestatteten Toten verkünden. Auch Frauke, sonst so redselig, ist von der weihevollen Stätte ergriffen und schweigt. An einer Wendung des Weges weist sie auf einen monumentalen Bau hin. Es ist die Fürstengruft Bismarcks, des Eisernen Kanzlers, mächtig und majestätisch. „Und hier, nur wenige Schritte", flüstert Frauke ihm zu, „eine hohe Steinplatte!" Sie trägt zwei mächtige Adler und zeigt das Reliefbildnis Bismarcks. „So wie das Reliefbild beim Turm nahe Schloß Rosenau", entgegnet Georg. „Lies doch die Inschrift", ermuntert ihn Frauke. Georg tritt näher: „Zu gewaltiger Zeit nahen wir Dir, Bismarck! Dein Werk, dein Wollen ist unser Weg, Alldeutschland ist das Ziel. Schönerer und die Alldeutschen Österreichs." Nicht weit davon liegt die breite marmorne Grabplatte des Mannes, der in Bismarcks Nähe begraben sein wollte: „Georg von Schönerer, 1842-1921, ein Kämpfer für Alldeutschland".

„Wunderbar schließt sich der Kreis", sagt Georg, „einmal war ich im Museum der niederösterreichischen Stadt Zwettl und in Schönerers Schloß Rosenau. Jungen Freunden erzählte ich von diesem großartigen Mann. Schon 1915 wollte er den Gedenkstein für Bismarck errichten, doch kam der Erste Weltkriege dazwischen. 1921, im selben Jahr, als Schönerer starb, wurde das Denkmal für ein gemeinsames Reich aller Deutschen hier aufgestellt. Auch deine Heimat, Frauke, war ja lange Zeit unter Fremdherrschaft". „Bis 1864", antwortet sie, „war der Dänenkönig Landesherr. Damals haben die Preußen gemeinsam mit den Österreichern im Krieg die Düppeler Schanzen gestürmt, und wir kamen endlich zum Reich. ‚Up ewig ungedeelt' heißt unser Wahlspruch. Doch leider hat man uns Deutsche immer aufs neue getrennt und zerrissen! Und die Dösköppe unserer Umerzogenen machen brav mit! Wie spricht man denn bei euch über Schönerer heute"? fragt Frauke.

„Im Museum von Zwettl", antwortet Georg, „sieht man, daß er zu Lebzeiten von vielen Menschen heiß geliebt und verehrt wurde. Doch vor dem Eingang erhält man einen Wisch, der ihn übel verleumdet. Diese Lügen werden stets unverschämter, weil kaum jemand mehr lebt, der ihn persönlich noch kannte. Frauke, der Antifa-Wahn treibt groteske Blüten. Aufregung brach aus, weil man entdeckte, daß im niederösterreichischen Amstetten Adolf Hitler vor siebzig oder mehr Jahren zum Ehrenbürger ernannt worden war. Entsetzt sprach ihm der Gemeinderat die längst erloschene Würdigung ab. Viele Gemeinden in Österreich forschten dann besorgt im Archiv, ob es da noch einen Ehrenbürger A. H. gebe. Das geschah auch in Zwettl. ‚Hitler, berichtete ein Bezirksblatt, ‚war nie bei uns Ehrenbürger, aber' – o Schande! – ‚sein politischer Ziehvater Georg Schönerer'. Ich habe diesen Zeitungsausschnitt, ein Zeitdokument der Verblödung, für dich mitgenommen." Frauke liest: „Georg Ritter von Schönerer war für Zwettl und Waidhofen Abgeordneter im Reichsrat und gilt als politisches Vorbild Hitlers. So forderte er Prämien für getötete Juden." – „Ist das wahr?" fragt sie erschrocken.

Georg lacht schallend. „Ich habe mich viel mit Schönerer beschäftigt, aber nie etwas dergleichen gelesen. Sofort rief ich die Redaktion an und fragte, wo und wie das dokumentiert sei. ‚Ich habe das nicht geschrieben', antwortete eine schnippische weibliche Stimme. – ‚Wer denn?' – ‚Der Redakteur ist auf Urlaub.' – ‚Wann kommt er?' – ‚In zwei Wochen.' Nach zwei Wochen rief ich an. ‚Vielleicht, vielleicht', stotterte er verlegen, ‚ich glaube, das ist nicht von mir, mein Kollege in Waidhofen ... Ich werde ihn fragen ...' – ‚Wann bekomme ich Antwort?' – ‚Bald, bald ... Sie entschuldigen, man ruft mich, ein Gespräch in der Leitung ... bald, ich rufe Sie an ...'" Hellauf lacht Frauke: „Sein Anruf kam wahrscheinlich nie!" – „Bis heute jedenfalls nicht. So unverschämt lügt die Presse. Und Otto Normalverbraucher glaubt diese Lügen aufs Wort."

Mädchenhaft hell tönt Fraukes herzliches Lachen: „Ich lese die Zeitungen mit umgekehrten Vorzeichen! Wen sie beschimpfen, der ist für mich ein anständiger Mensch. Wer in Presse und Medien gerühmt wird, ein Lump. Punkt!" Nun lacht auch Georg: „Ich halte es ähnlich und habe mich noch selten geirrt!" „Widerlich ist diese Verlogenheit!" setzt Frauke fort. „Erinnerst du dich", fragt sie, „an Jürgen Möllemann?" – „Ja, Spitzenpolitiker der FDP, Landesvorsitzender in Nordrhein-Westfalen, mehrmals Minister. War Fallschirmspringer, ein mitreißend mutiger Mann." – „Der dem Regime natürlich im Weg war. Er griff Israel wegen der Unterdrückung der Palästinenser an und wagte gegen Michel Friedman vom Zentralrat der Juden ein offenes Wort. Die Feiglinge in seiner Partei schlossen ihn daraufhin aus." – „Und er stürzte kurz später mit dem Fallschirm ab." „Abgestürzt?" protestiert Frauke, „er ist abgestürzt worden! Ich werde den Tag nicht vergessen: 5. Juni 2003! ‚Verdacht auf Selbstmord' schwätzte die Presse, weil er angeblich das automatische Sicherheitssystem seines Fallschirms nicht aktiviert hatte! So liest man noch heute im Lexikon Desktop meines Klapprechners! Gemeine Lüge! Ebenso war es vor zwanzig Jahren mit Uwe Barschel. Er lag tot in der Badewanne in Genf mit einem Medikamentencocktail, den er sich unmöglich selbst einflößen konnte. Trotzdem spricht man bis heute beharrlich von Selbstmord!"

Einen ähnlichen Fall", sagt Georg, „haben wir in Österreich. Vor wenigen Monaten mußte Jörg Haider sterben, der freiheitliche Landeshauptmann von Kärnten. Schon einige Jahre davor jagte man ihn aus dem Amt, weil er es wagte, die Wirtschaftspolitik des Dritten Reichs als ‚ordentlich' zu bezeichnen. Als Rechtsextremisten hat man ihn verteufelt. Trotzdem machte er die FPÖ mit 27 Prozent der Stimmen zur zweitstärksten Partei Österreichs …"
„Hat er dann nicht seine FPÖ verlassen und eine neue Partei gebildet?" fällt Frauke Georg ins Wort. – „Er gründete das BZÖ, das hat mich enttäuscht. Aber ein politisches Genie war er. Bei der letzten Wahl erreichte er mit dem BZÖ mehr als 10 Prozent, hätte mit Freiheitlichen und schwarzer Volkspartei eine gemeinsame Regierung bilden und der EU vielleicht ein Problem machen können …"
„Und raste sternhagelvoll besoffen in den Tod!" unterbricht Frauke wieder. „Ich fragte viele", widerspricht Georg, „die Haider gut kannten. Er war kein Trinker. Die Frau, die angeblich sah, wie er an ihr vorbeiraste, war plötzlich verschwunden. Man erfuhr nicht einmal ihren Namen. Die Fotos seines zertrümmerten Autos zeigten nur die rechte Seite, weil die linke verdächtige Spuren trug. Untersuchungen über den Vorfall stellte man überstürzt ein. Und beim Begräbnis standen alle, die Haider früher bekämpft hatten – Rote, Schwarze, Giftgrüne – mit Trauermiene heuchlerisch um seinen Sarg: pfui Teufel! Wer den Mächtigen im Weg ist, muß heute weg! Er wird gehässig verleumdet, oder er lebt nicht mehr lang!"

Monument für unsere Toten

„Georg, was sagst du zu unseren Holsteiner Zuchtpferden?" fragt Frauke ihren Gast, als sie ihn durch ihr Gestüt Adlerhorst führt. „Guck mal! In dieser Box steht unser herrlicher ‚Landjunge'!" Liebevoll tätschelt sie den schmalen Kopf des braunen Hengstes, der an der Stirn einen weißen Fleck hat. Leise schnaubend richtet sich das Tier auf, um den zärtlichen Gruß zu erwidern. Leichter Dampf quillt aus den schmalen Nüstern. „Welch schöne Namen ihr euren Pferden gebt – Landjunge oder Cesaro – und wie prächtig sie aussehen! Ich bin kein Kenner, aber wenn man durch euer Gestüt wandert, möchte man ein Pferdenarr werden." – „Ist nicht zu spät, Georg, bist in den besten Jahren, mehr als hundert Hengste haben wir, such dir aus, was dir gefällt. Unsere Zwei- und Dreijährigen haben wir mit ruhiger Hand angeritten und – schwupps! – bist du mit unserem Pferd Sieger in einem Turnier!" – „Oder mit gebrochenen Armen und Beinen in einer Klinik!" lacht Georg. „Doch wenn ich sehe, wie eure Leute über den Rasen reiten, im Schritt, im Trab, im Galopp oder – eben jetzt! – wenn ein Schimmel kühn über die Hürden springt, das ist herrlich!" Stolz lächelt Frauke. „Komm noch wenige Schritte voran! Auf der Wiese hinter dem Haus grasen unsere Stuten mit ihren Fohlen. Jetzt sind sie friedlich. Doch am Abend sollst du sie sehen, wenn sie auf einen grellen Pfiff zur Tränke rasen, brav ihrem Rang entsprechend, eine hinter der andern, nicht so wild durcheinander wie wir dösköppigen Menschen!"

„Herrlich", sagt Georg, „ist auch euer Holsteinsches Land, durch das wir gestern fuhren. Weitgedehnte flache Wiesen, von langen Baumreihen umstanden, an der Küste von Gischt überspülte Klippen oder einsame Dünen – manchmal meinte ich, der Schimmelreiter käme über die Deiche geritten. Als wir in der Ferne eine Stadt erblickten, kam mir ein Gedicht Storms in den Sinn. Wie wunderschön sind diese Verse!"

Am grauen Strand, am grauen Meer
und seitab liegt die Stadt;
der Nebel drückt die Dächer schwer
und durch die Stille braust das Meer
eintönig um die Stadt.
Doch hängt mein ganzes Herz an dir,
du graue Stadt am Meer;
der Jugend Zauber für und für
ruht lächelnd doch auf dir, auf dir,
du graue Stadt am Meer.

„Sportreiter bist du nicht, Georg, aber immer noch ein poetischer Träumer! Prächtig wirst du dich mit Rolf, meinem Mann, verstehen, der auch viel philosophiert. Jetzt hat er einen tollen Plan, der dir sicher gefällt. Vielleicht ist er schon in der Stube. Seit er kürzlich vom Pferd stürzte, schläft er länger." Als sie die weite Halle des vornehmen Hauses betreten, tritt ihnen im blau und rot gestreiften Schlafrock ein hochgewachsener Herr entgegen und streckt Georg seine Hand entgegen: „Willkommen im Adlerhorst, lieber Freund, Frauke hat oft von Ihnen gesprochen!" – Herr Vogt, empfindet Georg sofort, ist eine Persönlichkeit: klarer Blick, straffes Antlitz, energisches Kinn, kleines ergrautes Schnurrbärtchen, strenge Haltung. Er ist aber wohl zwei Jahrzehnte älter als Frauke.

Georg verbeugt sich, nimmt Platz. „Rolfchen", beginnt Frauke quirlig, „du mußt unserem Freund aus Wien vom Plan deiner Gedächtnisstätte erzählen! Nicht Gedenkstätte, wie manche meinen! Davon gibt es Tausende schon in Deutschland, die größte nah beim Berliner Reichstag: ein Stelenfeld von fast zwanzigtausend Quadratmetern, 2711 Betonstelen, manche mehr als vier Meter hoch. Lea Rosh hat sich das in den Kopf gesetzt, der Bundestag hat es brav abgenickt: ‚Historische Verantwortung, einzigartiges Verbrechen, nie zu sühnende Schuld Deutschlands, ermordete Juden!' Daneben auch Denkmäler für Sinti und Roma, Schwule und Lesben!

Deutsche Opfer, normale Menschen, die auch umgebracht wurden, hat es offenbar nie gegeben! – Rolf, bitte, sag, was du vorhast!"

Mit leichter Hand dämpft Rolf Vogt den Redefluß seiner Gemahlin. „Jeder, der im Krieg oder nach dem Krieg sterben mußte, war ein Toter zuviel. Wir nehmen niemanden aus. Aber auch wir Deutsche sind Menschen. Warum gibt es kein staatliches Denkmal für Soldaten, die bei der Verteidigung unserer Heimat fielen? Nicht einmal für wehrlose Frauen, Alte und Kinder als Opfer fremder Gewalt? Solange es ihre Hinterbliebenen gibt, lebt die Erinnerung in den Herzen. Aber dann, in wenigen Jahren? Soll ihr Gedächtnis ausgetilgt werden? Hat man Angst, daß die Jüngeren durch ein Mahnmal die Wahrheit erfahren? In Thüringen habe ich ein Grundstück mit einem verfallenen Gebäude gekauft, um dort eine Gedächtnisstätte zu

Gedenkstätte für deutsche Opfer (Modell)

bauen. Ein junger Architekt hat mir nach meiner Idee einen Plan entworfen." Rolf reicht Georg ein Blatt, das einen kreisrunden Grundriß zeigt. Von vier Seiten führen wenige Stufen zu einem inneren, etwas tieferen Kreis, den zwölf Gedenksteine umrahmen. In ihrer Mitte erhebt sich ein hohes Kreuz. Als Georg das Blatt wendet, liest er den Text, der die Gedenkstätte schildert:

„Den wehr- und waffenlosen Opfern des deutschen Volkes in Trauer und Liebe. Unvergessen das millionenfache Leid der Deutschen, erduldet auch nach dem Ende des II. Weltkrieges: das Grauen der Gefangenen in den Lagern, ihr Sterben in Nässe und Kälte, in Hunger und Durst, die Verzweiflung und Qual der Frauen, Kinder und Greise, verjagt von Haus und Hof, fliehend, vergewaltigt, erschlagen, ertrunken in eisiger Ostsee, in Bombennächten erstickt, verkohlt, verschüttet, zu Grunde gerichtet durch Zwangsarbeit, Hunger und Folter, lebend in Höhlen vermauert. Ihr Leiden ruft laut in das Schweigen der Welt: zwölf Millionen Tote."

Georg ist tief beeindruckt. Frauke hat inzwischen ein kleines Modell auf den Tisch gestellt, das die Gedenkstätte, von Buchsgebüsch umschlossen, noch deutlicher zeigt. Die zwölf Granitsteine bezeichnen mit Wappen, Inschriften und Dichterworten die verschiedenen Opfergruppen: Vertriebene und Tote aus Ostpreußen, aus Westpreußen, aus Pommern, aus Ostbrandenburg, aus Schlesien, aus dem Sudetenland, Böhmen und Mähren, aus Südost- und Osteuropa, die Toten des Bombenkriegs, die Toten auf den Flüchtlingsschiffen, die geschändeten Frauen und Mädchen, die toten Soldaten und Zivilinternierten in Gefangenschaft. Im Zentrum der Anlage steht als Sinnbild des Leidens das Kreuz. Sein Sockel trägt die Inschrift: „Allen Opfern von Gewalt, den Lebenden und den Toten. Gib Frieden, Herr, gib Frieden!"

„Sehen Sie, lieber Gesinnungsfreund", erklärt Rolf Vogt, „ich bin schon fast siebzig, jetzt etwas krank, werde aber bald wieder voll da sein. Als ich das verlassene Grundstück in Thüringen sah, war mir sofort klar: Hier muß es sein, eine würdige Gedächtnisstätte für die deutschen Opfer des Zweiten Weltkriegs durch Bomben, Vertreibung, Gefangenenlager. Nach dem Kauf haben wir, meine Frau und ich, monatelang unsere ganze Kraft eingesetzt, um die Vorarbeiten zu leisten. Nun haben wir dieses Modell, das die Idee vollkommen darstellt: Gedächtnisstätte für deutsche Opfer. In Kürze muß die Arbeit beginnen: rastlos, bis der Bau steht!"

Mit Bewunderung blickt Georg auf seine Gastgeber. Rolf wirkt in seiner Begeisterung nun fast jugendlich, Fraukes Augen funkeln vor Freude. „Die klassische Schönheit der Planung", sagt Georg, „ist mit dem ersten Blick zu erfassen: Geniale Idee, meisterhafte Architektur! Das ragende Kreuz mit der Bitte ‚Gib Frieden' ist ein stummes Gebet. Ihre Gedächtnisstätte ist monumental!" Fraukes Gesicht strahlt, Rolf nickt seinem Gast dankbar zu: „Wir wollen keinen Haß verbreiten, sondern eine Stätte friedvollen Gedenkens schaffen: nicht für Soldaten, sondern für Menschen, die keine Waffen trugen. Für Kriegsgefangene, die in Rheinwiesenlagern und in sibirischen Bergwerken elend verdarben. Für zivile Opfer von Bombergeneral Harris. Für Vertriebene, von denen Agnes Miegel sagte: ‚Wir ziehen im Traum verwehte Pfade, Wagen an Wagen, endloser Zug, der ein Volk von der Heimat trug.' Für das Stahlkreuz haben wir eine Genehmigung beantragt, der Bürgermeister, der nun auf Besucher in seiner Stadt hofft, ist uns gewogen. Bis zu unserem Wiedersehen im Adlerhorst oder in der Kaiserstadt Wien ist alles auf Schiene. Lieber Freund, reisen Sie glücklich!"

Georg bedauert, das er seine Gastfreunde rasch verlassen muß, weil er Vorträge in anderen norddeutschen Städten zu halten hat. Frauke bringt ihn zum Bahnhof. „Wie findest du meinen Rolf?" fragt sie, als er im Wagen neben ihr sitzt. – „Er ist einer von den Menschen, die leider allmählich aussterben: wenige Worte, klare Ziele, mutiger Wille zur Tat!" – „Lieb, wie du das sagst, Georg, doch ich habe Sorgen. Wenn er von seiner Idee spricht, blüht er auf. Aber oft hat er müde Stunden. Wird er wieder gesund werden? Wird er den Bau der Gedächtnisstätte erleben?" – „Fraukelein, keine trüben Gedanken! Alles wird gut." Mit hastigen Sprüngen hüpfen sie beide die Stufen zum Bahnsteig hinauf, wo der Zug schon fahrbereit steht. „Tschüß, Georg!" Er winkt ihr vom Fenster noch zu. Als er sich setzt, ergreifen ihn aber Zweifel: „Ein monumentales Denkmal! Doch im Deutschland von heute?"

Jugend für Deutschland

Ein halbes Jahr später, als Georg in Görlitz, Meißen und Leipzig Vorträge hielt, waren die Blätter der Bäume, die bei seiner Fahrt durch Holstein frühlingshaft grün waren, welk geworden und fielen ab. Ein Brief Fraukes hatte ihm gemeldet, daß ihr Rolf sich von seiner Krankheit noch immer nicht ganz erholt habe. Auch die Baugenehmigung für das Metallkreuz der Gedächtnisstätte, schrieb sie, sei noch nicht eingetroffen. Durch diese Nachrichten besorgt, vereinbarte Georg mit dem jungen Architekten, dessen Plan ihn begeistert hatte, ein Treffen beim Völkerschlachtdenkmal in Leipzig.

Das Völkerschlachtdenkmal in Leipzig

Nun steht er mit dem Blick auf die mächtige Pyramide am Eingang der riesigen Anlage und glaubt, ihn unter den Herankommenden zu entdecken. Ein schlanker Herr mit Sportmütze auf dem Kopf und kleiner Mappe unter dem Arm hält zögernd an und sieht sich prüfend um. „Herr Architekt Werner Helm?" fragt Georg. „Das bin ich! Sehr erfreut, Sie kennenzulernen!" Der junge Mann ist Georg sofort sympathisch. „Sie sind ein hervorragender Künstler", ruft er ihm zu, „Ihre Gedächtnisstätte ist monumental. Nur ..." Der Architekt unterbricht: „Sie wissen schon?" – „Ich bin seit zwei Wochen in Deutschland, bekomme keine Post, lese keine Zeitung. Was ist geschehen? Ich habe von Anfang an Böses geahnt!"

„Zuerst ging es gut. Wir legten Planungsunterlagen vor, sie wurden geprüft, und man erteilte die Baugenehmigung für Gedächtnisstätte und Stahlkreuz." – „Das ist doch selbstverständlich, wenn jemand auf eigenem Grund etwas errichtet." – „Aber nicht, wenn er ein Zeichen der Pietät setzt, eine Gedächtnisstätte für deutsche Opfer! Der Boden für den innersten Kreis mit Gedenksteinen war bereits ausgehoben. Doch seit kurzem geht es Schlag auf Schlag. Die Antifa bekam Wind und brach eine wüste Hetze vom Zaun. In den Gazetten regnete es gehässige Schlagzeilen: ‚Braune Katze aus dem Sack', ‚Kreuz mit Rechtsextremen', ‚Nazis planen Wallfahrtsort'. Journalisten geifern, die Linksfraktion im Landtag macht mobil. Hier, in der Zeitung von heute, auf Seite eins!" Er holt sie aus der Mappe und liest: „Prominente Nazis wollen die Stadt zum bundesweiten Treffpunkt extremer Rechter machen!' Bei dieser Treibjagd", fügt er hinzu, „wollte die CDU nicht zurückbleiben. Ein Abgeordneter stellte die Anfrage, ‚wie öffentliche Ordnung und Sicherheit auch künftig gewährleistet bleiben'. Eine evangelische Pastorin ließ weiße Rosen zum Gedenken an Auschwitz auf die Straßen legen. Polemisches Trommelfeuer von links und rechts: ein Polizeipräsident behauptete, es gehe ‚nicht um Opfer, sondern um Darstellung des Nationalsozialismus'! Verdächtigungen statt Fakten! Und die linken Demonstranten marschieren!"

„Doch die Baubewilligung", wirft Georg ein, „ist schon erteilt!" – „Das war vor einem Monat. Gestern verfügte das Amt den Baustopp. Wir werden juristische Einwände versuchen, aber ich habe kaum Hoffnung." Georg senkt traurig den Kopf. „Als mir Herr Vogt wie ein fröhlicher Junge von seinen Plänen erzählte, als seine Frau ganz Feuer und Flamme war, hat mich das sehr beeindruckt. Doch dann erhob sich die Frage: Im Deutschland von heute? Wo ein Wink von Michel Friedman genügt? Wo keiner wagt, den Mund aufzumachen? Wo fast alles feig ist und kuscht? Ich habe Rolf Vogt, den alten Herrn, bewundert für seine Idee und seinen Mut. Er war begeistert! Ich hätte ihn warnen sollen, wagte es aber nicht. Wie geht es ihm nun? Wie seiner Frau?" – „Sie ist entsetzt und tut alles, ihm das Schreckliche zu verbergen. Ihr Mann, klagt sie, werde immer schwächer und magere ab. Da er keine Zeitung mehr liest, konnte sie ihm bisher die Anfeindungen fernhalten." „Frauke", entgegnet Georg, „ist tapfer. Aber warum müssen wir Angst haben, wenn wir an unsere Toten und das Leid unseres Volkes erinnern? Ich habe auch Sie bewundert, daß Sie an dieser Idee mitarbeiten und vielleicht Ihre Zukunft auf das Spiel setzen!" Georg hält inne und ergreift Werner Helms Hand: „Ich bin der Ältere von uns beiden. Wir sind Gesinnungsfreunde. Ich heiße Georg, sagen wir ‚du' zueinander!" Gern schlägt Werner in Georgs dargebotene Hand ein.

Die beiden setzen sich im weiten Umfeld des Völkerschlachtdenkmals auf eine der Bänke, um sich auszusprechen. „Da ich leider in Kürze einen Termin habe", sagt Werner, „bitte ich dich rasch um deinen Rat: Soll man einen offenen Brief an den Landtag und an Zeitungen schreiben?" – „Versuche es, aber das druckt dir nur ein Blatt, das längst ‚diskriminiert' ist und nur wenige Leser erreicht. Bei den meisten Medien und Politikern fällt das in die Schweigespirale!" – „Wo in aller Welt leben wir?" – „Im ‚freiesten Deutschland, das es je gab', wenn wir den schönen Worten der Herrschenden glauben. Warum dürfen wir Deutsche der Toten des eigenen

Volks nicht gedenken? Was wollen die Päpste der Umerziehung krampfhaft verstecken? Die Verbrechen der Sieger im Krieg und nach dem Krieg! Die Verbrechen, die sie seither begehen: in Vietnam und Korea, in Serbien und im Irak, in Afghanistan und in Palästina! Die Ausplünderung unserer Wirtschaft, die Umerziehung unserer Jugend. Doch sie täuschen sich. Wäre ihr Haß nicht so häßlich, müßte man sie bedauern. Ihr wildes Geschrei erreicht nun mehr Menschen, als es eine stille Gedächtnisstätte hätte tun können. Im Untergrund regt sich Widerstand. Auch unter Jüngeren werden Fragen wach: Wie war es damals? Warum unterdrückt ihr das Gedenken an unsere Toten? Wovor habt ihr Angst? Schämt ihr euch nicht?"

Werner stimmt zu: „Steht nicht auf dem Gelände der Leipziger Völkerschlacht ein Beispiel vor uns, daß Gewalt und Unterdrückung nicht dauernd regieren? Ganz Deutschland und fast ganz Europa hat Napoleon unterworfen. Deutsche Soldaten haben hier 1813 gemeinsam mit Russen und Schweden den Korsen niedergezwungen. Zehntausende haben unserem Volk ihr Leben geopfert. Kann eine solche Befreiung nicht wieder geschehen?" Von der Begeisterung des jungen Freundes mitgerissen, ruft Georg: „In der Leipziger Nikolaikirche, die ich heute besuchte, bildete sich der Widerstand gegen die Sowjets. Der Ruf ‚Wir sind das Volk' stürzte die DDR-Mauer in Berlin! Das System der Westmächte, die Deutschland mehr als sechzig Jahre nach Kriegsende noch immer mit Soldaten besetzt halten, ist aber viel raffinierter, denn ihre Umerziehung besetzt auch die Gehirne der Menschen. Doch eines Tages ..."

Sie haben in ihrer Erregung zu laut gesprochen und nicht bemerkt, daß vor kurzem ein junger Mann, kaum zwanzig, an ihnen vorbeiging, sich auf die Bank nebenan setzte und ihrem Gespräch lauschte. Nun steht er auf, geht mit schnellem Schritt auf sie zu, und seine blauen Augen flackern. „Verzeihen Sie", richtet er seine Worte an

Georg, „Sie haben frühere Zeiten erlebt als ich – wie beurteilen Sie diese? Wie denken Sie über unsere Zeit? Was meinen Sie über unsere Zukunft?" Georg ist überrascht. Er denkt daran, daß hier einst der DDR-Stasi hinter den Menschen her war und daß es eine andere Art Stasi ja immer noch gibt. Doch dann schaut er in die träumerisch blauen Augen des blonden Jungen und liest die stille Bitte in seinem Gesicht.

„Zuerst zu unserer Zeit", antwortet er. „Sie ist die miserabelste, die ich je erlebt habe. Nicht im Materiellen! Aber für Profit und Wellness haben wir weggeworfen, was unser deutsches Wesen einst ausmachte: Gemeinschaft, Familie, Heimat, Volk, Glauben. Jeder Schmutzfink darf das heute bespötteln und schänden. Wer diese Werte bewahrt, wird als Rechtsextremist verketzert. Wer unsere Heimat für Kinder und Enkel erhalten will, wird als Rassist denunziert. Welches System beherrscht uns? Die Leute, deren Namen auf den Wahllisten stehen, sind gehorsame Drahtpuppen, die an Fäden ganz anderer hängen. Lassen wir uns das gefallen?"

„Aber was sagen Sie zu unserer Vergangenheit?" fragt der Junge. – „Die Zeit, die Sie meinen, habe ich selbst nicht erlebt. Aber grundsätzlich ist keine Epoche nur gut oder nur böse. Ich will alte Zeiten nicht glorifizieren. Mein Onkel kam nach dem Krieg ins KZ." – „Nach dem Krieg?" – „Auch nach dem Mai 1945 gab es Konzentrationslager! Damals warfen die Sieger politisch mißliebige Menschen in die Gefangenschaft! Meine Mutter mußte damals den Schutt der Bombenruinen wegräumen. Und die Schuld an diesem Krieg? Bei keinem Streit ist nur ein einziger schuld. Der Zweite Weltkrieg war die Fortsetzung des Ersten. Wer aber nach 1945 und nach 1968 die Entwertung aller Werte vom Zaun brach, führt den Krieg der Bomben und der Vertreibung haßerfüllt weiter. Damit sind wir bei der Frage nach unserer Zukunft. Nehmen wir uns die Vergangenheit zum Vorbild: Die Völkerschlacht in Leipzig gibt uns ein Beispiel! Ducken wir uns nicht! Sagen wir wie die tapferen Menschen in der Nikolaikirche: ‚Wir sind das Volk!'"

In den Augen des blonden Jungen leuchtet Freude. Er will antworten. Doch da eine Gruppe von Lümmeln in zerfransten Jeans herankommt, fragt er nur rasch, wo Georg jetzt wohnt. Dieser gibt ihm die Karte seines Hotels und drückt ihm herzlich die Hand: „Ich verlasse Leipzig aber schon morgen. Heute abend, wenn Sie Zeit hätten ..." – „Leider nein, ich wohne in Borna und muß schnell zum Bahnhof. Aber am Abend wird Ihnen jemand meinen Brief geben. Vielen Dank! Leben Sie wohl!" Auch von seinem jungen Freund Werner muß Georg sich nun verabschieden: „Daß unsere Worte so unvermuteten Widerhall fanden, läßt uns hoffen. Grüße mir Herrn Rolf Vogt und seine Frau Frauke! Sie mögen mir Nachricht geben, wie es mit der Gedenkstätte geht. Meine besten Wünsche für die Gesundheit des alten Herrn! Und dir, lieber Werner, Erfolg und Mut für deine Arbeit!"

Am Abend besucht Georg in Leipzigs Altstadt die Kirche St. Thomas, an der Johann Sebastian Bach als Kantor gewirkt hat. In dem hohen gotischen Raum sitzt er gegenüber der Predigerkanzel, von der das Wort Gottes verkündet wird. Hinter ihm hängt das alte Kruzifix, das schon zu Bachs Zeiten die Kirche schmückte. Als dann von der Orgel die mächtigen Töne einer Fuge von Bach brausen, kommen Georg die Worte in den Sinn, die der Meister einst mit eigener Hand in seiner Bibel notiert hat: „Bey einer andächtigen Musi-

Johann Sebastian Bach

que ist allezeit Gott mit seiner Gnaden Gegenwart." Dann singt der Chor eine Kantate des Thomaskantors, welche die schönen Verse enthält: „Gott, der du die Liebe heißt, ach, entzünde meinen Geist." Wunderbar verbinden sich mit dieser Musik Georgs Gedanken: „Bachs Musik ist frommes Gebet. Da wird das Geschwätz von Urknall und Evolution, in der alles durch Zufall entstanden sein soll, ein pures Nichts. In allem und jedem, vom geringsten Sandkorn über den blühenden Lindenbaum bis zu dir selbst, Mensch, ist der Odem von Gott, ist Gesetz, Liebe und Harmonie. Die Ordnung, die Gott uns geschenkt hat, müssen wir auch in der Welt von heute wieder erschaffen: allen Börsenhaien und Politbonzen zum Trotz!"

Es ist schon spät, als es im Hotel an Georgs Tür klopft. Ein junges Mädchen mit liebem Gesicht, zwei seitliche Blondzöpfe hinter dem Kopf zum Knoten gebunden, hält etwas schüchtern einen Brief in der Hand und reicht ihn Georg: „Das soll ich Ihnen von Markus geben!" Bevor er ihr noch danken kann, läuft sie mit raschen Schritten die Treppe hinunter. Er öffnet den Umschlag. „Ich danke Ihnen," liest er, „für Ihre Worte, die mir Kraft und Mut geben. Sie haben gesagt, was auch ich denke: Ehre gebührt den gefallenen Kameraden und Kriegern! Eure Taten für unsere Heimat sind das Vorbild für den heutigen nationalen Widerstand! In Gedanken an unsere Vorfahren werden wir Eure Ehre zurückerobern und unseren Kindern von Euch erzählen. Das deutsche Volk, das Euch heute noch verspottet, wird Euch in Zukunft ehren. Ihr seid die wahren Helden!" Neben diese Worte hat er Ausschnitte geklebt, die aus Flugblättern stammen: Die Ruine der Frauenkirche mit den Worten: „Gedenkt der fast 200.000 Toten im Dresdner Bombenhagel von 1945!" Und rund um das Bild eines Mädchens mit blonden Zöpfen stehen die Sprüche: „Aktion Widerstand!" – „Liebe dein Land!" – „Jugend für Deutschland!"

Political correctness

Als Georg von seinen Vorträgen in Leipzig, Basel und Zürich nach Wien kommt, führt sein erster Weg zum Postfach, wo sich ein Riesenstoß von Briefen und Zeitschriften türmt. Doch Irmgards Antwort sucht er vergeblich. „Will sie nichts wissen von mir? Oder hat sie mein Schreiben noch nicht erreicht? Was soll ich tun?" Er ist ratlos. Auch Frauke hat nicht geschrieben, obwohl er sie gebeten hat, ihm von der Gedenkstätte Nachricht zu geben. Rolfs schwache Gesundheit ängstigt Georg. Er greift zum Fernsprecher. Als er seinen Namen genannt hat, tönt ihm krampfhaftes Schluchzen entgegen, und er ahnt: Rolf lebt nicht mehr. In abgerissenen Sätzen, immer wieder vom Weinen erschüttert, spricht Frauke mit brüchiger Stimme, die er kaum als die ihre erkennt: „Hat zuletzt nichts gegessen – fahles Gesicht – zitternde Hände – es kam das Ende – kann es noch immer nicht glauben …" Jäh bricht die Verbindung ab, weil der Schmerz die trauernde Frau ganz überwältigt. Auch Georg ist tief betroffen. Am nächsten Morgen schreibt er an sie:

„Leider habe ich Deinen Rolf erst spät kennengelernt. Nur kurz hatte ich das Glück, ihn zu erleben. Er war einer von den Menschen, die immer seltener werden: er war ein Herr. Dieses Wort gehört nicht zum Vokabular unseres Zeitgeists. Herr sein, in einem gewissen Bereich zu herrschen, zu walten, das heißt: Verpflichtung erfüllen, Verantwortung übernehmen. Ein solcher Herr macht nicht viele Worte. Wir erleben sein Wesen in seiner Haltung, wir lesen es aus seinem Gesicht, wir sehen es im Blick seiner Augen. Bei unserer Begegnung habe ich das tief empfunden. Du, liebe Frauke, warst ihm, der wohl auch schwermütige Stunden hatte, treu an der Seite. Dein Verlust ist schmerzlich. Aber Erinnerung soll Dir Trost sein. Das Gedenken der Freunde vermag den Schmerz vielleicht ein wenig zu lindern. Dem Totengedenken galt Rolfs heißes Bemühen.

Sein großer Plan, erfuhr ich von Werner Helm, ist vorerst gescheitert. Im Deutschland von heute hat eine Gedenkstätte für Deutsche nicht Platz. War alles vergebens? Mitnichten! Skandal ist heute die beste Werbung. Der Skandal, den die ‚political correctness' entfachte, hat mehr Menschen das Leid unserer Vorfahren bewußt gemacht als eine Gedenkstätte, welche die meisten nie zu betreten gewagt hätten. Und es gibt den Plan, es gibt das wunderbar ausgeführte Modell, es gibt die Idee! Denken wir Älteren auch an die Jungen von heute! Das Internet ist ihre Welt. Stellt Plan und Modell und Gedenkworte in das Netz! Wer aus dem Dunkel politischer Unterdrückung die Gedenkstätte in das Licht seines Bildschirmes holt, tut einen Blick in vergangene Zeiten. Ihm wird bewußt, wie miserabel die Gegenwart ist. Der Mut der Menschen ist heute zwar klein. Doch ihr Unmut ist groß. Unsere Jugend, auf die Riesenschulden und Arbeitslosigkeit zukommen, wird nicht immer schweigen. Bereit sein ist alles. Liebe Frauke, Rolfs Idee ist in unseren Herzen bewahrt. Seien wir mutig! Kämpfen wir weiter!"

Georg kämpft weiter. Er schreibt noch vor Sarrazin an einem Buch über die Masseneinwanderung der Fremden, die er mit den Belagerungen seiner Heimatstadt Wien durch die Osmanen vergleicht. Ein halbes Jahr später liegt sein frisch gedruckter Band „Türkensturm" eben vor ihm, als ihn sein junger Freund Lutz besucht. Fröhlich lachend schüttelt er ihm die Hand. „Mit diesem Buch", ruft er, „fahre ich jetzt durch die Lande! Möchte mit vielen sprechen, will neue Freunde gewinnen. Wir müssen uns enger vernetzen." – „Daß du das alles noch schaffst!" – „Solang mir Kraft und Gesundheit geschenkt ist, mache ich weiter. Will auch 2010 Wanderprediger sein, überall, wohin man mich ruft: von Südtirol bis Schleswig-Holstein. Will ‚politisch Unkorrektes' verbreiten. Habe vor, nach meinem zehnten Buch „Türkensturm" noch weitere zu verfassen. Möchte mit allen, die ‚politisch unkorrekt' sind, in Kameradschaft vereint sein."

„Könnten wir vorher", fragt Lutz, „Pläne über Gedenkstätten beraten, die nicht so monumental sind, wie sie Herr Vogt geplant hat?" Georg blickt auf den Kalender. „Leider nein: in wenigen Tagen habe ich zwei Vorträge in Deutschland. Wenn du Zeit hättest, wäre es schön, wenn du mich in deinem Auto hinfahren könntest." Lutz stimmt freudig zu, fragt aber: „Wird es Demos, Beschimpfung oder Redeverbot geben? So wie vor einem Jahr im Wiener Parlament? Erinnerst du dich? Da hielt jemand einen Vortrag über Arminius, den Befreier Germaniens. Wüst ist die Medienmafia über ihn hergefallen, weil er zu fragen gewagt hat, wovon denn – zweitausend Jahre nach Arminius – auch wir uns befreien müßten." – „Ich kenne das, Lutz, die Fernsehsendung ‚Hohes Haus' hat gegen ihn böse gehetzt. Ich habe sogar eine DVD-Platte, die zeigt, wie der Staatsfunk ORF den Redner als Rechtsextremisten verketzert." Rasch holt Georg die Scheibe. Der Film flimmert auf.

„Der Redner formuliert in klassisch rechtsextremistischem Code", sagt die Sprecherin mit schneidendem Ton und blinzelt auf einen Bildschirm, von dem sie den Text abliest: „Er spricht von einer schleichenden Umerziehung nach 1945. Wieso konnte der Wandel vom Nationalsozialismus zur Demokratie so dargestellt werden, und noch dazu im Parlament?" Georg schüttelt den Kopf: „Das hat er doch gar nicht gesagt! Und so zuckersüß war es ja 1945 nicht! In alten Zeitungen kann man lesen: unsere Soldaten noch lang hinter Stacheldraht, das Land in Trümmern und von Siegern besetzt, zehntausende Menschen aus politischen Gründen in den Gefängnissen! Todesurteile, Berufsverbote, Zwangsarbeit! War das Demokratie? Zur ersten Wahl ließen die Alliierten nur Schwarze, Rote und Kommunisten antreten. Ehemalige Nationalsozialisten durften nicht wählen. Doch davon hat dieser Redner gar nicht gesprochen."

Im Film sieht man nun, wie dieser Mann mit dem Parlamentspräsidenten Graf und anderen freiheitlichen Politikern eine große

Parlamentspräsident Graf und Walser

Halle betritt, die prallvoll mit begeistert applaudierenden Menschen gefüllt ist. Doch da drängt sich ein stoppelbärtiger Mensch vor: der giftgrüne Abgeordnete Walser in schäbiger Aussteigerkluft. Riesengroß kommt die Aufschrift ins Bild, die er sich quer über sein Hemd schreiben ließ: „Eure Schande heißt Martin Graf!" Höhnisch grinsend drückt er dem Parlamentspräsidenten ein Blatt in die Hand: ein Pamphlet über den Vortragenden mit dem Titel „Ein aufrechter Ostmärker". Dann zeigt der Film den Mann am Pult. „Ich spreche sonst frei", sagt er, „aber da einem das Wort im Mund oft umgedreht wird, lese ich diesmal!" In sein Manuskript blickend setzt er seinen Vortrag über Arminius fort:

„Die Germanen vor zweitausend Jahren haben die römische Lebensart als fremd empfunden und abgelehnt. Doch die umerzogenen Germanen von heute? Hat uns die seit 1945 und vor allem seit 1968 schleichende Umerziehung nicht total unterworfen?" – „Na eben," ruft Lutz, „seit 1968, seit dem Kulturbruch!" Doch sofort wiederholt der Staatsfunk die verlogene Interpretation, mit der er begonnen hat. „Gemeint ist offensichtlich", sagt die Sprecherin, „die Umerziehung vom Nationalsozialismus zur Demokratie!" Aber dann ist der Originalton des Redners zu hören, den der ORF aus der Aufnahme wegzuschneiden vergaß: „Massenzuwanderung und Vermischung sollen die Eigenart der einzelnen Völker und unser abendländisches Wesen auslöschen. Die Frage lautet heute: Wie können wir uns von der Supermacht Globalisierung und von der Umerziehung befreien?"

Georg lacht schallend: „Wer fälscht und manipuliert, darf es nicht so dumm tun! Vom Nationalsozialismus war überhaupt nicht die Rede. Mit Umerziehung meinte er die Kulturrevolution der Achtundsechziger: Diktatur des Häßlichen, Zerstörung der Familie, Abtreibung der Kinder, schamlose Sexualisierung, maßlose Gier nach Geld und Globalisierung, das Diktat der Bosse in Brüssel. Daniel Goldhagen hat dieses Programm zynisch verkündet: ‚Besiegen, besetzen, umerziehen!' Von diesen Gefahren – da hat der Redner recht! – müssen wir uns endlich befreien!"

Der Film zeigt dann, wie der Vortragende mit seinem Dank an den Befreier Germaniens schließt. „Es lebe Arminius", ruft er, „es lebe die Freiheit!" Begeistert klatschen die Zuhörer Beifall. Doch sofort sieht man wieder den stoppelbärtigen Grün-Mandatar in Aussteigerkluft, der seinen Antifa-Spruch schmettert: „Ich protestiere dagegen, daß das österreichische Parlament eine Bühne ist für den Rechtsextremismus!" – „Damit", ruft Lutz lachend, „hat er uns unfreiwillig verraten: Wer Freiheit fordert, den beschimpft die ‚political correctness' als Rechtsextremisten!"

Kurz danach schrillt Fernsprecherläuten. Georg greift zum Hörer. Undeutlich murmelt eine männliche Stimme den Namen und fragt, ob man mit dem Publizisten Georg Merendorff spreche. „So ist es."

– „Freut mich unendlich, Sie halten doch Vorträge über Kunst?" Wortreich schmeichelt der Anrufer mit Komplimenten: „Auch das Buch ‚Kunst oder Anti-Kunst?' haben Sie geschrieben! Was Sie sagen, sollen viele sehen und hören. Könnten wir ein Interview machen? Es müßte aber sehr bald sein." Georg überlegt kurz. „Morgen um fünfzehn Uhr, wenn Sie so schnell nach Wien kommen können. Zwar kommt morgen ein Handwerker zu mir. Wenn ich ihm nicht absagen kann, rufe ich Sie heute noch an."

„Du hättest nicht zusagen sollen", warnt Lutz, als Georg den Hörer auflegt. „Ich habe nicht gehört, was er sagt, aber er hat dich vermutlich bedrängt. Reporter sind heimtückisch. Für welchen Sender arbeitet er?" Georg zuckt die Achseln. „Irgend etwas von ‚Funk' sagte er. Nach seiner Sprachfärbung ist er ein Schwabe." – „Vielleicht ist er beim Südwestfunk. Fast alle Sender sind in der Hand der herrschenden Klasse. Man muß sich hüten! Ich rufe Freunde im Schwabenland an." Sofort ist Lutz am Fernsprecher. „Ich habe es ja geahnt", ruft er nach kurzem, „ein linkslinker Sender, sagt man übereinstimmend! Hast du die Rufnummer? Kannst du dem Mann absagen?" „Ungern", antwortet Georg, „ich bin doch nicht feig!" – „Das ist nicht feig, das ist unvorsichtig! Hat dir das nicht der Film über die Arminius-Rede gezeigt? Die ‚political correctness' verstümmelt deine Aussagen, verdreht sie mit gehässigen Kommentaren, heimtückisch drängt man dich in die extremistische Ecke." Georg überlegt: „Du hast recht, Lutz, ich muß Rücksicht nehmen auf die Veranstalter meiner Vorträge."

Rasch wählt er die Rufnummer des Reporters. „Wir sprachen über ein Interview. Endgültig habe ich nicht zugesagt. Morgen bin ich beschäftigt. In zwei Wochen können wir es nachholen." – Hektische Erregung am anderen Ende der Leitung: „Wieso denn? Alles ist vorbereitet! Wir haben Geld ausgegeben! In drei Tagen ist unsere Sendung! Sie haben versprochen ..." „Nichts habe ich versprochen", widerspricht Georg, „außer daß ich Sie anrufe, um zu sagen, ob es morgen stattfinden kann. Das mache ich nach knapp einer Stunde. Wollen Sie in zwei Wochen einen Termin?" Als der Reporter hartnäckig auf den morgigen Tag drängt, beendet Georg das Gespräch. „Lieber Lutz," wendet er sich an den Freund, „danke für deinen Rat! Mit seiner Aufgeregtheit hat sich der Fernsehfritz verraten. Offenbar braucht er einen Skandal. Würde er der Verschiebung zustimmen, hätte ich noch vor dem Interview beide Vorträge gehalten, und den Veranstaltern könnte nichts mehr geschehen. Morgen nachmittag fahre ich mit dem Tischler, den ich bestellt habe, in seine Werkstätte. Könntest du inzwischen in meiner Wohnung sein?" – „Gern! Man weiß ja nicht, was diesen Burschen einfällt!"

Kampf gegen Rechts

Am nächsten Tag hat Georg die Wohnung verlassen, Lutz steht für ihn auf dem Posten. Punkt drei Uhr nachmittags läutet es an der Haustür. Lutz öffnet nicht. Trotzdem trampeln im Stiegenhaus Schritte. An der Wohnungstür schrillt die Glocke. Lutz hält still. Zweimal wiederholt sich das Läuten, dann poltern die Schritte wieder hinunter. Als Georg abends heimkommt, berichtet ihm Lutz: „Wie zu erwarten! Obwohl du ihnen abgesagt hast, machten die Kerle die weite Fahrt und wollten dich heimtückisch überlisten."

„Was glänzend mißglückt ist", lacht Georg. Doch eine Stunde später hört man wieder die Glocke am Haustor. „Nicht öffnen!" warnt Lutz. „Nicht so ängstlich", widerspricht Georg, „es ist doch schon spät. Die sind längst über die Berge. Wahrscheinlich kommt ein Kamerad." Er öffnet mit dem Druckknopf das Haustor, danach klingelt es an der Türe der Wohnung. „Nein!" ruft Lutz, doch Georg hat schon geöffnet.

Grell blendet ihm ein Scheinwerfer in die Augen, ein Reporter hält ihm das Mikrophon vor den Mund: „Nur zwei Minuten", bettelt er hämisch, „reden wir doch über die Volksgemeinschaft!" In Georg steigt jäh der Zorn auf. Doch er faßt sich und bleibt gemessen. „Sie wissen, daß ich heute kein Interview gebe. Schalten Sie sofort den Scheinwerfer ab und gehen Sie. Ich bitte Sie sehr!" Der Reporter wendet sich mit beleidigter Miene, der Kameramann folgt ihm. „Ungeheuerliche Frechheit", platzt Lutz los, „filmt dich, ohne dich vorher zu fragen! Die Medienmafiosi glauben, ihnen ist alles erlaubt!"

Georg hat sich rasch wieder gefaßt: „Mit dieser Aufnahme von einer halben Minute fängt er nichts an. Aber ich muß das sofort dem

Veranstalter meines Vortrags ‚Überfremdung und Islamisierung' melden." Der ist gleich am Fernsprecher und berichtet Georg in hilfloser Verzweiflung: „Mich hat derselbe Mann heute früh auch überfallen! Mit der Kamera auf der Straße! Ich gab ihm keine Antwort! Gut, daß Sie es auch so gemacht haben! Für übermorgen kündigt das Fernsehprogramm eine Sendung über einen ‚rechtsextremistischen Gastredner' an! Am Tag danach haben wir Ihren Vortrag. Was tun wir?" Georg beruhigt: „Nur Mut! Warten wir auf die Sendung! Berichten Sie mir dann. Beraten Sie sich mit Ihren Freunden. So ist das nun eben: Im ‚Kampf gegen Rechts' ist jede Gemeinheit erlaubt!"

Drei Tage später meldet sich nicht der Veranstalter, sondern sein Stellvertreter, eine jüngere Stimme. „Ungeheuerlich", ruft er mit bebendem Zorn, „alle, die sich nicht feig vor der ‚political correctness' ducken, diskriminiert man. Der Film, den der Sender ‚Mainz Report' gestern brachte, hieß ‚Fragwürdige Freundschaft mit extremen Rechten'. Zuerst zeigte die Sprecherin höhnisch eine alte Bild-Zeitung mit dem Titel ‚Wir sind Papst!' Sie erinnern sich: das war, als das Konklave den deutschen Kardinal Ratzinger wählte. ‚Wir sind Papst', wiederholte die Fernsehsprecherin mit beißendem Spott. ‚Doch der Jubel', setzte sie zynisch fort, ‚klingt verhalten und kommt nicht immer aus der richtigen Ecke.' Wiederholt brachte man den Heiligen Vater ins Bild. Man warf ihm vor, er verhandle mit der Priesterbruderschaft Pius X. über ihre Wiederaufnahme in die katholische Kirche. ‚Die Piusbrüder', eiferte sich die Sprecherin, ‚sind erzkonservativ. Ihr Ziel: ein fundamentalistischer Gottesstaat!'"

„Blühender Unsinn", wirft Georg ein, „gehässige Lüge!" „Ich weiß", entgegnet der Anrufer, „aber das ist die linke Strategie: oft genug lügen und laut genug lügen, dann glauben die Leute, die in die Glotze gucken, alles und jedes! Danach zeigte man Richard Williamson, den Bischof der Piusbrüder. Sie wissen doch, das schwedische Fernsehen hat ihn mit Fragen zum Holocaust hinterlistig in eine Falle gelockt. ‚Volksverhetzung!' geiferte die Sprecherin, ‚er hat die Vernichtung der Juden geleugnet!' Dann kam ein Mann von einem Institut – ich glaube, es heißt DÖW – "

Georg erklärt: „Dokumentationsarchiv des österreichischen Widerstands bedeutet das. Dieses DÖW, das Menschen mit unabhängiger Meinung als Rechtsextremisten beschimpft, wird vom Staat, also von uns Steuerzahlern finanziert. Ein mutiger Mann hat es ‚kommunistische Tarnorganisation' und ‚Privatstasi' genannt und gesagt: ‚Das DÖW arbeitet mit einem Gemisch aus Lüge, Fälschung und Denunziation'. Das DÖW klagte. Das letztinstanzliche Urteil war aber ein Freispruch! Man darf also das DÖW straffrei ‚Privatstasi' nennen! Dieser Privatstasi verdächtigte mich schon früher einmal: Merendorff, hieß es, nahm am 30. Mai 2004 in Stuttgart an der Veranstaltung ‚Volksgemeinschaft leben' teil. Glatte Lüge! Ich war im ganzen Jahr 2004 nicht in Stuttgart! Der Privatstasi DÖW listet auch ‚böse Zeitungen' auf, in denen ich geschrieben habe. Doch was ich schreibe, berichtet er nicht."

„So war es auch jetzt", sagt die junge Stimme im Fernsprecher, „man zeigte Zeitschriften, in denen Sie schreiben, mit Abscheu, aber es gab kein einziges Argument gegen Ihre Ansichten, sondern nur Diffamierung." „Sehen Sie, lieber Freund", erwidert Georg, „ich bin kein Politiker, gehöre keiner Partei an. Ich bin ein unbescholtener Bürger. Von der ‚political correctness' werde ich beflegelt, kam aber noch nie vor Gericht. Mein ‚Verbrechen' ist: ich nehme das Recht auf Freiheit der Meinung in Anspruch. Das werde ich weiterhin machen!" – „Tun Sie das unbedingt, Herr Merendorff! Ich rede mit dem Vorsitzenden und unseren Mitgliedern. Ihr Vortrag wird stattfinden. Wir beugen uns nicht!" Herzlich dankt Georg: „Vorbildlich und mutig! Aber übereilen Sie nichts. Was Sie entscheiden, nehme ich an."

Am nächsten Morgen hört Georg im Fernsprecher wieder die junge sympathische Stimme, aber nun wirkt sie zerbrochen und hilflos: „Ich habe gekämpft und gekämpft. Doch die Leute sind feig. Wir dürfen den Redner nicht einladen, sagen sie, sonst werden wir verboten. Auch der zweite Veranstalter, bei dem Sie sprechen sollten, wird wohl absagen. Das Hotel, wo wir früher Vorträge hatten, ist uns seit kurzem verschlossen. Die Antifa warf Steine gegen die Fenster. Dann kündigte das Gesindel eine Demonstration an. Die Polizei rückte aus, doch es kam kein einziger Linker. Der Hotelbesitzer wurde aber durch Anrufe bedrängt und verlor die Nerven. Als wir den nächsten Vortrag abhalten wollten, waren die Türen versperrt. So ist es landauf, landab. Ein Gastwirt nach dem andern beugt sich dem Druck! Die Amtskirche macht mit. Ein sogenannter Moraltheologe hetzte gehässig gegen Sie und gegen uns: ‚Rechtsradikaler Sumpf', schimpfte er, ‚weltanschauliches Amalgam von faschistischen, ehemals Nazi-Aussagen. Das ist ein Fall für den Verfassungsschutz!' Man schwingt die Nazikeule und droht mit Inquisition. Seien Sie mir bitte nicht böse! Wir müssen Ihren Vortrag leider absagen."

Ruhig hat Georg zugehört. „Sie tun mir leid", antwortet er, „ich begreife aber Ihre Entscheidung und wünsche, daß sie Ihnen Schlimmes erspart. Meine Erfahrung sagt mir jedoch: die Antifa beantwortet Nachgiebigkeit stets mit Haß und Hohn. Wer auf dem Boden liegt, dem tritt das Gesindel menschenverachtend brutal in den Bauch. Ihnen, lieber junger Freund, danke ich für Ihren Einsatz. Lassen wir uns die Hoffnung nicht rauben! Seien wir nicht unvorsichtig, aber kämpfen wir weiter für das Rechte und Schöne! Draußen lacht der Frühling vor meinen Fenstern. Und dann, heißt es in einem Gedicht Uhlands: es wird sich ‚alles, alles wenden'!"

Frühlingsglaube

Als Lutz Georg eine Woche später besucht, empfängt ihn dieser mit frohem Lachen: „Ich wußte es: Alles, alles wendet sich wieder! Die Sonne strahlt, der Flieder blüht, die Vögel tirilieren im Garten! Vier Frauen aus verschiedenen deutschen Städten schickten mir Zeitungsberichte, die gehorsam die Haßpredigt des Hetzsenders wiedergaben. Doch die treuen Freundinnen sprachen mir Mut zu: ‚Schütteln Sie den Kot, mit dem man Sie beschmutzen will, stolz von sich ab!' Und hier" – Georg reicht seinem Freund eine E-Post, die ein General der Bundeswehr dem linken „Mainz Report" zugeschickt hat: „Wie Sie in Ihrer Sendung Georg Merendorff als ‚Rechtsextremisten' niedergemacht haben, war niveaulos und undemokratisch. Dieser unbescholtene Bürger aus Österreich ist als hervorragender Kenner deutscher Kultur und Geschichte bekannt und durch seine Bücher und Vorträge ausgewiesen. Beachten Sie die einfachsten Regeln des Anstands, auch gegen rechte Menschen, die anders denken als Sie! Kennen Sie die Konvention der europäischen Menschenrechte, Artikel 10? ‚Jedermann hat Anspruch auf freie Meinungsäußerung.' Halten Sie sich daran!"

„Das ist Kameradschaft", ruft Lutz, „und Mut! Bekennen wir uns als Rechte, auch wenn man uns als Rechtsextremisten verteufelt!" Georg reicht ihm noch einen Brief. Ihn schrieb der Veranstalter des zweiten Vortrags. Lutz überfliegt rasch die Zeilen. „Großartig", ruft er, „dein Freund Jochen ist ein mutiger Mann! ‚Die Linken', so schreibt er, ‚liegen auf der Lauer wie reißende Wölfe, aber wir beugen uns nicht. Dein Vortrag über Kunst und Anti-Kunst kann stattfinden. Wir freuen uns, wenn du kommst!'" Georg klatscht froh in die Hände. „Morgen fahren wir, wie geplant. Und statt des Vortrags ‚Überfremdung und Islamisierung', den die Angsthasen abgesagt haben, werden wir ein Wunder der Baukunst aufsuchen, das ich schon längst sehen wollte: das Kloster

Maria Laach. So wächst aus dem Schlimmen unverhofft Schönes!"

Blick auf Passau

Am folgenden Tag beginnt ihre frohe Fahrt. Von Wien geht es nach Passau, wo Inn, Itz und Donau zusammenströmen und von fern die hohen Türme des Doms grüßen. Später tauchen die gotischen Türme des Regensburger Doms auf und dann die steilen Mauern der Nürnberger Burg. Als sie bei Würzburg den Main überqueren, an dessen Ufern grüne Weinreben winken, sehen sie hoch über dem Fluß die Trutzburg Marienfeste. Bei Koblenz fahren sie über den breit dahinströmenden Rhein in das Land an der Mosel. Bald sehen sie dunkle Wälder, bald blühende Gärten. „Flüstern uns nicht", sagt Georg, „Blüten und Blumen die Verse des ‚Frühlingsglaubens' von Uhland ins Ohr?"

Die linden Lüfte sind erwacht,
sie säuseln und weben Tag und Nacht,
sie schaffen an allen Enden.
O frischer Duft, o neuer Klang!
Nun armes Herze, sei nicht bang!
Nun muß sich alles, alles wenden.
Die Welt wird schöner mit jedem Tag,
man weiß nicht, was noch werden mag,
das Blühen will nicht enden.
Es blüht das fernste tiefste Tal;
nun, armes Herz, vergiß der Qual!
Nun muß sich alles, alles wenden.

Sie überqueren die Mosel, verlassen das Tal, schattiger Wald nimmt sie auf. Hochstämmige Buchen säumen den Weg, ab und zu unterbrochen von Lärchen und Fichten. „Zwischen den Stämmen der Bäume", sagt Georg, „sehen wir jetzt den Laacher See. Benediktiner gründeten in dieser Einsamkeit eine Abtei, und die Pfalzgrafen bei Rhein stifteten eine Kirche." Der Wagen hält, Georg und Lutz lösen sich nach langer Fahrt von den Fesseln der Sicherheitsgurte. Nachdem sie mit steifen Beinen die ersten Schritte getan haben, liegt ein zauberhafter Anblick vor ihnen.

Schräg brechen die Strahlen der Abendsonne durch den Wald, welcher die Abtei umschließt. Eilig wandern die beiden über den gewundenen Weg, vorbei an Büschen und Bildsäulen, zur romanischen Basilika. Tief ergriffen halten sie ihre Schritte an: Maß, Ordnung und Schönheit – ein deutscher Dom. Wie eine Burg steht ihnen das Westwerk entgegen. Als sie eintreten, empfängt sie weihevoll das Haus Gottes. Hoch streben die Pfeiler, die Bögen, die Säulen. Ihr Blick richtet sich auf die Apsis, wo über dem Altarbaldachin bunt ein Mosaik strahlt: vor goldenem Grund der Erlöser, das Buch in der Linken, die Rechte segnend zum Gruß des Friedens erhoben. EGO SUM VIA – VERITAS ET VITA, lesen sie in großer Schrift auf dem geöffneten Buch: Ich bin der Weg, die Wahrheit und das Leben. „Eine Darstellung Gottes", flüstert Georg Lutz zu, „wie sie schöner nicht sein kann. Es ist, als wollte der Künstler im Bild zeigen, was Dante in seiner ‚Göttlichen Komödie' so wunderbar sagt: ‚Die Liebe Gottes, die bewegt die Sonne und die andern Sterne'."

Da es schon spät ist, sind sie fast allein in der Kirche und können die Harmonie ihrer Architektur ohne lästiges Geschwätz von Besuchern erleben. Doch da öffnet sich knarrend die Türe, und vier Männer stampfen polternd herein. Im Mittelschiff stellen sie sich im Kreis auf, einer von ihnen nimmt ein kleines Pfeifchen zur Hand. „Was soll das?" fragt Lutz empört. Schon hören sie einen zarten Ton, der Mann nickt den anderen zu. Und nun folgt ein Wunder: das Wunder der Musik, die melodisch durch den Raum strömt. Harmonisch klingt es in vier Stimmen zum hohen Gewölbe empor: „Heilig, heilig, heilig – heilig ist der Herr!" – „Schuberts ‚Deutsche Messe'", flüstert Georg, „Musik – der schönste Dank, den wir Gott darbringen können!" Ergriffen vernimmt er die innige Weise, die er selbst als Knabe einst sang. Als die vier Männer leise den feierlichen Kirchenraum wieder verlassen, kann Georg das Wunder kaum fassen: „Wären wir zehn Minuten später gekommen, hätten wir das nicht erlebt. Lutz, das ist mir oft schon begegnet: es ist, als führte mich eine gütige Hand am rechten Ort und zur rechten Zeit zu rechten Menschen: ‚Heilig, heilig, heilig – heilig ist der Herr!'"

Staunend wandern sie weiter, um die Kunstwerke der Kirche Maria Laach zu betrachten. Da öffnet sich wieder eine Türe, diesmal aus der Sakristei. Ein hochgewachsener Benediktinerpater, schwarz gewandet und würdig, tritt auf sie zu. „Grüß Gott, meine Herren! Es tut mir sehr leid, wir müssen nun die Kirche schließen. Darf ich Sie zum Ausgang bitten?" – „Schade! Wir kommen aus Wien und sind erst kurz hier." – „Aus der Kaiserstadt Wien kommen Sie? Da muß ich eine Ausnahme machen! Nicht lange, weil wir uns dann zum Abendgebet im Mönchschor versammeln, aber das eine oder andere wollen wir ansehen." Freundlich reicht er den Besuchern die Hand. „Ich bin Pater Frowin und freue mich, kunstsinnige Menschen zu begrüßen."

Frowin führt die Besucher zum Mittelschiff. „Hier", erklärt er, „stehen wir vor dem Hochgrab unseres Stifters Heinrichs II., des Pfalzgrafen bei Rhein. Er und seine Gemahlin Adelheid ließen am Ende des 11. Jahrhunderts den Bau unserer Kirche beginnen. Rund hundert Jahre später, als Walther von der Vogelweide von der Ehre Gottes und vom Ruhm des deutschen Reiches gesungen hat, war das große Werk vollendet. Diese prächtige Grabplatte zum Dank für den Stifter entstand siebzig Jahre danach, als Rudolf von Habsburg zum deutschen Kaiser gewählt worden war. Mit der Krone auf dem Haupt dargestellt, hält der Stifter das Kirchenmodell in seiner Rechten. Seine linke Segenshand grüßt seit mehr als sieben Jahrhunderten alle Besucher. Daneben sehen wir im Fresko das Bildnis unseres Ordensstifters Benedikt von Nursia, entstanden um 1500, in der Zeit Albrecht Dürers. Pfalzgraf und Mönch, der Ritter und der Heilige, das sind die Ideale des deutschen Mittelalters. Sie mahnen uns: Habt Ehrfurcht vor Gott, habt Mut gegen die Menschen! Folgt unserem Vorbild!

Neben diesen Kleinodien vergangener Zeiten haben wir auch Kunst, die in den letzten hundert Jahren entstand. Sie haben vorhin das große Apsismosaik des segnenden Erlösers betrachtet, das Sie vielleicht an normannische Kunst in Sizilien erinnert. Doch es ist ein Werk der Beuroner Kunstschule, 1911 hat es Kaiser Wilhelm II. gestiftet." „Herrlich", sagt Lutz bewundernd, „was man damals noch geschaffen hat, doch heute?" „Heute", entgegnet lächelnd der Benediktiner, „ist ein dehnbarer Begriff. Aus welchem Jahrhundert, meinen Sie, stammt diese Sitzstatue des Heiligen Benedikt?" Mit ernstem Blick hält der Ordensgründer ein aufgeschlagenes Buch in der Hand, dessen lateinische Inschrift die Mönche mahnt: „Kommt, meine Söhne, höret mich!" – „Könnte in seiner strengen Form romanisch sein", meint Lutz. Bevor noch Georg leichten Zweifel anmelden kann, erklärt ihr Führer: „Klosterbruder Radbod Commandeur hat dieses Werk 1937 geschaffen. Er entwarf auch das farbenprächtige Mosaik, das diesen Kreuzaltar ziert."

Pater Frowin bedauert: „Unsere Zeit ist leider bemessen. Aber auf dem Rückweg können Sie noch zwei Werke neuester Zeit erleben. Ich darf Ihnen einen kleinen Kirchenführer schenken und Sie bitten: Kommen Sie wieder! Bringen Sie Menschen Ihrer schönen Heimat im deutschen Süden zu uns!" Als sie die Kirche verlassen, reicht er Georg und Lutz zum Abschied die Hand und gibt ihnen ein Wort aus der Ordensregel des Heiligen Benedikt auf den Weg mit: „Der Mensch bedenke: Gott blickt vom Himmel herab zu jeder Stunde und sieht zu jeder Stunde auf ihn."

Als Georg und Lutz die Kirche verlassen, werfen sie noch einen Blick auf die breite romanische Vorhalle, die man „Paradies" nennt. In der Mitte ihres Innenhofs sehen sie den Löwenbrunnen, der an ein Werk der Mauren in der Alhambra von Granada erinnert. Sie lesen im Kunstführer: ,1928 von Bruder Radbod Commandeur geschaffen.' – „Meine Eltern haben diese Zeit erlebt!" ruft Georg. „Damals schuf man noch Kunst! Doch heute wird erbärmlicher Mist mit Preisen gekrönt! Aber der Pater versprach, wir würden auf dem Rückweg noch weitere Kunstwerke sehen. Was steht im Führer?" – „,Bild eines Propheten, der Gott um Hilfe anruft: Bronzeplastik von Hildegard Bienen, aus dem Jahr 1971'." Nach wenigen Schritten stehen sie vor dieser Skulptur. Ergreifend hebt der Prophet die flehentlich ausgestreckten Arme zum Himmel. „Das sind doch wir", meint Lutz, „das ist Deutschland, unser niedergeworfenes Vaterland! Dieser Prophet ruft uns zum Widerstand!" – „Du sagst es, Lutz: Kunst ist der Weg zu den Herzen der Menschen. Was kein Verbotsgesetz unterdrücken kann, rufen uns Künstler,

Musiker, Dichter aufrüttelnd zu: Habt offene Augen, offene Ohren und offene Seelen!"

„Da vorne", sagt Lutz, „sehe ich noch eine Statue!" Ein strahlender Engel steht vor ihnen, beide Hände zum Segen erhoben, als wollte er ihnen verkünden: Der Himmel verheißt euch Hilfe! 1999, lesen sie im Führer, wurde die Bronzestatue von Werner Franzen geschaffen. „Unser Volk", ruft Georg, „hat noch Künstler, wir aber kennen sie kaum. Suchen wir sie, entdecken wir sie! Morgen werde ich bei meinem Vortrag darüber reden. Ja, wir haben Hoffnung auf einen neuen Aufbruch des Schönen. Wir werden uns wieder erheben!"

Weise Worte – tolle Streiche

Bevor sie am nächsten Morgen Maria Laach verlassen, werfen sie einen Abschiedsblick auf das Kloster, das still in der Einsamkeit träumt. „Schönheit lebt hier", sagt Georg, „Glaube und Bewahrung eines kostbaren Erbes." „Und das schon seit mehr als neunhundert Jahren", ergänzt Lutz, „seit der Gründung des Klosters!" „Doch seine Wurzeln", meint Georg, „reichen noch tiefer, bis zur Stiftung des Ordens der Benediktiner." – „Wer hat ihn gegründet?" – „Benedictus von Nursia, um 480 geboren, in dunkelster Zeit. Das Imperium Romanum war zusammengebrochen, Wanderungen wilder Völker verheerten Europa. Brandschatzend waren die Hunnen durch unsere Länder gestürmt, fielen in Gallien und Italien ein. Germanen kämpften gegen Germanen, das Reich der Burgunder wurde in einer einzigen Schlacht völlig vernichtet. Was wir vom Untergang der Nibelungen lesen, war blutige Wirklichkeit. Städte waren verwüstet, die Kultur zerstört. Viele zogen sich in Höhlen zurück, auch der junge Benedikt lebte als Einsiedler. Dann aber sammelte er Schüler und Mönche aus anderen Klausen um sich. Denn Gemeinschaft gibt Stärke. 529 gründete er auf einem Berg nahe Neapel das Kloster Monte Cassino."

„Irgendwo", wirft Lutz ein, „las ich: ‚529 entstand in Monte Cassino das Abendland!'" – „Ja, seine Grundlage ist die Ordensregel des Heiligen Benedikt. In 73 Kapiteln gab er dem Leben seiner Brüder eine klare Ordnung. ‚Gürten wir uns mit Treue und Glauben im Guten', heißt es da. Diese Regeln wurden vorbildlich für andere Mönchsorden und prägten das, was wir die christlich abendländische Kultur nennen. Gestern blätterte ich noch in dem Kirchenführer, den uns Pater Frowin schenkte, und fand Zitate aus der Ordensregel, die wahre Goldkörner sind: ‚Bei der Festlegung der Preise' heißt es da, ‚darf sich das Übel der Habgier nicht einschleichen.' – ‚Die Jüngeren sollen die Älteren ehren, die Älteren die Jüngeren lieben.' – ‚Müßiggang ist der Seele Feind.'" „Das sollten", stimmt Lutz zu, „auch Grundsätze für uns sein: Nicht Gier nach Profit, sondern Anständigkeit – Gemeinschaft über die Generationen hinweg – tätiges Leben! Aus dem Lateinunterricht habe ich noch in Erinnerung: ‚Ora et labora – Bete und arbeite!'" – „Diese Formel faßt das Wesentliche zusammen. Wie weit sind wir heute davon entfernt! Doch Benedikt gibt uns Hoffnung! Aus den Ruinen des Zusammenbruchs entstand damals neue Ordnung. Im 4. Kapitel seiner Regeln ruft er uns zu: ‚An Gottes Barmherzigkeit niemals verzweifeln!' Auch wir sollen daran glauben: Dem heute drohenden Untergang des Abendlands muß ein neuer Aufgang folgen!"

Nach diesem Gespräch startet der Wagen, und sie fahren durch die majestätischen Wälder der Eifel. Vor einer Kreuzung wagt Lutz eine Frage: „Wir haben auf dem Weg zur Kreuzburg noch Zeit. Machen wir einen Abstecher zum Nürburgring?" – „Was ist Nürburgring?" – „Dort war einmal eine Burg, jetzt aber ist es" – Lutz zögert verlegen – „eben ein ‚Ring' – mit wenigen Worten läßt sich das nicht leicht sagen." Inzwischen ist er schon um eine Wegkehre gebogen. An vielen knalligen Plakaten vorbei sind sie in Kürze am heimlichen Ziel dessen, was Lutz gern erleben will. „Eine ganz andere Welt als Maria Laach", sagt er, „ein toller Streich, aber vielleicht soll man das auch einmal machen."

Tatsächlich stoßen sie nun auf den schrillsten Kontrast zur Stille des Klosters. „Rattatatatt", hämmern die Motoren der Autos, die mit weit mehr als hundert Sachen an ihnen vorbeirasen. „Wir fahren Sie zur Hölle!" lockt ein Spruchband, noch mehr Tempo zu machen. Grell grinsen ihnen auf einem Plakat „Schwarze Teufel in der grünen Hölle" entgegen. Unmutig fragt Georg: „In diesen Wahnsinn sausen auch wir jetzt hinein?" Lutz wehrt ab: „Auch mir ist mein Leben lieb. Wenn man auf dem Nürburgring im eigenen Wagen fährt, wird man viel Geld los. Aber man kann in einen Bus einsteigen und beobachtet auf der Fahrt die rasenden Narren. Vielleicht finden wir in diesem Bus hier noch Platz." Lutz fragt den Mann an der Kasse: „Kommt auch ein Führer?" – „Nee!" bellt der zurück, „‚Führer' sagten die Nazis! Wir sagen Guide! Außerdem habt ihr eine She-Guide, die Jessica, die Tollste, die wir verkaufen! Jessica, hopp!" Mit Riesensprüngen stürmt die „She-Guide" hurtig heran: prall sitzende Blue Jeans, roter Pulli, der Bauch nabelfrei. Zerzaustes Blondhaar wirr über die Stirne, springt sie über die Stufen, packt ihr Mikro, und schon brausen sie los.

„Rattatatatt", hämmern der Motor und Jessicas Stimme: „Rattatatatt, müssen uns einmal austesten, bevor wir den Talk machen! Rattatatatt!" Gefährlich nah schneiden Autos, die rasant dahinbrausen, am Bus vorbei und sausen über die Rennbahn. „Achtung, links dieses Autowrack! Na ja, hat mal Pech gehabt, hahahá!" Jessica schließt ihre Lachsalven mit Betonung auf der letzten Silbe. „Rechts an der Kurve die Eifellandschaft! Wäre der Nürburgring nicht, gäb' es da überhaupt nichts, hahahá!" – „War sie jemals in Maria Laach?" fragt Georg leise. – Doch Jessica ist weiter toll drauf. „Kevin", ruft sie zum Fahrer, „jetzt Tempo wegnehmen! Da ist Niki Lauda an die Planken gekracht!" – „Jawoll, gut gemacht, toll! Weiter geht's, weiter! Ein toller Spaß, wir bringen das Grinsen nicht von den Wangen!" Ihr Redestakkato steigert sich immer mehr zum Rekordtempo, bis Ohren und Nerven der Zuhörer restlos erschöpft sind. Mit hartem Ruck stoppt schließlich der Bus. Die „She-Guide", zwei oder drei Stufen abwärts springend, stürmt schon ihrer nächsten Fahrt zu. „Tschüß!" ruft sie und winkt, „tschüß!" Zwei Finger schleudern ein Abschiedsküßchen von ihren Lippen: „Tschüssi!"

Georg und auch Lutz müssen nach diesem Wirbelsturm toller Streiche erst wieder langsam zu sich kommen. „Das war", sagt Georg kopfschüttelnd, „im Gegensatz zu Maria Laach die wirre Welt von heute, die verrückt auf dem Kopf steht. Aber jetzt müssen wir rasch zur Kreuzburg, dort erwartet uns mein alter Freund Jochen, eine prächtige rheinische Frohnatur. Er hat mich trotz des Protestes der Linken zum Vortrag in Köln eingeladen." Sie fahren durch das liebliche Ahrtal und erblicken auf schroffem Felsen eine Burg, die sie über eine steile Straße erreichen. Als sie aussteigen, schallt ihnen ein kräftiges „Hurrah!" entgegen. Stürmisch umarmt ein breitschultriger Mann Georg. Dann blickt Jochen auf Lutz. „Das ist dein junger Freund? Jugend ist unter uns, das brauchen wir!" Dröhnendes Gelächters folgt, bevor es Georg gelingt, seine Verspätung zu erklären. „Lutz hat mich zu einem tollen Streich verführt", setzt er an, doch Jochen wischt seine Entschuldigung polternd beiseite. „Tolle Streiche könnt ihr auch hier haben. Kommt weiter auf die Terrasse, schaut hinunter in das prächtige Tal und hinüber zur Burgschenke."

Aus der Tür der gastlichen Schenke tritt nun ein schlanker Mann, als mittelalterlicher Herold gewandet. Er bleibt vor Jochen, Georg und Lutz stehen und wendet sich auch den anderen Gästen zu, die im warmen Sonnenschein an langen Holztischen sitzen: „Herzliebe Frauen und edle Helden!" deklamiert er mit höflicher Verbeugung. „Zuvörderst jedoch: Hoher Ritter Georg von Wien! Ihr kömmt aus der Burg unseres Kaisers an der blauen Donau, wo Johann Strauß zum Walzer aufspielt. Seid uns willkommen an der Ahre, an Mosel und Rhein, wo die Augen der Mädchen kornblumenblau leuchten. Seid uns gegrüßet und labet euch hier! Speise und Trank sind gastlich bereitet!" Georg erwidert den scherzhaften Empfang mit freundlichem Lächeln und mit dem, was man in seiner Heimat den Wiener „Schmäh" nennt: „Habe die Ehre, meine Herren, küsse die Hände den Damen, Bussi den Madeln, Servus den Buben! Trinkst du mal Wein am Rhein, sagen die Preußen – jib acht auf den Jahrjang! – küßt du ein Mägdelein – da soll man auch auf den Jahrjang achtjeben! – doch ich von Geburt an schüchterner Mensch habe da keine Erfahrung. Vielleicht kann mich jemand unter den Damen belehren?"

Gelächter und Beifall der Gäste. „Wie du das kannst!" lobt Jochen den Freund und läßt mit dunkler Baßstimme wieder eine Lachsalve ertönen. „Fast wie in Grinzing beim Heurigen! Aber jetzt folgt unserem Hofmarschall und labet euch köstlich!" Ein Tisch in der Mitte ist festlich gedeckt, in Körben liegen Schinken, Speck, Käse und Eier. „Für besonders Lüsterne", merkt Jochen an, „gibt es auch das, was ihr Ösis ‚Grammelschmalz' nennt. Langt ordentlich zu!" Während Georg und Lutz der freundlichen Einladung folgen, dämpft Jochen vorsichtig seine Stimme. „Tolle Streiche der Linken gibt's diesmal auch! Seit dem Hetzfilm von ‚Report Mainz' ist der Teufel los! Die Zeitungen quellen über! Dein Bild und daneben Bischof Williamsons Foto, der angeblich behauptete, Israel habe kein Existenzrecht, füllen die Seiten. Hier ein ganzes Bündel von Internetausdrucken: Südwestdeutscher Rundfunk, ARD, wordpress und, und, und – auch kathweb, die katholische Presseagentur Österreichs, macht sich betulich Sorgen um dich: ‚einflußreicher Autor und Redner der rechtsextremen Szene'." „Seltsam!" wirft Georg ein, „niemand hat bei mir recherchiert! Wo bleibt die sonst übliche ‚Unschuldsvermutung'? Wo die ‚Menschenrechte'?" – „Ist alles Quatsch! Ein einziger Knopfdruck vom Großen Bruder, und das TV- und Pressegesindel predigt, was man ihm vorschreibt. Sogar bis nach Kanada dringt dein böser Ruf: Toronto Drag Racing, wo dich sicher kein Mensch kennt, meldet, du erfüllst alle Kategorien des Rechtsextremismus!"

„Den Verleumdern in Österreich", entgegnet Georg, „habe ich schon eine kräftige Antwort gegeben!" – „Gut so! Aber jetzt kommt das Schlimmste." Wütend knallt Jochen ein dickes Papierbündel auf den Tisch. „Ich leite einen Verein, der eine Privatschule unterstützt, weil unsere Kinder zwischen Türken und Negern in öffentlichen Schulen nichts lernen. Hat so ein Linker jetzt eine Eingabe gemacht: ‚Der Landtag wolle beschließen, dieser Schule keine staatlichen Zuschüsse zu gewähren.' Und unsere ‚Landesregierung möge berichten, ob ihr bekannt ist, daß wir den Österreicher G. M.

eingeladen haben, der in der ‚Nationalzeitung' und in der ‚Deutschen Stimme' schreibt, und ob sie G. M. als Rechtsextremisten einstuft.'" Jochen schlägt mit der Faust donnernd auf den Tisch. „Und wer ist der Verfasser dieses verdammten Wischs? Ein Herr Thomas Rot, evangelischer Theologe, Politologe, Landtagsabgeordneter der SPD, zuständig für Verfassungsschutz und Rechtsextremismus, Integration und Migration, Autor des Buchs ‚Rechtsextremistische Netzwerke', Vorsitzender der ‚Gesellschaft für christlich-jüdische Zusammenarbeit'! – Woher kommt also das Gift?"

Georg legt seinem Freund die Hand auf die Schulter. „Gib mir den Text. Ich werde dem Landtag auch eine Eingabe schicken und ihn fragen: ‚Ist es in der BRD verboten, in Zeitschriften zu schreiben, die dem Herrn Rot nicht passen? Ich werde ihnen die Titel meiner bisher zehn Bücher nennen, die meist von Kunst und Dichtung handeln. Ich biete der SPD des Herrn Rot an: Wenn auch die Roten mich einladen wollten, bei ihnen zu sprechen, komme ich gern!" – „In Ordnung, lieber Freund, doch verzeih' – ich muß nun laufen! Eine linke Demo hat mich schon einmal verfolgt. Zur Vorsicht verständige ich die Polizei. Dort am Tisch sitzt mein junger Kamerad Walter. Er fährt mit euch und kann mich benachrichtigen, wenn es ernst wird. Tschüß!"

Nazis raus!

Walter, dem Jochen eilig noch zugewinkt hat, erhebt sich und nähert sich Georg und Lutz. Etwa zwanzig Jahre mag er sein, schlank und groß. Aus schmalem Gesicht leuchten dunkel die Augen. Etwas schüchtern verbeugt er sich. „Ich heiße Walter und darf Sie nach Köln zum Vortrag begleiten." „Walter, ein schöner Name, so hieß auch mein Vater!" entgegnet Georg und schüttelt Walters freudig dargebotene Hand. „Einmal, leider nur kurz, habe ich Köln besucht und freue mich, die Stadt morgen näher kennenzulernen." – „Es wird mir eine Ehre sein, wenn ich Sie und Ihren Freund führen darf. Sie kommen aus der Kaiserstadt Wien. Als Vindobona hatte sie auch römische Vergangenheit, aber – Sie verzeihen, bitte! – unsere ‚Colonia Claudia Ara Agrippinensis' war damals die größere Stadt!" – „Ich begegne also einem Gymnasiasten alter Schule, der fließend Latein spricht?" – „Gymnasiast? – ja! Fließend Latein? – leider noch nicht, bin aber Student der klassischen Philologie und Germanistik im vierten Semester. Ich freue mich auf Ihren Vortrag ‚Kunst oder Antikunst' heute abend." – „Ich wäre gern bald am Ort meines Vortrags, weil ich Saal und Umstände vorher kennen möchte. Ist es Ihnen recht, wenn wir in einer Viertelstunde losfahren?"

Bald sitzen sie im Wagen, Lutz am Steuer, Georg und Walter auf den Rücksitzen im Gespräch. Auf der Fahrt bewundern die Gäste aus Wien die malerischen Fachwerkbauten der Altstadt von Ahrweiler, doch kurz danach sausen sie auf der Autobahn rasch dahin. „Das ‚heilige Köln', wie man es einst nannte", sagt Georg, „war schon unter den Franken ein Königssitz. Hatten Pippin und Plektrudis ihre Residenz nicht auf dem Kapitolshügel?" „So war es", sagt Walter, „und ein Jahrhundert später erhob Karl der Große unsere Stadt zum Sitz eines Erzbischofs. Dann kam die stolze Zeit unserer Bischöfe. Rainald von Dassel war nicht nur Erzbischof von Köln, sondern auch Kanzler des Kaisers Barbarossa. Er hat die Reliquien der Heiligen drei Könige nach Köln gebracht. Zu seiner Zeit war Köln eine der wenigen Großstädte Europas und hatte 40.000 Einwohner. Vom Glanz unseres heiligen Köln haben die Bomben der sogenannten Befreier aber neunzig Prozent in Schutt und Asche gelegt. Auch viele romanische Kirchen wurden ganz oder teilweise zerstört. Unsere Großeltern haben sie wieder aufgebaut, aber sie stehen nun fast fremd unter eintönig nüchternen Häusern. Sehen Sie, wir kommen schon in die Vororte Kölns, und da – "

Lutz stoppt den Wagen. Wild über die Kreuzung trottet ein Haufen wüster Gestalten mit einem riesigen Spruchband. „Nazis raus!" liest man auf dem zerlumpten Fetzen. „Das kann gut werden", seufzt Walter, „wieder mal Antifa-Demo, die sicher uns gilt!" – „Jochen", meint Georg, „freut sich, wenn er die Linken provoziert." – „Als Jüngerer sollte ich ihn nicht bekritteln, aber er müßte vorsichtiger sein. Früher hatten wir in einem guten Hotel monatlich Vorträge mit vielen Besuchern. Dann gingen wir mit den Ankündigungen ins Internet. Bald darauf rief man den Gastwirt an: ‚Wenn Rechtsextremisten reden', drohte eine böse Stimme, ‚machen wir Demos!' Ein winziges Häuflein linker Gesellen stand beim nächsten Vortrag vor dem Hotel. Polizisten konnten sie zum Weggehen bewegen. Bei der nächsten Veranstaltung drohte die Antifa wieder: ‚Wir machen euch die Bude kaputt!' Kurzfristig sagte das Hotel ab und verzichtete unter dem Druck des Gesindels auf die monatlichen Einnahmen durch hundert Gäste. In Deutschland ist das nun die Regel." „In Österreich", ergänzt Lutz, „beginnt es. Das ist perfekte Demokratur!"

„Hier können wir parken", ruft Walter, „wir sind am Ziel." Als Georg aussteigt, wundert er sich: „Wem gehört denn der Kombiwagen da drüben?" Auf dem massiven Gefährt prangt in blauen Lettern die riesige Schrift: „Babycaust = Holocaust!" Lachend fragt er: „Gehört das Freund Jochen?" – „Natürlich! Energisch bekämpft er die

Abtreiberei als Mord an unserem Volk. Das ist ja richtig. Aber als Wegweiser zu unserer Veranstaltung hätte ich den Wagen hier nicht aufgestellt. Und dort hinter der Ecke steht auch ein Wagen der Polizei." „Gilt das uns," fragt Lutz lachend, „klicken jetzt die Handschellen?" „Die Polizei", beruhigt Walter, „ist in Ordnung, innerlich auf unserer Seite. Gewalttätig ist nur die Antifa. Aber die bezahlte Medienmeute berichtet alles verkehrt: ‚Rechtsextremisten gegen autonome Linke – Dutzende Polizisten verletzt!', heißt es, und das dumme Volk schluckt diese Lügen. Wir werden sehen, wie das heute verläuft. Hier, in diesem Haus, Herr Merenberg, findet Ihr Vortrag statt." Walter öffnet drei Schlösser einer massiven, aber schäbigen Türe eines eilig aufgemauerten Nachkriegsgebäudes. „Jochen", erklärt er, „hat einem Türken, der das Haus billig erworben hat, das Erdgeschoß abgekauft. Heute haben wir erstmals hier einen Vortrag. Vielleicht wissen die Linken noch nichts und randalieren irgendwo anders. Aber wo ist denn Jochen?"

Lutz kümmert sich um ein Rednerpult und legt Georgs Schriften auf einen Büchertisch. „Kunst oder Anti-Kunst?" steht als Titel quer auf dem Umschlag. „Der schöne Kopf auf dem Buchtitel", erkennt Walter, „ist der Hermes von Praxiteles aus dem Museum von Olympia: edles Profil, das Idealbild des jungen Mannes, ein wundervolles Werk griechischer Kunst. Doch die ekligen roten Kleckse und Spritzer daneben? Ist das ein Schüttbild von Nitsch, der in Österreich den Großen Staatspreis erhalten hat?" „Das glauben alle", antwortet Georg lachend, „aber Sie überschätzen meine Finanzen. Ein Schüttbild von Orgienmeister Hermann Nitsch kostet eine sechsstellige Summe. Auch die Genehmigung einer Reproduktion wäre teuer!" – „Wie kam das Bild dann zustande?" – „Ganz einfach! Konstanze, die Tochter meiner Nachbarn, zwölf Jahre alt, vollbrachte das Meisterwerk: weißes Zeichenblatt, roter Akrylbeutel, kräftiger Schwung – fertig war der Pseudo-Nitsch!" – „Bekam Konstanze dafür auch einen Staatspreis?" – „Das leider nicht! Aber diese roten Rinnsale zeigen, was die herrschende Kulturpolitik als ‚Anti-Kunst' preist, in Museen zur Schau stellt und Dummköpfen um teure Moneten verkauft. Doch das ist nicht Kunst. Farbe aus einem Kübel schütten können auch Kinder. Dieser Unfug ist Anti-Kunst, Un-Kunst, Nicht-Kunst, widerwärtige Verhöhnung von Kunst. Echte Kunst vermittelt Werte."

Inzwischen hat sich der Saal mit Besuchern gefüllt. „Polizei schirmt den Eingang brav ab", sagt einer, der eben hereinkommt. „Traurig ist nur, daß so etwas sein muß." Lutz ist inzwischen zum Haustor gegangen. „Jetzt geht's los!" ruft er laut in den Saal, „hört ihr die Antifa trommeln? Durch das Fenster im Tor sieht man die Linken! Großes Spruchband: ‚Nazis raus!' Von fern hört man den Sprechchor: ‚Nazis raus! Nazis raus!' Die Polizei hält die Demo noch auf Abstand. Leute, die zu uns kommen, lassen sie durch. Verdammt, da sind zwei, die verdächtig ausschauen! Helft mir, ich kann die Türe nicht halten!" Walter und einige Freunde stürmen vor und drängen das zudringliche Pack mit kräftigen Stößen hinaus. „Wo ist Jochen?" fragt Walter. Keiner weiß Antwort. „Hoffentlich stößt ihm nichts zu! Aber ich glaube, wir müssen beginnen. Für den Fall, daß die Chaoten die Türe eindreschen, bitte ich einige kräftige Burschen zu mir!"

Doch es bleibt ruhig. Georg beginnt seinen Vortrag „Kunst oder Anti-Kunst?" mit hintergründigem Lächeln: „Schade, daß die großen Kunstfreunde draußen vor der Tür stehen. Kämen sie herein, könnten sie etwas lernen, zumindest gutes Benehmen!" Überzeugend spricht er, stellt in Beispielen Kunst und Anti-Kunst einander gegenüber, zieht seine Hörer durch seine lebhaften Worte so in den Bann, daß kaum jemand noch fürchtet, die Antifa-Bande könnte im Saal eindringen. Lauter Beifall belohnt den Redner, der freundlich dankend dem Publikum seine Arme zum Gruß entgegenstreckt. Walter ist zum Rednerpult geeilt, spricht Dankesworte, fragt dann aber ängstlich: „Weiß jemand etwas von Jochen?" Niemand kann Auskunft geben.

Als die Besucher allmählich das Haus verlassen, sehen sie die Straße davor unheimlich verändert. Die Polizisten haben das Auto verlassen und umzingeln schwarz vermummte Gestalten. „Ho-hei-ho-hei!" brüllen diese und stürmen gegen die Polizei, die ihrem Druck mühsam standhält. Während sich die Besucher des Vortrags eilig entfernen, braust ein zweites Polizeiauto heran. Der Kommandant springt heraus und bespricht sich kurz mit den Männern, die den Haufen der Demonstranten kaum noch bändigen können. Da durchbricht ein Vermummter plötzlich die Kette, rennt gegen das Haus, schwingt ein Wurfgeschoß und wird erst kurz vor der Tür von einem Polizisten gerade noch überwältigt. „Ho-hei-ho-hei!" schreien die anderen und rangeln mit ihren Bewachern. Werden sie das leere Polizeiauto stürmen und die Reifen durchstechen? Wird Blut fließen?

Im Haus sind nur noch Georg und Lutz, Walter und ein zierliches Mädchen. „Das ist Eleonore", stellt Walter sie vor, „ich möchte sie selbst nach Hause bringen. Man weiß ja nicht, was dieser Mob anstellt!" Blond und schlank ist Eleonore und reicht Georg mit liebem Lächeln die Hand. „Fast wie Irmgard", blitzt es ihm durch den Sinn. – „Wunderbar", sagt Eleonore mit hellem Blick, „haben Sie über Kunst gesprochen. Auch ich liebe Kunst, vor allem Gedichte. Uhlands ‚Frühlingsglauben', mit dem Sie geschlossen haben, ist mir besonders lieb." Doch draußen tobt die gewaltige Meute. Durch ein kleines Fenster im schäbigen Haustor sehen sie, daß die Polizei die Randalierer kaum noch im Zaum halten kann. Ein Polizist kommt auf sie zu. „Warten Sie bitte", ruft er, „wir bekommen Verstärkung. Bleiben Sie im Haus!"

„Was tun wir?" fragt Walter. „Jochen, den ich mehrmals anrief, antwortet nicht. Ich bin in Sorge. Gehen wir oder warten wir hier?" Lutz hat sich inzwischen umgesehen: „Hinter dem Haus liegt ein Garten, dahinter ein weiterer Garten. Einen Zaun habe ich nicht gesehen. Wenn wir Glück haben, kommen wir durch in die nächste Parallelstraße!" Sie versuchen es vorsichtig. Lutz und Walter gehen voran. Georg begleitet Eleonore. Von fern hört man wüstes Geschrei: „Ho-hei-ho-hei!" Tatsächlich trennt die beiden Gärten nur ein niedriges Mäuerchen, das sie unschwer übersteigen. Mit wenigen Schritten überqueren sie den Hof des Nachbarhauses, und vor ihnen öffnet sich breit eine Straße. „Schaut", jubelt Lutz, „da drüben: ein persisches Restaurant!" „Kommt", ruft Georg, „das müssen wir feiern!"

Bedient von freundlichen Kellnern, sitzen Eleonore, Georg, Walter und Lutz bei köstlichem Rotwein noch eine Stunde beisammen und lachen die Antifa aus. „Die warten auf uns", spottet Georg, „wahrscheinlich noch immer! Was aber wäre, hätte das Haus, wo ich sprach, keinen Garten, oder hätte ein Stacheldrahtzaun seinen Garten verschlossen? Was geschieht, wenn man weiter vermummtes Gesindel gegen uns hetzt? Wenn man uns gehässig verketzert und ausgrenzt?" „Herrschen bei uns", fragt Walter, „noch Ordnung und Recht? Aber – ich muß ihn nochmals anrufen! – was ist mit Jochen? Hoffentlich ist ihm nichts zugestoßen!"

Kunst oder Anti-Kunst?

Am nächsten Morgen sitzen Georg und Lutz beim Frühstück, als die Türe sich öffnet. „Walter! Guten Morgen!" rufen sie. „Doch wer ist denn das?" Hinter ihrem jungen Freund steht ein Mann mit riesigem Verband um den Kopf, so daß man sein Gesicht kaum erkennt. „Jochen? Was ist mit dir los?" Seine mächtige Stimme poltert kräftig: „Tolle Streiche! Will ich gestern zu euch kommen, schreit einer aus dem Gesindel: ‚Das ist der Obernazi! Verhauen wir ihn!' Schon stürzen sich drei oder vier Kerle auf mich. Den einen trifft mein rechter Haken, dem nächsten haue ich in die Fresse, dann erwischt es mich. Mit einem Schlagring dreschen sie los, mein Kinn wird lädiert, ich blute und stürze längelang hin. Hätte die Polizei den Mob nicht vertrieben, stünde ich nicht mehr vor euch. Blutüberströmt wollte ich dann zum Vortrag, aber der Polizeikommandant ließ mich nicht. ‚Wir rufen das Rote Kreuz', sagte er. Als sie mich mit der Bahre wegtrugen, schmiß der Mob Steine. Ab ging's ins Krankenhaus. Wunden genäht, Kopf bandagiert, wollten mich länger behalten, aber ich machte nicht mit. ‚Nichts wie raus', sagte ich – und jetzt bin ich da!"

Erschöpft fällt Jochen auf einen Stuhl, und Walter erzählt: „Ich brachte Eleonore heim und rief Polizei und Krankenhaus an. Frühmorgens kam ich zu Jochen, der aber nicht heimging, sondern zuerst zu euch wollte. Unsere Stadtzeitung hat auch berichtet. Hört, wie ‚objektiv': ‚Rechtsextremistische Umtriebe! Wieder hat der einschlägig bekannte Jochen W. Skandal inszeniert. Aus Österreich lud er einen Neonazi nach Köln, der prominente Kunstpreisträger anzuschwärzen versuchte. Mutige Autonome demonstrierten friedlich, wurden aber von der Polizei mit Schlagstöcken vertrieben. Drei Verletzte gehen auf das Schuldkonto der Nazis, die immer gewalttätiger werden. Die Grünen in Köln rufen zum entschlossenen Kampf gegen Rechts auf'!" – „Öde Schnulze!" schreit Jochen und haut mit der Faust auf den Tisch: „Zum Bau einer Riesenmoschee mit Minarett rufen sie auch auf, diese Giftgrünen! Lieber Georg, es kotzt mich an! Von deinem Vortrag ‚Kunst oder Anti-Kunst?' konnte ich gestern leider nichts hören. Wie war's denn? "

„Wir freuen uns", antwortet Georg, „daß du wieder heil bei uns bist! Also in Kürze: Besuch gut, Zuhörer prächtig, Organisation tadellos. Zum Vortrag zeigte ich Bilder wie dieses hier: eine Muttergottes mit Kind von Dürer. Liebliche junge Frau, blond lockt sich ihr Haar, verträumt senkt sie selig den Blick, beglückt über den Knaben, der ihr im Arm ruht. Vor diesem Bild wird schrilles Geschwätz kinderloser Emanzen zum törichten Nichts. Das ist Liebe von Mutter und Kind, das ist Kunst! Echte Kunst stiftet Sinn. Kunst bindet Menschen zur Gemeinschaft, vermittelt uns Werte." – „So war es einst", entgegnet Jochen, „aber alles Moderne ist Anti-Kunst, Unfug und Mist."

„Modern", schränkt Georg ein, „kommt vom lateinischen Wort ‚modo'. Das heißt ‚eben jetzt'. ‚Modern' bezeichnet keinen Stil, sondern die Zeit. Moderne Kunst ist Kunst der Gegenwart. Das kann gut oder mäßig oder ganz miserabel sein. Früher haben Freunde der Kunst meist das Gute gewählt, vom Weizen den Spreu getrennt, der sich dann eben verlor. Heute ist es umgekehrt: ‚Kultur'-Politiker krönen Stümper und Scharlatane mit Preisen und verbannen echte Künstler in Katakomben." – „Haben wir denn auch jetzt einen Dürer?" – „Vielleicht gibt es ihn, aber wir kennen ihn nicht. Künstler haben es heute schwer. Sie brauchen Publikum, Förderer, Ansporn, auch Kritik, schließlich auch Geld, um leben und schaffen zu können." – „Kannst du mir einen nennen, der jetzt lebt und etwas kann?" Georg zeigt Jochen das Bild „Morgensonne". In ihm leuchtet die Sonne der Kunst. Aus einem Bogen kreisender Farben – blau, grün, gelb – wächst ein liebliches Mädchen, zwölf Jahre vielleicht. Blondes Haar rahmt ihr rundes Gesicht, die Arme hält sie schüchtern verschränkt vor der Brust. Ihr zarter Blick, ihr lieber

Mund, ihre Seele sagen zu uns: „Dein Morgen soll gut sein. Komm, die Welt ist so schön. Sie ist ein Geschenk Gottes!"

„Diese Kunst", sagt Walter bewundernd, „ist wahrhaft ein Geschenk Gottes!" Auch Jochen, dessen Gesicht anfangs kritisch gespannt war, nickt nun zustimmend: „Tatsächlich: moderne Kunst, die wirklich Kunst ist!" „Das Werk einer Künstlerin", erklärt Georg, „die jünger ist als wir beide, ein Kunstwerk aus unserem dritten Jahrtausend." – „Und die Frau heißt?" – „Irma Streck." – „Eine Deutsche?" – „Eine Deutsche, geboren in Usbekistan, die Frau des Autors Viktor Streck, der den Roman ‚Heimat ist ein Paradies' schrieb. Sie ist eine der vielen Deutschen, deren Gemeinden Stalin auseinanderriß, um ihr Deutschtum zu brechen." „Stalin gelang das nicht", poltert Jochen, „doch ‚Uncle Sam' streichelt uns mit ‚money and wellness' sanft in den Untergang! Was schön ist, wird heute als Kitsch verdammt! Was gut und anständig ist, wird beschimpft! Mist und Unsinn werden bewundert! Man hat uns total umerzogen! Sie wollen uns eine andere Seele einimpfen!"

„Umerziehung", fragt Walter, „was ist das?" – „Ein Seelengift", antwortet Georg, „eine rauschhafte Droge, die dir, ohne daß du es merkst, völliges Irresein einpflanzt. Eine alte Dame, welche die sogenannte Befreiung 1945 als Mädchen erlebt hat, erzählte mir: In München hielt der US-amerikanische Oberkommandierende damals eine Rede, aus der ihr ein Satz unvergeßlich ist: ‚Unsere wichtigste Aufgabe', sagte er, ‚ist die Umerziehung des deutschen Volks.'" „Das gilt auch für die Kunst?" fragt Lutz. – „Es gilt in fast allen Bereichen. Der Trick, Kunst durch Anti-Kunst zu verdrängen, ist das beste Beispiel für die Heimtücke der Umerziehung. Kennt ihr die ‚Frankfurter Schule'?" Walter zuckt die Achseln. „Also in Kürze: 1923 gründete ein steinreicher Mann diese Kommandozentrale der Umerziehung als ‚Sozialwissenschaftliches Institut' der Universität Frankfurt auf private Kosten. Wesentliche Mitarbeiter waren Horkheimer, Marcuse, Adorno. 1933 emigrierten sie alle in die USA und trafen dort andere Emigranten, die im Krieg das Programm der ‚reeducation' ausarbeiteten. Zuerst hieß es ‚psychologische Kriegsführung'. Aber betrieben wurde es vor allem nach 1945, als man den ‚Frankfurtern' den roten Teppich der siegreichen Heimkehr ausbreitete. Sie richteten ihre ‚Frankfurter Schule' neu ein. Für Kunst war Theodor W. Adorno mit seiner ‚Ästhetischen Theorie' zuständig."

„W-Punkt", brummt Jochen, „heißt Wiesengrund, das ist sein wahrer Name. Adorno, Name der Mutter, ist sein Tarnhelm." „Adorno-Wiesengrund", setzt Georg fort, „gründet seine Strategie auf Auschwitz. ‚Nach Auschwitz' meint er, ‚ein Gedicht zu schreiben ist barbarisch.' Nach Auschwitz darf es keine ‚affirmative Kunst' geben." „Affirmativ", meint Walter, „heißt ja bekräftigend, zustimmend, positiv, schön!" „Für Adorno", sagt Georg, „muß Kunst nach Auschwitz aber negativ und häßlich sein. ‚Die Male der Zerrüttung', dekretiert er, ‚sind das Echtheitssiegel der Moderne.'" „Stilistisch ein schöner Satz", kommentiert Walter, „vielleicht sogar Verse, ja, zwei vierfüßige Jamben!" „Und ein verdammter Blödsinn", poltert Jochen, „heißt doch auf deutsch: moderne Kunst muß stinkhäßlich sein. Ist es ja auch: Nitsch, Zwölftönerei, Rock, Punk, sinnloses Gelalle!"

„Ihr durchschaut es!" bekräftigt Georg. „Streichelsanft gibt sich die ‚reeducation', ist aber in Wahrheit brutal. Brutal haben die Amis im Krieg unsere Städte niedergebombt. Streichelsanft schickten sie uns den Marshall-Plan für eiligen, häßlichen Wiederaufbau." „Aber jetzt", unterbricht Jochen, „verschleudern sie massenhaft Geld, damit es immer ekliger wird. Ihr habt gestern auf der Fahrt die abscheulichen Frankfurter Skyscraper erlebt. In Meerbusch bei Düsseldorf wüten die Dekonstruktivisten, setzen schräg und quer einen Baublock über den anderen wie alte Hutschachteln." „Schon die Vokabel", erläutert Walter, „De-kon-struktivismus: Auseinander-zusammen-bauerei heißt das." „Diktatur des Häßlichen überall," faßt Georg zusammen, „geplant und gezielt. Das US-amerikanische State Department zahlte nach 1945 Künstlern Geld, aber nur dann, wenn sie ‚non objective art' produzierten: keine Menschen oder Blumen, nur Kreise, Quadrate, Kleckse und Kritzelei. Hungernde Maler machten mit, weil es einfacher war und in die Kasse Geld brachte. Joseph Beuys verkündete dann: ‚Alles ist Kunst – Jeder ist Künstler!' Schmuddelige Leintücher, verdreckte Pferdedecken und vergammeltes Hasenfell stellte er zur Schau, stopfte sich Margarine in die Achselhöhlen und reihte diese Klumpen dekorativ einander. Dann hopste er wie ein Hase herum. Deutsche Museen widmen diesem Clown ‚Kunst'-Ausstellungen!"

„Gibt es Ähnliches auch in der Literatur?" fragt Lutz. „Und ob!" erinnert sich Walter an seine Schulzeit. „Brav mußten wir von der ‚Gruppe 47' lernen. Ihre Mitglieder brauchten nichts als ‚streng antinazistische und pazifistische Gesinnung'. Alle frühere Dichtung warf man als ‚völkisch-national, pathetisch und verstaubt' auf den Misthaufen. Vers und Reim durfte es nicht mehr geben, weil es ‚nach Auschwitz barbarisch ist, Gedichte zu schreiben'! Läppisches Lallen gilt jetzt als Dichtung!" „Ein Beispiel", sagt Georg, „brachte ich gestern im Vortrag. Hört und erschauert in Ehrfurcht!"

babba
babba
toobaba
toobaba
tohuubaba
tohuubaba
tohuwaaboobaba
tohuwaaboobaba
tohuwaabohuubaba
tohuwaabohuubaba
tohuwaboobaba

tohuwaababa
tohuubaba
toobaba
babba

„So ein Trottel!" lacht Jochen laut schallend. „Babba, blöder Papa, ein Tritt in den Popo! Wie heißt denn dieser Meistersinger?" – „Ernst Jandl. Jahrelang wurde er mit Preisen gekrönt. Aber echte Dichter grenzt man erbarmungslos aus. Zufällig lernte ich im schönen Harzland die Dichterin Brigitta Weiss kennen. Vergleichen wir ihr Gedicht ‚Kassandra' mit dem Geblödel von Jandl! Wer Kassandra ist, sagt euch jetzt Walter. Bitte!" – „Gottbegabte Seherin zur Zeit, als die Griechen Troja belagerten. Sie ahnt das Verhängnis ihrer Stadt, doch niemand schenkt ihr Glauben." Georg rezitiert nun:

Kassandra:

Schon gut – ich bleibe euren Festen fern,
denn was zu sagen ist, wollt ihr nicht glauben;
es ist, als spräche ich nur noch zu Tauben,
und doch – ich sah den Schatten auf dem Stern,
der Unheil kündet, las im Rauch den Spruch,
nachts hörte ich den Schrei der sieben Raben.
Vergeblich eure reichen Opfergaben!
Ich rieche nur Gefahr und Brandgeruch:
Und deshalb ladet ihr mich nicht mehr ein
zu euren Spielen, Festgelagen;
ich bin für euch nicht länger zu ertragen.
Berauscht euch nur an wildem Tanz und Wein!
Daß mich doch der, der mir die Gabe lieh,
mit dem Verlust meiner Gesichte schlüge,
damit ich eure Blindheit besser trüge.
Vergessen will ich – doch ich weiß nicht wie.

Nach diesen Versen sind alle still. Tief beeindruckt hat sie das Gedicht, das von fernen Zeiten berichtet. „Und doch", nimmt Walter schließlich das Wort, „es ist, als spräche Kassandra heute zu uns: denn dumpf dämmern die meisten dahin und schließen ihre Augen vor den Fragen unserer Zeit!" „Brigitta Weiss", ergänzt Georg, „schreibt moderne Lyrik im besten Sinn: klare Aussage, beschwörender Anruf an uns, alles zu tun, um das Drohende abzuwenden. Gedankenschwerer Inhalt in reinster Schönheit der Form: makellose Verse und klingende Reime. Ab und zu übermannt es auch mich noch zu einem Gedicht, und …"

Leicht zögernd, fast scheu wie ein Gymnasiast beginnt Georg zu sprechen: „Als ich elend und bleich auf dem Krankenbett lag …" Irmgard, seine liebe Irmgard steht vor seinem inneren Blick, als er sein Gedicht „Maria" den Zuhörern vorträgt. Fast erschrocken dämmt er den einsetzenden Beifall zurück: „Nein, ich wollte das nur vortragen, um euch zu zeigen, wie Musik unsere Sprache noch höher emporhebt." Lutz hat auf seinen Wink das CD-Gerät vorbereitet, aus dem leise Orgelmusik klingt. Zart ertönt eine Frauenstimme: „… in dunkler Betäubung verloren …" Dann wendet sich die Tonart in strahlendes Dur: „… da hast Du wie ein sonnendurchfluteter Tag …" Aufjauchzt die Melodie mit dem Vers „zu neuem Leben geboren." Mit sakralen Klängen folgt danach ein Hymnus an Maria: „Führt uns Liebe zu Dir hin …" Zum strahlenden Abschluß strömt im brausenden Orgelton das Gebet machtvoll zum Himmel: „Jungfrau, Mutter, Königin!"

„So hat Alexander Blechinger", erklärt Georg, „ein Komponist aus Wien, mein Gedicht in wunderbare Musik verwandelt. Er gibt jeder Stimmung den entsprechenden musikalischen Ton. Aber auch lustige Strophen und politische Satiren, die ich nach Art des Wiener Lustspieldichters Nestroy schrieb, hat Blechinger trefflich vertont. Gemeinsam haben wir auch das Oratorium „Die Vertriebenen" geschaffen: Aus Gedichten von Agnes Miegel und Ursel Peter, aus Worten des Gedenkens für deutsche Menschen, die man 1945 aus ihrer Heimat verjagt hat, formte ich den Text für ein Oratorium. Alexander schuf eine grandiose Musik, die bei der Uraufführung im Wiener Musikverein die Hörer zu Beifallsstürmen hinriß. Liebe Freunde", Georg breitet begeistert weit seine Arme, „Wiesengrund-Adorno mag Anti-Kunst und ‚Male der Zerrüttung' propagieren. Doch für uns heißt es: Lieben wir echte Kunst! Entdecken wir die wahren Dichter, Musiker und Künstler unserer Zeit!"

Heiliges Köln

„Hast du noch eine CD mit dem Lied ‚Maria'?" fragt Jochen seinen Freund Georg, als sie sich am nächsten Morgen verabschieden. „Leider nein, aber du kannst im Internet Blechingers Komposition hören und auch bestellen. Nützen wir dieses Netz, das uns mit vielen Menschen verknüpft! Kämpfen wir für echte Kunst, die es auch in unserer Zeit gibt! Der Künstler braucht Beifall. Davon allein kann er aber nicht leben. Er braucht auch den Kunstfreund, der sein Mäzen ist. Kunst ist unser unverlierbarer Schatz. Geräuschlos spendet er goldene Zinsen." Jochen, der nun einen schmäleren Verband um den Kopf trägt, umarmt seinen Freund: „Mach weiter so, Georg! Komm wieder! Wir brauchen dich. Leb wohl, Lutz! Und Walter soll euch jetzt zu den Schätzen von Köln führen."

Der Römerturm und im Hintergrund der Kölner Dom

Vom Rücksitz des Wagens weist der junge Student seinen Freunden die Fahrt zur Innenstadt des heiligen Köln. „Langsam fahren", ruft er Lutz an einer Straßenbiegung zu, „ihr seht jetzt unseren Römerturm! Fast zweitausend Jahre steht er an dieser Stelle, wo er einst in die römische Stadtmauer eingebaut worden ist. Steine in verschiedenen Farben und Formen schmücken ihn prächtig, eine Ornamentik, wie wir sie auch in Rom und Pompeji sehen ..." „Und im Hintergrund", ruft Lutz, der am Steuer sitzt, „die beiden Türme des Kölner Doms!" – „Aber vorher zeige ich euch noch etwas anderes: nach dem Römischen und vor dem Gotischen blühte bei uns die romanische Kunst. Fahren wir zur Kirche St. Gereon!" Vor einem mächtigen Zentralbau, flankiert von zwei hohen Türmen, halten sie an. „Schon im 4. Jahrhundert errichtete man zu Ehren des Märtyrers Gereon eine Kirche. Im 11. und 12. Jahrhundert wurde sie prächtig erweitert: erstmals nach der Hagia Sophia in Byzanz errichtete man hier einen Kuppelbau."

Während sie dann durch enge Straßen mit öden Fassaden fahren, erklärt Walter: „Mit mehr als einem Dutzend hochragender Kirchen wie St. Gereon blieb Köln auch nach dem Mittelalter eine Stadt des romanischen Stils.

Da und dort auf der Fahrt blitzt zwischen öden Häuserzeilen das steil emporstrebende Paar der Türme des Doms auf und verliert sich wieder im trüben Strom des Verkehrs. Als sie den Wagen verlassen, knallt ihnen von einem Zeitungsstand das Titelbild eines Boulevardblatts entgegen. „Das ist doch" – Walter kann es nicht glauben! – „das ist doch Jochen, und darüber die Schlagzeile: ‚Nazi aus Köln holt Nazis aus Wien!'" Georg kann darüber nur lächeln: „‚Nazi' ist heute ein Schimpfwort des umerzogenen Pöbels, das uns nicht schreckt. Es bedeutet nur: wir sind anders als jene, die mit dem Strom schwimmen. Wir schwimmen nicht träge flußabwärts, sondern steuern mutig gegen die Flut." Lutz durchblättert die Zeitung. „Auch von dir, Georg, bringen sie ein Bild: ‚Rechtsextremist aus Österreich.'" „Danke!" lacht Georg und wirft dem Zeitungsverkäufer zwei Münzen zu. „Wir stecken das Blatt ein, zu Hause kommt es in eine Mappe. Ihre Aufschrift heißt ‚Ehrungen' – das sind liebe Briefe von Freunden – ‚und ehrenvolle Beschimpfungen'. Doch jetzt rasch weiter zum Dom!"

Breit öffnet sich eine Straße und gibt den Blick frei, den sie so lange sich wünschten: Bögen über Bögen, Strebepfeiler, Türme und Türmchen ragen an der Fassade empor und rufen: Tretet ein in das Haus Gottes! „In der mittelalterlichen Stadt", erklärt Walter, „war die Umgebung ganz anders: kein offener Platz mit Kaskaden von Stufen, wie man das jetzt angelegt hat, sondern ringsum die niedrigen Häuser der Bürger. Ein Dom stand damals wie ein Hirt inmitten der Herde. Der Kölner Dom aber war bis vor mehr als einem Jahrhundert noch ein trauriger Torso. Erst 1248, als Frankreichs Kathedralen schon mit dem Spitzenkleid des Gotik geziert wurden, ließ Kölns Bischof den Grundstein zum neuen Dom legen. Rasch wuchs dann ein riesiger Chorumgang mit einem Kapellenkranz auf. Doch vierzig Jahre nach dem Beginn hatten die aufmüpfigen Kölner den gestrengen Bischof vertrieben. 1322 weihte man den Chor, schloß ihn aber mit einer Mauer ab. Nur Teile von Langhaus und Querschiff und die Basis der Türme waren damals errichtet. Im 16. Jahrhundert war es mit der Gotik vorbei, und der Bau stand still. Auf dem Stumpf eines Turms blieb der Kran stehen, Sinnbild eines mißlungenen, allzu gigantischen Plans."

„War das nicht ebenso", fragt Lutz, „mit dem Heiligen römischen Reich, das man nie zum gemeinsamen Staat aller Deutschen vereinigen konnte?" „Erst Bismarck", antwortet Walter, „ist das gelungen, doch Österreich blieb leider immer noch draußen. Und 1848, als deutsche Burschenschafter für Deutschlands Einigung kämpften und das Frankfurter Paulsparlament darum rang, hatte Sulpiz Boisserée eine geniale Idee: Vollenden wir den Kölner Dom! Wie durch ein Wunder fanden sich die Baupläne des gotischen Meisters Gerhard, und 1880, wenige Jahre nach der Reichsgründung in Versailles, war der Dom des heiligen Köln endlich vollendet." „Deutsche Kunst", sagt Georg, „bindet zur Einheit, was deutsche Zwietracht so oft getrennt hat. Aber wann schaffen wir politisch den Bau eines gemeinsamen Doms aller Deutschen?"

Unter diesen Gesprächen sind sie eingetreten. Wie zwei hoch zum Himmel erhobene Hände falten sich im hohen Chor die schmalen Dienste der Säulen zusammen und neigen sich vor dem Licht, das durch schmale Fenster in das Gotteshaus strömt. Staunend empfinden die Freunde die Schönheit der gotischen Architektur. Ist sie ein Abbild dessen, was gläubige Menschen sich als das Paradies, den Garten Gottes, erträumen? Andächtig schreiten sie durch die Weite des Doms gegen die Vierung. Hinter dem Altar steht der Dreikönigsschrein, geschmückt mit Edelsteinen und Bildern der Heiligen, und verkündet den Pilgern aus aller Welt: Hier sind die Reliquien, die Erzbischof Rainald von Dassel nach Köln brachte. Neben dem päpstlichen Rom und dem oströmischen Byzanz trägt seither auch das deutsche Köln den stolzen Namen „heilige Stadt".

Sie gehen einige Schritte nach links und stehen in einer hohen Kapelle vor dem Kreuz, das Erzbischof Gero im 10. Jahrhundert gestiftet hat. Anders als der in Schmerzen verkrümmte Kruzifixus in St. Maria im Kapitol, den sie eben sahen, steht dieser Gekreuzigte aufrecht. Sein Haupt ist gesenkt, doch die Arme sind zum Segnen erhoben: kein Bild des Todes, sondern des Sieges und der Auferstehung. „Nur wenige Schritte nach rechts", flüstert Walter, „und wir sehen das lieblichste Bild des lebendigen Lebens." Strahlend leuchtet ihnen Stephan Lochners Triptychon mit der Anbetung der Könige entgegen. Aller Glanz und alle Schönheit der Jugend von Köln strahlt aus diesem Gemälde. Rechts steht vor goldschimmerndem Hintergrund der Stadtheilige Gereon mit der flatternden Fahne, umgeben von prächtig gerüsteten Freunden. Holder Liebreiz ziert das linke Flügelbild. Mit Gloriole und Krone geschmückt, hält die heilige Ursula, die Augen sittsam gesenkt, einen Pfeil in den Händen. Die Jungfrauen um sie verraten vielleicht, was der Maler damals heimlich empfunden hat. Mädchen von Köln, Irmgard, Herlinde und ihr alle: In euch bin ich verliebt! Und dieses mein Bild huldigt euch allen!

„Mädchen und Männer", bricht Walter das Schweigen, „beten hier an, was das Mittelbild zeigt. Da knien die Könige, umgeben von ihrem Gefolge, falten die Hände und bieten die Gaben. Ehrfürchtig neigen sie sich vor dem Allerhöchsten. Auf dem Thron, den zwei kleine Engelchen halten, sitzen Mutter und Kind. Maria, den Knaben mit Liebe umarmend, birgt dessen Füßchen in ihrer Hand, senkt still die Augen und lächelt. Das Kind, das junge, blühende Leben, grüßt die Könige und uns, die wir hier schauen und staunen, wie es seit mehr als einem halben Jahrtausend unzählige Menschen getan haben." „Mutter und Kind", wiederholt Georg leise, „dieses Bild muß sich unserer gottlosen Zeit einprägen und unserem Volk zurufen: Befreien wir uns! Lassen wir uns nicht umvolken! Deutsche Kinder braucht unser Land!"

Köln am Rhein

Nachdem sich Georg und Lutz von Walter, der sie so kundig durch sein heiliges Köln führte, mit herzlichem Dank verabschiedet haben, blicken sie von der langen Brücke über den Rhein nochmals zurück. Breit liegt die Front der nach dem Krieg eilig aufgemauerten Häuser, da und dort durchbrochen von turmgekrönten Fassaden romanischer Kirchen. Im Zentrum des heiligen Köln, hinter den wogenden Wellen des majestätisch strömenden Flusses ragen die hohen Türme des Doms. Dahinter leuchtet das Abendrot der untergehenden Sonne. „Nein", sagt Lutz, „nein, wir gehen nicht unter. Morgen erhebt sich wieder die Sonne. Deutschland stirbt nicht!

Stephan Lochner: Anbetung der Könige (Mittelbild)

Kornblumenblau

Schnurgerade brausen Georg und Lutz auf der Autobahn in Richtung nach Bonn. „Lochners Altarbild", sagt Lutz, „ist bezaubernd. Die Madonna, die Könige, Gereon und die Ritter, vor allem die Mädchen um Ursula! Mädels wie diese – ich glaube, das gibt es nicht mehr." „Gibt es denn", fragt Georg, „Burschen, die für ihren Glauben, für ihr Volk etwas wagen? Mädchen, die Mütter sein wollen, Männer, die kämpfen – das braucht unser Volk! Ein Bild, wie es Lochner gemalt hat, gab Generationen von Menschen das Vorbild. Freund Walter hat uns leider nicht erzählt, daß einst ein Kunstfreund dieses Bild unbedingt sehen wollte, das vor Erbauung des Doms in einer anderen Kirche von Köln stand." – „Wer denn?" – „Albrecht Dürer. Als er in die Niederlande reiste, war er ein berühmter und begüterter Maler. Aber punktgenau hat er jede Einnahme und Ausgabe in seinem Tagebuch notiert: wie viele Gulden er für Holzschnitte und Kupferstiche erhielt und wie viele Pfennige er für Brot und Bier zahlen mußte. Als er in Köln war, schrieb er: ‚Ich habe zwei Weißpfennige gegeben für das Aufsperren der Tafel, die Meister Stephan zu Köln gemacht hat.' Welche Verehrung für einen Künstler, der damals schon fast vergessen war! Auch die größten Deutschen haben von denen gelernt, die vor ihnen schufen. Sogar Meister Dürer – "

Schrill klingelt Georgs Mobiltelefon. „Könnte es sein, daß Irmgard …", denkt er. „Hat sie meinen Brief endlich erhalten?" Eine melodische weibliche Stimme erklingt, doch ist es nicht Irmgard. „Guten Abend, Georg, du bist auf der Fahrt? Hilde aus Nürnberg spricht. Jochen, der grimmige Polterer, rief mich an! Gestern, sagte er mir, hat es Dresche gegeben, sein Schädel brummt noch gewaltig! Dann erzählte er, du hättest einen tollen Vortrag gehalten." – „Den hat er ja gar nicht gehört!" – „‚Er war toll'", sagte er, „alle haben ihm das bestätigt!" Hildes forsche Stimme duldet keinen Widerspruch. „Da ihr nun auf der Fahrt seid, kommt ihr auch bei mir in Nürnberg vorbei." – „Und sehen auf der Autobahn von ferne die Burg." – „Nicht aus der Ferne! Georg, du mußt mir helfen! Übermorgen sollte Max Schmid bei uns sprechen. Heute sagt er ab: Grippe, 38 Grad Fieber! Georg, du kommst doch?" – „Na ja ..., aber worüber soll ich denn reden? In Köln war es ‚Kunst oder Anti-Kunst'. Würde das den Meistersingern von Nürnberg auch passen?" – „Wir haben weder Meister noch Singer. Wir wollen ein politisches Lied hören." – „Ein garstig Lied! Pfui! Ein politisch Lied! Wie in ‚Auerbachs Keller'?" – „Deine Lieder sind nie garstig, haben Wiener Schmelz und Wiener Schmäh!" Georg muß herzlich lachen, da Hildes fränkischem Deutsch das Wienerische „Schmäh" einige Schwierigkeit macht.

„Du lachst, Georg, also kommst du?" lockt sie. Wie das so ist, wenn eine redegewandte Frau einem Mann in den Ohren liegt: er sagt schließlich: „Ja". Nach kurzem Überlegen fragt er: „Wie wäre es mit dem Thema ‚Was ist Europa: Abendland oder EU?'" „Genau", antwortet Hilde, „das ist Politik aktuell!" „Und", ergänzt Georg, „Kunst, Kultur, Wertebewußtsein. In der Stadt Dürers wird mir dazu etwas einfallen. Dann nächtigen wir heute irgendwo auf der Fahrt, bleiben morgen einige Stunden am Rhein oder Main und morgen abends, Hildchen, sind wir bei dir. Dann also ..." „Tschüß!" knallt Hildes Stimme aus dem Fernsprecher. – „Bitte nicht ‚tschüß', tut meinem Ohr weh, sag lieber ‚leb wohl'." „Oder noch besser", flötet sie, „du lieber Spezi aus Wien: sag zum Abschied leise ‚Servus' ..."

„Hätte gar nicht gedacht", sagt Lutz nach einer Weile, „daß auch dich eine Circe so locker umgarnt." Georg lächelt versonnen: „Hilde kenne ich lang. Sie ist eine tapfere Frau. Jan, ihrem Mann, mußte man im Krieg das rechte Bein amputieren. Als sie ihn kennenlernte, ging er mit einer Prothese. Auch sie nahm sein Leiden auf sich, hat ihn geheiratet und gepflegt. Als er die schwere Prothese nicht mehr vertrug, humpelte er auf zwei Krücken. Allmählich wurde es schlimmer. Aber sie stand ihm treu zur Seite, bis er vor zwei Jahren verstarb. Die Mädchen aus den Jahren des Krieges, die jungen Frauen von damals, waren keine Emanzen. Sie waren Kameradinnen. Heldinnen, müßte man sagen. Manche von ihnen wie Pauline Groß in Zwettl, die du ja kennst, haben jahrelang auf ihre Männer, die in Gefangenschaft waren, gewartet und allein für die Kinder gesorgt." – „Aber heute? Wie kann ein Volk in einem halben Jahrhundert so seine Art einbüßen?" – „Das machen Wellness, Reeducation und gezielte Verblödung!"

Georg wirft rasch einen Blick aus dem Fenster. „Inzwischen sind wir wohl am Lorelei-Felsen vorbei", sagt er und summt leise vor sich hin:

> *Ich weiß nicht, was soll es bedeuten,*
> *daß ich so traurig bin,*
> *ein Märchen aus alten Zeiten,*
> *das kommt mir nicht aus dem Sinn.*
> *Die Luft ist kühl, und es dunkelt,*
> *und ruhig fließt der Rhein ...*

In den Wellen spiegeln sich die ersten Lichter aus den Fenstern vom jenseitigen Ufer. „Da ist", ruft Georg, „Feste Ehrenbreitstein – Koblenz – Deutsches Eck!" Breit strömt der Moselfluß in die Wasser des Rheins. Auf hohem Sockel erhebt sich ein Denkmal: stolz auf seinem Pferd reitet Kaiser Wilhelm I. „Ihn haben unsere sogenannten Befreier zu zerstören geruht", kommentiert Georg. „Aber da man", ergänzt Lutz, „unsere Bundeswehr immer braucht, im Irak, in Afghanistan, am Hindukusch und überall in der Welt, durften wir unserem Kaiser wieder sein Denkmal errichten. Allerdings um eigene D-Mark ...!"

Durch das romantisch gewundene Rheintal saust weiter die Fahrt. St. Goar und St. Goarshausen grüßen von diesseits und jenseits des Flusses. Hell von Scheinwerfern bestrahlt, liegt unter den steilen

Deutsches Eck: Kaiser Wilhelm I.

Hängen der Reben die Festung Pfalzgrafenstein im engen Durchbruch des Rheins. „Hier zahlte", sagt Georg, „seit den Tagen der Staufer jedes Schiff Zoll. Auch Meister Dürer hat einst, wie er in sein Tagebuch schrieb, zwei oder drei Weißpfennige opfern müssen. Bald sind wir in Bacharach – was meinst du, Lutz? Machen wir Schluß für heute?" – „In Ordnung!"

Ein altdeutsches Städtchen nimmt die beiden auf, als sie nach langer Fahrt etwas steif dem Wagen entsteigen. In einer verwinkelten Gasse lockt auf breitem Fachwerkgebäude die Aufschrift „Zimmer frei!" – „Hinein mit uns!" ruft Georg. Eine gemütliche Stube, geschnitzte Bänke und Stühle rund um die Tische und ein freundlich grüßender Wirt: „Wollen was speisen, die Herren?" – „Eine Kleinigkeit!" Die Teller, schwer beladen mit Würsten, Schinken und Käse, sind zwar keine Kleinigkeit, aber es schmeckt! Und die schlanke Kellnerin, die ihnen Wein auf den Tisch gestellt hat, ist hübsch. Blau, kornblumenblau leuchten die Augen des Mädchens. „Wie darf man das schöne Fräulein nennen?" fragt Lutz. – „Lore." – „Da sehen wir endlich die Lorelei: ‚Ein Märchen aus alten Zeiten ...'" – „Lore ist meine Tochter", schaltet der Gastwirt sich ein, „hilft heute aus, weil meine Frau nicht daheim ist. Aber der Wein, den sie trinken, ist für Kenner wie Sie nicht das rechte. Reicht gerade, um Brot runterzuspülen! Hätten die Herren Lust auf eine kleine Weinprobe? Wenn Sie wünschen, in meinem Weinkeller?" Lutz lacht mit funkelnden Augen, und Georg stimmt fröhlich zu.

Als sie die steile Stiege zum Keller hinabsteigen, sehen sie auf einem Tisch Flaschen verschiedener Größen mit leuchtenden Etiketten. Eine Laterne verbreitet schimmerndes Licht. Im dunkleren Hintergrund lagern riesige Fässer. „Bei der Weinprobe aufgepaßt!" ruft der Wirt, setzt sich seine Brille umständlich auf die Nase und hebt beschwörend den Zeigefinger: „Es ließe sich viel über Rebsorten sagen, über Geschmacksrichtungen und Trinkrituale. Doch Reden macht durstig, und Trinken macht froh." Umständlich wischt er den Staub von einer Flasche, schenkt in drei Römergläser eine Weinprobe ein, schwenkt sein Gefäß, schnuppert den Duft und hebt die goldene Gottesgabe zum Umtrunk. „Trinken macht froh", wiederholt er. „Nur allein darf man's nicht, aber mit zwei Gelehrten, wie ich Ihren Gesprächen entnehme" – er macht gegen Georg eine Verbeugung – „ist es mir eine Ehre, mit einem Gedicht – von wem, weiß ich nicht – zu beginnen:

Vermeide stets, dich einsam zu besaufen,
und lass' es bleiben, wenn du nüchtern bist.
Doch lass' getrost dich voll und voller laufen,
wenn dir so ist, wie mir es immer ist!

Prosit, meine Herren!" Ein kräftiger Schluck vom goldschimmernden Riesling Klassiker 2006 lockert die Kehlen und löst die Zungen. „Den Dichter will ich Ihnen verraten", lacht Georg, „Carl Zuckmayer, stammt aus Nackenheim, wo auch prächtiger Wein wächst." Mit tiefer Verbeugung bedankt sich der Wirt: „Habe ich es doch gewußt! Gelehrte Herren kehren bei mir ein. Wie kommt mir dieser Glanz in meine Hütte? Das sei mit einem goldenen Trunk vergolten! Spätburgunder aus dem Jahr zwotausendfünf?" – Eingeschenkt und rasch getrunken! Fröhlich läuft die Probe weiter: trocken, halbtrocken, dann lieblich und dann wieder trocken. Spätburgunder Auslese, goldene Kammerpreismünze des Jahres 2003: ein Götterwein! Lutz, der jedesmal einen kräftigen Schluck getan hat, schwankt leicht und bemüht sich, um so lauter zu singen. „Du alte Burschenherrlichkeit, wohin bist du entschwunden ..." Freudig umarmt ihn der Hausherr: „Sind also Verbandsbruder unseres Sohnes, er studiert Jura in Heidelberg, im fünften Semester!" Lutz leert mit raschem Zug sein Glas mit Spätburgunder Göttertrank: „Gruß an Ihren Sohn und die ‚alten Herren' seiner Verbindung! Bei Ihrem Wein werden sogar ‚alte Herren' ganz jung! Da auch ein" – er versucht, sich charmant zu verneigen – „ein liebliches Töchterlein hier im Haus ist. Bl ... bl ..." – die Konsonantenverbindung b-l ist schwierig.

„Blaue, kornblumenblaue Augen", hilft Georg seinem Freund, „so herrlich blau, wie man sie nur am Rhein sieht. Es gibt doch ein schönes Lied, Herr Wirt, Sie kennen es sicher: ‚Kornblumenblau ...' und irgendwo heißt es ‚am Rheine.'" – „Ob ich das kenne, ein Schunkelwalzer, daß die ganze Stube ringsum sich dreht!" Kraftvoll legt er los: „Kornblumenblau ist der Himmel am herrlichen Rheine, kornblumenblau, mtata, mtata, mta beim Weine, darum trinkt Rheinwein, Männer, seid schlau, dann seid am Ende auch ihr: kornblumenblau, dadaramtamtamtam!" Begeistert hebt der Wirt die Arme und versucht ein paar Tanzschritte, hält sich dann aber lieber am Weinfaß nebenan fest. „Den vollen Text sind Sie mir aber schuldig", protestiert Georg, „einen Vers ließen Sie aus, den hätte ich gern, weil ich Kornblumen liebe." – „Voller Text? Den hab ich doch – verdammt noch mal! – alt werden, alt werden" – vertraulich legt er Lutz seine Hand auf die Schulter – „alt werden darf der Mensch nicht." Kurzes, vergebliches Nachdenken. „Ramtamtam, ramtamtam – fällt mir nicht ein. Morgen früh ist's voll wieder da. Morgen früh …" „Heute abend", beschwichtigt ihn Georg, „haben uns Ihre Weinprobe, Ihr gastfreundliches Haus und Ihr liebliches Töchterlein Lore so viel Lust und Liebe zum Leben gemacht, daß ich mich nun auch mit Versen bedanke. Sind nicht von Zuckmayer, sind nicht von mir, sondern von Goethe, sind aber auch nicht schlecht. Das Ganze wird mir nach Ihrer üppigen Weinprobe nicht mehr gelingen, doch vielleicht kann ich vom Dutzend der Strophen wenigstens drei."

Mich ergreift, ich weiß nicht wie,
himmlisches Behagen.
Will's mich etwa gar hinauf
zu den Sternen tragen?
Doch ich bleibe lieber hier,
kann ich redlich sagen,
beim Gesang und Glase Wein
auf den Tisch zu schlagen.

Wundert euch, ihr Freunde, nicht,
wie ich mich gebärde;
wirklich ist es allerliebst
auf der lieben Erde;
darum schwör ich feierlich

und ohn alle Fährde,
daß ich mich nicht freventlich
wegbegeben werde.

Wie wir nun zusammen sind,
sind zusammen viele.
Wohl gelingen denn, wie uns,
andern ihre Spiele!
Von der Quelle bis ans Meer
mahlet manche Mühle,
und das Wohl der ganzen Welt
ist's, worauf ich ziele.

So mußt Du sein!

Als sie am nächsten Vormittag wieder über die Autobahn jagen, ruft Lutz plötzlich: „Daß ich nicht vergesse – der Wirt sagte mir noch zum Abschied: Sein Vater hat in Oberhausen in einem alten Kalender gelesen, sie hätten dort 1911 einen ‚Kornblumentag' gefeiert. Dabei stand der schöne Satz: ‚Die Kornblume ist das Zeichen der Treue.' Könnte das mit Schönerer zu tun haben? Außerdem ist dem Wirt der fehlende Vers aus dem Schunkelwalzer eingefallen: ‚Kornblumenblau sind die Augen der Frauen beim Weine.' Ist doch schön!" Beide schweigen. Träumen sie? Lutz vom schlanken Wirtstöchterlein Lore? Georg von einem Mädchen, dessen blaue Augen er nicht vergessen kann? Wird ihm Irmgard doch einmal schreiben? Wird sie ihn anrufen? Hat sie sein Schreiben gar nicht bekommen? Ist er ihr gleichgültig? Nach so langer Zeit! Wer weiß das? ‚Wunderlichstes Buch der Bücher ist das Buch der Liebe', sagt Goethe ...

Georg sinnt und träumt von zwei kornblumenblauen Augen. Plötzlich gibt er sich einen Ruck. „Wie wär's", fragt er den Freund, „kurze Pause – Frankfurt, Goethe, Haus am Hirschgraben?" „Nach dem Gedicht gestern", entgegnet Lutz, „wurde er mir echt sympathisch. Im Gymnasium gingen mir seine vielen Weiber und ‚Lehrjahre' und ‚Wanderjahre' auf die Nerven." „Bei manchen Professoren", stimmt Georg zu, „ist's leider so. Als hätte Goethe sein Schicksal geahnt, seufzte er, er sei ‚kein ausgeklügelt Buch', er sei ‚ein Mensch in seinem Widerspruch'. Sein Elternhaus habe ich schon einmal besucht. Mir war, ich hätte ihn dort persönlich erlebt: als Buben, den das Puppenspiel begeisterte, als jungen Mann, dem das glühende Herz sich in leidenschaftliche Verse ergoß, als das große Genie, das unser Volk der Menschheit geschenkt hat."

Als sich in der Ferne der Anblick von Frankfurt bietet, ist Lutz enttäuscht. „Hier", sagt ihm Georg, „haben die Börsenjobber ihre

Profittempel aufgetürmt: eine Skyline, mehr als 300 Meter hoch, Stahl, Beton, Glas, so gräßlich wie ihre Gier nach Business und Money." Auch der Fußweg, den sie in Frankfurt vom Parkplatz aus nehmen, ist häßlich. „Kaiserstraße heißt das", mault Lutz, „schaut aber aus wie Manhattan: ein Wolkenkratzerkasten hinter dem anderen. Armes Volk wird da in triste Büros gezwängt, Lohnsklaven unter der Peitsche der Manager!" In Auslagen flimmern die Fieberkurven der Börse, knallt die grelle Lockung gieriger Heuschreckenfonds, reizen laszive Fotos halbnackter Bardamen. Endlich ein wenig Grün, eine runde Wendung des Weges und am Straßenschild schlanke Frakturschrift: „Am Großen Hirschgraben". Wie in einer anderen Welt stehen die beiden vor einem Haus, das im Vergleich mit den protzigen Riesen-Scyscrapern winzig erscheint. Doch es war das Heim der Familie Goethe. Prachtvoll geschmiedete Fensterkörbe schmücken das Erdgeschoß. Zwei Stockwerke ragen stolz auf, und ein dreieckiger Erker bildet die Spitze des Dachs: eine Fassade in vollendeter Harmonie. In diesem Haus wurde Johann Wolfgang geboren, hier ging er aus und ein, hier hat er gelebt und gelernt, geträumt und gedichtet.

Im Flur fällt ihr Blick auf das vornehme Treppenhaus, dessen breite Stufen den Weg weisen. Auf schmiedeeisernem Geländer prangen kunstvolle Initialen: JCG nennt den Vater des Dichters, Johann Caspar Goethe, CEG seine Mutter Catharina Elisabeth Goethe, die Tochter von Frankfurts Bürgermeister Johann Wolfgang Textor. „Die beiden", sagt Georg, „waren völlig verschieden. Er, viel älter als sie, ein Privatgelehrter, sie ein Hausmütterchen, voll Liebe für ihren ‚Hätschelhans' und dessen Schwester Cornelia. In vier Versen hat der Sohn seine Eltern porträtiert:

Vom Vater hab ich die Statur,
des Lebens ernstes Führen,
vom Mütterchen die Frohnatur
und Lust zu fabulieren.

Das gegensätzliche Erbe erzeugte Spannung in ihrem Sohn, den es von einem Extrem in das andere warf. Seine dämonische Natur bändigte er mit eisernem Willen. Er dichtete das ‚Heidenröslein' und den ‚Faust', war aber auch ein universaler Gelehrter." Ein elegant wirkender Herr, der mit raschem Schritt über den Flur geht, stutzt, als er diese Worte hört, und betritt das Zimmer links vom Hauseingang. Georg und sein Freund nehmen denselben Weg. „Da läßt sich's angenehm wohnen", meint Lutz, „runder Tisch in der Mitte, ringsum Stühle mit hohen Lehnen, dort ein breiter Großvaterstuhl und in der Ecke ein gußeiserner Ofen mit schönen Reliefs: offenbar die gute Stube des Hauses." „Hier aß man", erklärt Georg, „und plauderte, die Mutter klöppelte kunstvolle Spitzen, der Vater saß im Lehnstuhl und las. Wolfgang und Cornelia hatten ihren Lieblingsplatz hier." Georg zeigt Lutz, daß der Ofen nicht bis zur Wand reicht, sondern einen kleinen Platz frei läßt.

„In Goethes Lebensbericht ‚Dichtung und Wahrheit' lesen wir", sagt er, „eine kleine Familienszene. Seine Eltern hatten auch in der Lektüre gegensätzliche Vorlieben. Klopstocks ‚Messias', ein Epos in Hexametern, war dem Vater, der ordentliche Reime liebte, ein verdrießliches Ding. Die frohsinnige Mutter aber hielt das Buch heimlich, auch die beiden Kinder lasen es und lernten manches auswendig. Um dem Vater kein Ärgernis zu geben, zogen sie sich gern in den schmalen, warmen Raum zwischen Wand und Ofen zurück und ließen die wohlklingenden, aber gräßlichen Reden, die Klopstock dem Satan in den Mund gelegt hatte, aus ihrem Mund fließen. An einem Winterabend ließ sich der Kaiserliche Rat Goethe, behaglich im Lehnstuhl, vom Barbier einseifen und rasieren. Für ihn unsichtbar, murmelten Wolfgang und Cornelia hinter dem Ofen höllische Flüche. Leise rezitierte das Mädchen, steigerte sich dann und rief stürmisch aus: ‚O, wie bin ich zermalmt!' Der Barbier erschrak und goß dem Vater das Seifenbecken über die Brust. Strenge Untersuchung erfolgte: Welches Unglück wäre entstanden, wäre man schon beim Rasieren gewesen! Klopstocks Hexameter wurden verketzert und verbannt!"

„Mein Kompliment!" ruft der Herr, der im Flur an ihnen vorbeigeschritten ist, und wendet sich ihnen zu. Sein offenes Gesicht mit schmaler Brille, sorgfältig gestutztem Schnurrbärtchen und graumelierten Schläfen drückt Bewunderung aus. „Frei nach Meister Goethe spannend erzählt! So ist es recht! Geschichte darf nicht in Daten und Namen ersticken, sondern muß leben. Manche hören unseren Führern stumpf zu oder rennen, ohne zu schauen, von einem Zimmer zum anderen. Da ich hier tätig bin, freute es mich, Ihnen zu lauschen, wenn sie alte Zeiten zum Leben erwecken." Der Herr macht eine höfliche Verbeugung und nennt seinen Namen. „Dietmar von Holst. Ist es Ihnen gefällig, mache ich zwei Bewunderer unseres Dichters gern auf einiges aufmerksam." Die beiden nehmen das Angebot dankend an und folgen Herrn von Holst auf den Flur.

Während sie die breite Treppe emporsteigen, erzählt er: „Goethes Großmutter hat hier zwei Häuser des 16. Jahrhunderts für sich und ihren Sohn erworben. Das Gebäude, in dem der Dichter bis zum 27. Lebensjahr lebte, glich die Ungleichheit der Stockwerke durch Stufen aus. In ‚Dichtung und Wahrheit' erinnert sich Goethe: ‚Die alte, winkelhafte, an vielen Stellen düstere Beschaffenheit des Hauses war geeignet, Schauer und Furcht in kindlichen Gemütern zu erwecken.' Aber, schreibt er, ‚solange die Großmutter lebte, hatte mein Vater sich gehütet, nur das Mindeste im Hause zu verändern oder zu erneuern'. Doch als sie starb, wurde alles verändert. Wolfgang war damals sechs, sieben Jahre." „Gleicht der Dichter", wirft Georg ein, „nicht seinem Vater: Pietät zum Überlieferten, Bewahren des Wesentlichen, aber auch Erneuern, was notwendig ist?" – „So ist es! Und was in diesem Haus seine jungen Jahre umgab, hat in seinem Leben reiche Blüten erweckt."

Als sie auf dem geräumigen Vorplatz des ersten Stockwerkes stehen, blicken ihnen an allen Wänden Ansichten von Rom entgegen: Colosseum, Pantheon, Engelsburg! „Goethes Vater erwarb diese

Kupferstiche in Italien", erzählt Herr von Holst. „Er schrieb, wie später sein Sohn, einen ausführlichen Bericht über seine italienische Reise. Damit hat er Wolfgangs Interesse geweckt. Als dieser dann selbst durch die Porta del Popolo in Rom einzieht, jubelt er: ‚Ja, ich bin endlich in dieser Hauptstadt der Welt angelangt ... Alle Träume meiner Jugend seh' ich nun lebendig ... Mein Vater hatte die Prospekte von Rom auf einem Vorsaale aufgehängt ... es ist alles, wie ich mir's dachte, und alles neu!' Schon nach den ersten Wochen schreibt er: ‚Ich zähle einen zweiten Geburtstag, eine wahre Wiedergeburt, von dem Tage, da ich Rom betrat.'" „Das war", bemerkt Lutz, „als noch nicht Hinz und Kunz durch die Welt zogen!" – „Goethe lehrt uns, daß eine Reise uns nicht nur an einen anderen Ort, sondern auch zu uns selbst führen kann. Nachdem er als Minister in Weimar jahrelang mit Staatsgeschäften überhäuft war, wurde er in Italien wieder zum Dichter."

„Im zweiten Stockwerk", erklärt der kundige Führer, „treten uns die Bewohner des Hauses persönlich entgegen. Sehen wir zunächst in die Bibliothek! Band an Band gereiht, stehen hier Reihen von Folianten, darunter das ‚Befreite Jerusalem' des Torquato Tasso oder die Lebensbeschreibung des Götz von Berlichingen, die Goethes Dichtungen angeregt haben. Aus diesen Büchern schöpfte der Kaiserliche Rat Gelehrsamkeit und gab sie weiter an seine Kinder. In Geschichte, Naturwissenschaften und Sprachen erteilte er selbst Unterricht und verlangte gewissenhaft ausgeführte Arbeiten. Doch beim kleinen Wolfgang regte sich die ‚Lust zu fabulieren', die ihm seine Mutter geschenkt hatte. Warum sollte er Zeit in verschiedene Übungen verzetteln? ‚Ich wollte', erzählt er, ‚alles mit einmal abtun und erfand einen Roman von sechs bis sieben Geschwistern.' Diese leben verstreut in der Welt und schreiben einander in verschiedenen Sprachen über die Gegenden, wo sie wohnen, Wissenswertes aus Historie und Natur. Schon der Knabe besaß das Wesen des Künstlers und schenkte dem rohen Stoff Gestalt und Form."

„Goethe", sagt Lutz, „hat sich ja mit allen Künsten beschäftigt und auch selbst gezeichnet." – „Es gibt viele Blätter von seiner Hand, einige hängen in diesem Haus. Auch dazu wies ihm der Vater den Weg. Denn hier" – Herr von Holst führt sie in den angrenzenden Raum – „hat Rat Goethe sein Gemäldezimmer eingerichtet." Alle Wände sind in symmetrischer Anordnung dicht mit Bildern bedeckt, alle in gleichartigen Rahmen. Stilleben sehen sie, Bildnisse von Personen, Innenansichten von Gebäuden und Kirchen, doch kaum religiöse Themen. „Vater Goethe sammelte ausschließlich Kunst seiner Zeit, oft von Malern aus Frankfurt. Der Sohn nahm die Anregung vom Elternhaus auf, hat sie aber in Italien durch seine Begegnung mit Antike und Renaissance erweitert. ‚Geh vom Häuslichen aus', schrieb er einmal, ‚und verbreite dich, so du kannst, über alle Welt.'"

„Wolfgang", setzt Herr von Holst fort, „war der Liebling seiner Mutter, die ihm Märchen erzählte und ihm den ‚Eulenspiegel' zum Lesen gab. Das Reich der Frau Aja, wie Freunde des Hauses sie nannten, war im Zimmer nebenan." Dort sehen sie Bilder des Elternpaares, den Vater mit ernstem Blick, die Lockenperücke auf dem jupiterhaften Haupt, die Mutter mit vorwitzig keckem Näschen und trotz ihrer Hausfrauenhaube fast mädchenhaft jung. „Wenn Sie ihr Bild betrachten und den Brief lesen, in dem sie von der Freude über ein Porträt ihres Sohnes berichtet, dann glauben Sie, die prächtige Frau steht unmittelbar vor uns. Haargenau schildert sie, wie sie die Schnur vom Paket löst, mit Hammer und Zange die vielen Nägel herauszieht – ‚nun lag noch ein Papier drauf, risch, war das auch weg, und Frau Aja that einen großen schrei, als sie ihren Häschelhanß erblickte'. Mit der Rechtschreibung nahm sie es nicht genau, aber sie konnte humorvoll und herzhaft erzählen."

Herr von Holst weist dann auf ein Porträt, dessen markante Züge die Besucher bestechen: „Das Bildnis des jungen Genies am Hofe von Weimar, über das seine Mutter frohlockte, sehen Sie hier." Der siebenundzwanzigjährige Dichter des „Götz" und des „Werther" lehnt locker im Stuhl und hält in der weit ausgestreckten Rechten einen Schattenriß, den er mit strahlender Begeisterung anblickt. Ganz glühendes Auge ist er, ganz hingegeben an seine Aufgabe, zu ergründen, „was die Welt im Innersten zusammenhält". Georg und Lutz sind tief ergriffen. Das war ein Mensch, fühlen sie, der sein Volk und die ganze Welt reich beschenkt hat. Im Weiterschreiten fällt ihr Blick auf eine Tafel, die in monumentalen Lettern Goethes Bekenntnis enthält:

> *Wie an dem Tag, der dich der Welt verliehen,*
> *die Sonne stand zum Gruße der Planeten,*
> *bist alsobald und fort und fort gediehen*
> *nach dem Gesetz, wonach du angetreten.*
> *So mußt du sein, dir kannst du nicht entfliehen,*
> *so sagten schon Sibyllen und Propheten;*
> *und keine Zeit und keine Macht zerstückelt*
> *geprägte Form, die lebend sich entwickelt.*

„,So mußt du sein'", hebt Georg hervor, „,nach dem Gesetz, wonach du angetreten.' Jeder von uns hat seine Aufgabe, seine Pflicht, seine Verantwortung. Gemäß seiner Begabung hat er sie zu entwickeln, zur eigenen Lebenserfüllung und zum Wohl der Gemeinschaft, der er angehört: seiner Familie, seiner Freunde, seines Volkes. Festigen wir diese Grundsätze und verbreiten wir sie. Sie sind das Vermächtnis unseres Dichters."

Schattenriß des jungen Goethe

Deutschlands Schatzkästlein

Wie friedsam treuer Sitten,
getrost in Tat und Werk,
liegt nicht in Deutschlands Mitten
mein liebes Nürenberg.

Diese Weise aus Wagners „Meistersingern von Nürnberg" summt Georg vor sich hin, als er und Lutz auf der Autobahn dieser Stadt zurollen. „Vor uns", ruft er seinem Begleiter zu, „die Türme der Burg!" Im warmen Schein der Nachmittagssonne tauchen weitere Türme und Türmchen am Horizont auf. „Die beiden mächtigen, die wir zuerst sehen, gehören St. Sebald, die schlankeren, die sich jetzt auch zeigen, St. Lorenz." „Zwei Dome", fragt Lutz, „hat die Stadt Albrecht Dürers?" – „Keine Dome, weil Nürnberg keinen Bischof hatte, aber prächtige Kirchen, die der Fleiß der Bürger erbaut hat. Dürer ist der größte Sohn dieser Stadt, doch nicht ihr einziger Künstler. Auch Adam Kraft, Veit Stoß, Peter Vischer haben hier Meisterwerke geschaffen. Beim Gang durch die Stadt lernen wir sie noch kennen. Nürnberg ist ein Schatzkästlein, aber nicht nur der Kunst. Bartel Behaim hat den ersten Globus gebaut: 1491, noch vor der Entdeckung Amerikas. Peter Henlein erfand zwei Jahrzehnte später die erste Taschenuhr. Und auf der Nürnberger Burg, die mit Mauern und Türmen stolz vor uns aufragt, wurde der erste Deutsche zum ‚poeta laureatus' gekrönt."

„Wer?" fragt Lutz. – „Konrad Celtis, der ‚Erzhumanist'. Er stammte aus Franken, studierte in Köln und Heidelberg, lehrte als Professor in Leipzig und später in Wien, wo sich seine Grabtafel im Dom zu St. Stephan befindet." – „Da gab es also lange vor Dir, Georg, einen Wanderprediger quer durch die deutschen Lande!" – „Celtis schrieb zwar lateinisch, weil die deutsche Sprache noch ungelenk war, doch war er ein glühender Patriot, der die ‚Germania' des Tacitus entdeckte. Seit damals wissen wir, wie sehr dieser römische Historiker unsere

Vorfahren rühmte: ‚Ihre Ehesitten', schrieb er, ‚sind streng und in ihrer ganzen Lebensführung am meisten zu loben. Die Zahl der Kinder zu beschränken, gilt als verrucht. Mehr vermögen bei ihnen gute Sitten als anderswo gute Gesetze.'" „Das galt", erwidert Lutz, „auch bei meinen Eltern und muß bei uns Jungen wieder so werden! Die Germanen vor zweitausend Jahren sollten uns vorbildlich sein! Danken wir Tacitus, danken wir Celtis! Wer hat diesen Mann zum Dichter gekrönt?" – „Kaiser Friedrich III. Auch das unterscheidet jene Zeit von der Gegenwart. Die Herrschenden haben damals das Edle und Schöne gefördert und nicht häßlichen Mist wie die Politiker heute. Nürnberg mit seinen Gelehrten und Kaufleuten, die den Künstlern und Kunsthandwerkern großzügig Aufträge gaben: das ist das Beispiel, dem wir nacheifern sollten!"

Sie haben die Stadt in großem Bogen umfahren und halten nahe beim Bahnhof. Die Zinnen der Stadtmauer und ein hoher Rundturm ragen vor ihnen auf. „Wir betreten die alte Innenstadt durch das Königstor", erklärt Georg, „und gehen dann schnurgerade die Königstraße hinauf." „Ich dachte", entgegnet Lutz, „Nürnberg ist eine Bürgerstadt, „doch da werden Tor und Straße nach Königen benannt." – „Nürnberg hat auch eine Königsburg, wo die Staufenkaiser ihre Reichstage abhielten. In Nürnbergs Frauenkirche waren die Reichskleinodien verwahrt, ‚auf ewige Zeiten', wie es Kaiser Sigismund wollte. Doch inzwischen sind sie in unsere Wiener Schatz-

Spittlertorturm und Stadtmauer in Nürnberg

kammer gewandert. Gemeinschaft mit Herrscher und Reich hat Nürnberg Wohlstand, Kraft und Glanz der Künste beschert. Im Wetteifer mit den Mäzenaten des Adels schmückten die Bürger ihr liebes ‚Schatzkästlein'. Hier, an der Fassade der Sakristei von St. Lorenz, siehst du das an diesem prächtigen Marmorrelief." „Da thront der Kaiser", meint Lutz zu erkennen, „mit Krone, Reichsapfel und Zepter, ihm zu Füßen kniet winzig klein ein Stifterpärchen." „Aber", berichtigt Georg, „den hohen Baldachin tragen Engel, halten Schwert und Lilie in den Händen, auf dem Buch des Thronenden liest du ‚Ego sum Alpha et Omega'. Das ist Gott, der Herr des Himmels, in Gestalt seines irdischen Stellvertreters, des Kaisers. Das Wort ‚Majestät' als Inbegriff hoher Herrschaft hat hier ein schönes Sinnbild erhalten."

Sie umschreiten die zwei hohen Türme der Kirche und bewundern ihre Fassade, deren Mitte die gotische Fensterrose beherrscht. „In den nächsten Tagen werden wir vieles genauer betrachten", sagt Georg, „und werfen jetzt nur einen Blick auf die Meisterwerke." Der feierlich hohe Kirchenraum ist ein Museum der Kunst. Flügelaltäre, Holz- und Steinstatuen an Pfeilern und Wänden, farbenglühende Fenster bezaubern mit dem Glanz ihrer Schönheit. Doch sofort zieht ein Werk, das vor dem Altar hoch im Mittelschiff schwebt, die Eintretenden an: der Engelsgruß von Veit Stoß. Im großen Oval rahmen geschnitzte Rosenkranzblüten, Medaillons und flügelschlagende Engel eine der innigsten Szenen christlicher Kunst ein. Mit Heroldstab und feierlich grüßender Hand verkündet der Engel der werdenden Mutter, die fromm diese Botschaft empfängt, das Wunder der Geburt ihres Kindes. „Auch die grimmigste Emanze", ruft Lutz, „müßte vor diesem seligen Blick einer Frau auf das Knie sinken."

Unmittelbar neben dem Engelsgruß wächst ein anderes Kunstwerk, umsponnen vom Steinkleid gotischer Spitzen, unaufhaltsam empor, bis es sich an der Wölbung des Kirchenraums wie ein Bischofsstab zierlich rundet: Adam Krafts Sakramentshaus. Über dem kunstvoll geformten Weihbrotgehäuse klettern zahllose große und kleine Figuren unter dem Dornenwerk, das sie umgibt, höher und höher hinauf und schildern Szenen der Passion. Die reich gezierte Basis stützen drei kniende Männergestalten: Altgeselle, Junggeselle und in der Mitte Meister Adam Kraft selbst. Kräftige Haltung und konzentrierter Blick seiner Augen künden von rastlosem Künstlerfleiß, um Meisterwerke zum Ruhm der Stadt Nürnberg und zur Ehre Gottes zu schaffen.

„Wir kommen nochmals hierher", drängt Georg, „wollen jetzt aber rasch zu St. Sebald, Nürnbergs anderer Hauptkirche!" Unter dem gotischen Spitzengespinst über dem Brautportal, an dem zur Rechten und Linken die törichten und die klugen Jungfrauen mit ihren Öllämpchen grüßen, treten sie in den Kirchenraum ein, dessen Bau noch vor St. Lorenz begann. Unten ist die Architektur noch romanisch, das schmale Hauptschiff wurde in späterer Zeit gotisch emporgewölbt. An Pfeilern, Wänden und Altären breitet sich eine wunderbare Fülle der Kunst aus. Georg führt Lutz aber sofort zu einem Kunstwerk im Chorraum, das in dieser Umgebung ganz eigen berührt. Einen Reliquienschrein umgeben zahlreiche Säulen und Säulchen, an deren Front Statuen stehen: „Das ist nicht mehr gotisch", ruft Lutz, „das ist Renaissance!" „Das Sebaldusgrab", erklärt Georg, „ein Werk des Stilübergangs, hat der Erzgießer Peter Vischer mit seinen Söhnen geschaffen. In diesem Säulenwald sitzen seltsame Tierchen, antike Nymphen mit Lauten und Satyrn mit Panflöten, außerdem aber auch zwölf Apostel. So wie Adam Kraft im Sakramentshaus stellte sich hier Meister Vischer mit seinem Werkzeug selbstbewußt dar. An der anderen Seite des Monuments sehen wir mit Wanderstab und Kirchenmodell den heiligen Sebald, den Stadtpatron Nürnbergs. Christliches und Antikes, Gotik und Renaissance fließen in diesem Kunstwerk harmonisch zusammen."

„Ähnlich ist das bei Albrecht Dürer", meint Lutz. – „Ja, dieser größte Sohn Nürnbergs hat noch erlebt, wie Vischers Werk in langjähriger Arbeit entstand. Auch die Schöpfungen von Adam Kraft, Veit Stoß und ihrer Vorgänger standen ihm in Nürnberg ständig vor Augen und haben ihn angeregt. Er hat dann mit Gemälden, Holzschnitten und Kupferstichen seinen Schülern und Nachfolgern neue Ideen gegeben. Es war ein großes Geben und Nehmen in Nürnberg, also das, was wir Tradition nennen. Man übernahm, entwickelte weiter, bot Vorbild. Daraus wächst große Kunst. Wir werden diese herrlichen Schätze noch gründlich studieren, doch" – Georg blickt auf die Uhr – „jetzt sollten wir uns eiligst verabschieden, denn meine liebe Hilde ist eine pünktliche und sehr energische Frau!" Kaum verlassen sie die Kirche durch das Brautportal, steht mit dem Freudenruf „Das seid ihr ja endlich!" eine stattliche Dame mit energischen Zügen vor ihnen. Stürmisch umarmt sie Georg. „Ich weiß, ich weiß", wehrt sie seine Entschuldigung ab, „du mußt immer in Kunst herumschmökern! Und das ist dein Freund Lutz, von dem du mir geschrieben hast. Seien auch Sie willkommen in Nürnberg! Nun kommt aber zu mir! Ihr seid sicher hungrig. Bei mir gibt es Nürnberger Bratwürstchen. Und zu erzählen ist eine riesige Menge!"

Kurze Zeit später sitzen sie an einem geschmackvoll gedeckten Tisch in wohnlich eingerichteter Stube. „Als ich in deiner Diele", sagt Georg, „die Marmorbüste des Apollon vom Belvedere sah, blitzten mir zwei Erinnerungen auf. Dein letzter Geburtstagsgruß, liebe Hilde, der mir im Foto neben Apoll noch liebliche Maiglöckchen zeigte, und das Gedenken an deinen Jan." „Mein Jan", seufzt Hilde, und ihr ebenmäßig schönes Gesicht trübt sich traurig. „Immer noch glaube ich, er müßte hier neben mir sitzen. Gehen konnte er zuletzt nur mit Mühe, weil man ihm die Beinprothese abnehmen mußte, so daß er mühsam mit Krücken herumhumpelte. Gerne saß er im Garten auf seiner Lieblingsbank. Wütend wurde er oft, wenn er von der Feigheit unserer Politiker sprach. ‚Wie konnte Bundespräsident Weizsäcker', rief er, ‚den 8. Mai einen Tag der Befreiung nennen? Sind das Befreier, die rauben, plündern und morden? Befreier, die Menschen aus ihrer Heimat vertreiben und Besiegte vor Gericht schleppen? Befreier, die Kläger und Richter und Henker in einem sind?' Doch die Antifa betet das nach und hetzt gegen alle, die eine neue Ordnung aufbauen wollen. Ich fürchte, Georg, das kann auch morgen bei deinem Vortrag geschehen!"

„Liebe Hilde", begütigt Georg, „seien wir nicht verzagt. Deinem Jan, diesem vornehmen und aufrechten Mann, der frühere Zeiten erlebt hat, verdanke ich unendlich viel. Geben wir es weiter! Wenn es heute auch schlimm ist, uns bleibt die Hoffnung. Denken wir an das Erbe deutscher Kunst und deutscher Dichtung. Nürnbergs Meistersinger Hans Sachs ruft uns in Wagners Musikdrama zu: ‚Ehrt eure deutschen Meister!' Und in Frankfurt lasen wir Goethes Spruch, mit dem er die Hoffnung beschwört."

Ihr kennt sie wohl, sie schwärmt durch alle Zonen;
ein Flügelschlag – und hinter uns Äonen!

Abendland oder EU?

„Europa – EU, EU – Europa: so würfeln die Herrschenden zwei Vokabel roßtäuscherisch durcheinander. Sie wollen uns weismachen, Europa und EU seien dasselbe. Will man Europas Völker dem Diktat der EU unterwerfen? Geht es uns nicht um die geistigen Werte, die Werte des Abendlands? Wir stehen am Scheideweg. Klären wir zuerst die Begriffe: Was ist Europa?" Georg steht im Kellerraum einer Schenke in Nürnbergs Außenbezirken am Rednerpult und blickt nach den Einleitungsworten seines Vortrags „Abendland oder EU?" in die Zuhörerschaft. Der Saal ist gut gefüllt. Ältere Damen und Herren, einfach, aber ordentlich gekleidet, sitzen in den vordersten Reihen. Dahinter sieht er junge Gesichter, einen hochaufgeschossenen, schlanken Burschen, neben ihm ein hübsches Mädchen mit rötlichblondem Haarknoten. Aber auch andere gibt es, die weniger nett aussehen: stichelhaarig, strähnig, in fetzigen Hemden. „Na und?" denkt er. „Wir haben es stets noch geschafft!" Hilde hat aber gewarnt: „Linkes Gesindel liegt im Hinterhalt!" Dirk, einen kräftigen jungen Mann, hat sie daher in eine der mittleren Reihen rechts außen gesetzt: „Für alle Fälle!"

„Was ist Europa?" wiederholt Georg und antwortet: „Ein Kontinent mit klaren Grenzen durch Meere im Norden, Westen und Süden. Die Ostgrenze ist offen und verströmt in der russischen Weite. Rußland ist der EU aber nicht untertan, ebenso andere Staaten: Norwegen, das Land von Ibsen und Grieg, die Schweiz, deren Bürger in der Mehrheit Deutsche wie wir sind, und auch viele Staaten des Balkans. Europa ist mehr als die EU: das gilt für Geographie und für Kultur. Die Russen Dostojewskij und Tolstoi, Tschaikowsky und Mussorgskij sind europäische Künstler. Keller, Meyer und Dürrenmatt aus der Schweiz sind deutsche Dichter. Bunt ist die Vielfalt der Völker Europas, verschieden sind ihre Sprachen. Aber alle sind wir geprägt von gemeinsamen abendländischen Werten.

Was ist also Europa: Abendland oder EU? Wir gliedern die Überlegungen in drei Teile: Was ist das Abendland? Was ist die EU? Wie finden wir zurück zu abendländischen Werten?"

Auffälliges Hüsteln setzt ein in den hinteren Reihen. Georg läßt sich nicht beirren und setzt fort, indem er Theodor Heuss zitiert, Deutschlands ersten Bundespräsidenten nach dem Krieg, der ein weiser Gelehrter und mannhafter Politiker war: „Heuss sagte: ‚Das Abendland ruht auf drei Hügeln: Akropolis, Kapitol und Golgatha'. Aus ihnen", führt Georg aus, „entsprangen die Quellen der europäischen Werte: Von der Akropolis griechische Philosophie, Wissenschaft und Kunst, vom Kapitol die Begriffe des Staats und des römischen Rechts, von Golgatha christliches Sittengesetz und der Glaube an einen gütigen Gott. Mitte des Abendlandes ist Deutschland, geographisch, politisch und geistig. ‚Heiß umfehdet, wild umstritten, liegst dem Erdteil du inmitten', heißt es in der Hymne meiner Heimat Österreich, deren Menschen deutsch sprechen und Deutsche sind. Was diese Hymne Österreichs sagt, gilt für alle deutschen Lande weithin. Deutsches Wesen gründet auf abendländischen Werten: griechischer Geist, römischer Staat, christliche Sitte haben uns und auch die anderen Völker Europas geformt. Doch wie weit haben wir uns in den letzten Jahrzehnten davon entfernt! Aus der politischen Zerrissenheit unseres Volkes, aus seinem geistigen und moralischen Elend und aus der Unterwerfung der Völker Europas unter die Kommissare der EU erwächst der Untergang des Abendlands. Wollen wir ihm entgehen, müssen wir uns auf unsere geistigen Quellen besinnen!"

Ärgerlich krächzt von hinten abermals störendes Husten. Georg reagiert sofort: „Leider sind einige Gäste mitten im Sommer etwas verkühlt. Ich empfehle lindernde Medikamente." Da man aber weiter hüstelt, steigert er seine Stimmstärke: „Noch besser wäre frische Luft!" Breit und drohend erhebt sich Dirk auf einen Wink Hildes. Der Anblick seines mächtigen Brustkorbs wirkt schnell. Weibliche

Wesen in fetziger Aufmachung und verlotterte Burschen verlassen den Saal und stimmen beim Abgang schrille Miau-Musik an. Dirk setzt sich gelassen wieder auf seinen Platz. „Herrlich!" ruft Georg vom Rednerpult. „Des Abendlands drohender Untergang wurde uns eben stimmgewaltig und pantomimisch vorgeführt. Ich danke unserem jungen Freund, der diesen Abmarsch durch sein bloßes Auftreten prompt ausgelöst hat! Die Linken sind eben nicht mehr das, was sie einst waren!" Lachend klatschen die Zuhörer Beifall, und der Redner setzt fort.

„Das Land der Griechen mit der Seele suchend" – zitiert er Goethe und spricht von diesem begnadeten Volk der Antike, welches das wunderbare Wort „Kosmos" ersann. „Als ‚Weltall'", sagt er, „übersetzen wir es, doch seine Grundbedeutung heißt ‚Ordnung' und ‚Schmuck'. Die zwei Silben ‚kos-mos' verkünden uns den Glauben der Griechen: unsere Welt ist sinnvoll geordnet und mit Schönheit geschmückt. Das spiegelt sich im harmonischen Ebenmaß ihrer Tempel und im Idealbild des Menschen, das ihre Kunst uns geschenkt hat. Künstler der Renaissance wie Albrecht Dürer haben uns diese Gewißheit aufs neue vermittelt. Sein Kupferstich ‚Adam und Eva' ist gleichsam das Dankgebet für Schönheit und Würde des Menschen. Liebliche Tiere zu ihren Füßen, reiche Früchte der Bäume im Hintergrund runden das Bild einer Welt, eines Kosmos, den Gott uns geschenkt hat, ab!" Aus Ciceros Grundsatz „Res publica res populi – Der Staat ist Sache des Volkes" erläutert Georg dann den römischen Staatsbegriff und vergleicht ihn mit den politischen Zuständen von heute: „In unserer Parteiendemokratur ist davon überhaupt keine Rede!" Dann setzt er fort: „Das engste Band, das Menschen verbindet, ist die Gemeinschaft des Glaubens. Auch hier liegen die Wurzeln in der Antike, und zwar in den Schriften des Augustinus. Dieser stellt das Reich des liebevollen Gottes dem vom Haß getriebenen Teufel entgegen. Das setzt uns die Aufgabe: kämpfen wir für den Sieg des Guten über das Böse."

„Also hinein in die EU!" schreit plötzlich eine kreischende Stimme aus der linken Hälfte des Saals. Alle Blicke wenden sich dem Störenfried zu. Ein Mann mit eckiger Nickelbrille steht auf und gestikuliert wild gegen den Vortragenden: „Antidemokratisches Nazigeschwätz! Angriff auf EU und Menschenrechte!" Bevor Unruhe im Saal ausbrechen kann, streckt Georg dem Zwischenrufer einladend die Hand entgegen: „Sie wollen diskutieren? Das geschieht bei gesitteten Menschen erst nach dem Vortrag, aber wenn Sie wünschen, gehe ich auf Ihren Einwand sofort ein. Widersprechen griechischer Geist, römisches Staatsdenken und christliche Liebe dem, was Sie unter ‚Menschenrechten' verstehen?" „Mit Faschisten", gellt es zurück, „diskutiere ich nicht!" „Ja, dann ...", erwidert Georg und zuckt lachend die Schultern. Doch auch Dirk hat sich wieder erhoben und geht mit wiegendem Gang auf den aufmüpfigen Mann zu. Der sieht ihn, springt rasch auf einen leeren Sessel, von diesem auf einen Tisch und von dort fluchtartig zum Ausgang. Knallend haut er die Tür zu. „Das war", kommentiert Georg, „ein überzeugendes Schlußwort! Doch wenn Sie erlauben, fasse ich nun selbst kurz meine Gedanken zusammen.

Zwischen EU und Europa im Sinne des Abendlands liegen Welten. Der EU-Grande Jean Claude Juncker aus Luxemburg hat das vor Jahren der Zeitschrift ‚Spiegel' zynisch verraten: ‚Wir beschließen etwas', plauderte er aus, ‚stellen das in den Raum und warten einige Zeit ab, was passiert. Wenn es dann kein großes Geschrei gibt und keine Aufstände, weil die meisten gar nicht begreifen, was da beschlossen wurde, dann machen wir weiter – Schritt für Schritt, bis es kein Zurück mehr gibt.' Vorgespiegelt haben uns Brüssels Politiker ein ‚Europa der Vaterländer', einen Staatenbund zur Sicherung von Freiheit und Wohlstand. Doch jetzt zielen sie – ‚Schritt für Schritt, bis es kein Zurück mehr gibt' – auf das Gegenteil. Wir sollen Untertanen eines zentralistischen Bundesstaats werden so wie die Bewohner der USA: Hinein in die Vereinigten Staaten Europas! Keine Selbstbestimmung der Völker! Eine EU mit dem Mogelvokabel ‚Europa' wird im globalen Einheitsstaat eine von vielen Provinzen! Finanzmärkte und Börsenbosse beherrschen die Massengesellschaft! Unser Geld, unsere Arbeit und unsere Soldaten dienen den USA und Israel! Die Einwanderungswelle überschwemmt uns: aus Anatolien, Asien, Afrika. Die EU reißt die Grenzen Europas für diese Massen von Fremden weit auf. Die Bosse von Brüssel betreiben im Auftrag hintergründiger Mächte die Unterdrückung und Umvolkung Europas. Das Buchstabenkürzel EU heißt Europas Untergang!"

Heftiger Beifall braust auf. Georg setzt an den Schluß seiner Rede den Aufruf zum Handeln: „Wagen wir eine geistige Wende zu rechten, richtigen Wegen! Für die Werte des Wahren, Guten und Schönen! Für gesunde Familien! Für eigene Kinder! Für Verbundenheit in der Gemeinschaft! Für ein Abendland freier Völker!"

Pommerland ist abgebrannt

Am nächsten Abend überreicht Georg Frau Hilde einen Strauß roter Rosen. „Auf dem Hauptmarkt haben wir sie erstanden", sagt Lutz, „wo sich vor dem ‚Schönen Brunnen' ein buntes Blumenmeer bietet." „Dann habt ihr wohl auch die Frauenkirche betrachtet", entgegnet Hilde, die mit liebem Lächeln die freundliche Gabe entgegennimmt. „Und kamen", nimmt Lutz das Wort, „zu Mittag gerade zum ‚Männleinlaufen' zurecht. Dergleichen habe ich nirgends gesehen! Eben schlug die schöne Uhr auf dem Chörlein der Kirche die Zwölf, da bewegte es sich dort, wo in der Mitte der Kaiser sitzt. Bei der rechten Türe marschierte ein Männchen mit Hermelinkragen heraus, weitere sechs folgten und traten vor den Herrscher des Reiches. Zwei Trompeter hoben ihre Instrumente zum Gruß, jedes Männchen machte eine höfliche Wendung, der Kaiser dankte mit gnädiger Bewegung des Zepters, die Männchen wanderten weiter und verschwanden der Reihe nach in der linken Tür!" „Die sieben Kurfürsten erweisen der Majestät ihren ehrfürchtigen Gruß", sagt Hilde. „Das Spiel erinnert daran, daß Kaiser Karl IV. 1356 die ‚Goldene Bulle' erließ. Sieben Kurfürsten sollten in den Ländern des Reiches regieren, ihre Herrschaft an die Erben weitergeben und die Wahl eines neuen Kaisers durchführen."

„Bis 1806", ergänzt Georg, „also dreihundertfünfzig Jahre, weit länger als politische Pakte neuerer Zeiten, währten die Regeln der ‚Goldene Bulle'. Dann zwang Napoleon Kaiser Franz II., die Krone des Heiligen Römischen Reiches deutscher Nation niederzulegen. Das Nürnberger ‚Männleinlaufen' zeigt, daß die Menschen der deutschen Länder, was auch immer geschieht, zusammengehören. Karl IV., dem die Puppen täglich beim Mittagläuten huldigen, ließ auch die gotische Frauenkirche erbauen. Sie steht an der Stelle einer Synagoge, die man zerstörte, weil sich die Juden durch Geldwucher unbeliebt gemacht hatten." „Was bedeutet", fragt Lutz, „der

Albrecht Dürer: Maria mit dem Kind an der Mauer (1514)

Name ‚Frauen-Kirche'?" „Das hat nichts mit Emanzenquote zu tun", erklärt Georg lachend: „Frau bedeutete in dieser katholischen Zeit die Himmelsfrau, die holde Mutter Maria." Während er sich dabei an den Schlußvers seines Gedichtes an die ‚Jungfrau, Mutter, Königin' entsinnt, holt Hilde ein vorbereitetes Paketchen aus der Lade und breitet es auf dem Tisch aus.

„Dürer!" ruft Georg bewundernd, „doch nicht etwa Originale?" – „Mein lieber Jan", antwortet sie, „war ein leidenschaftlicher Sammler von Kunst. Da er Dürer besonders liebte, erstand er auch Kupferstiche und Holzschnitte des Meisters." Hilde hat drei zarte Blätter nebeneinandergelegt. Alle zeigen dasselbe Motiv: Mutter und Kind. Auf jeder Graphik hält Maria den Knaben mit inniger Liebe umfaßt. Auf einem Blatt sitzt sie vor einem abgrenzenden Wiesenzaun, auf dem anderen schwebt ein Engel grüßend über sie hin. Das dritte Bild zeigt sie als völlig irdisches Wesen: An einen Pfeiler gelehnt, der den bekannten Schriftzug A D mit Jahreszahl 1514 trägt, gleicht sie einer Hausfrau aus Nürnberg. Schlüssel und Geldbeutel trägt sie am Gürtel und liebevoll drückt sie ihr Bübchen, das einen Apfel in der kleinen Hand hält, gegen die Brust. Ein Bächlein, an dessen Ufer Büsche stehen, führt in die Tiefe. Daneben erheben sich feste Mauern, vor ihnen ein runder Turm. „Das ist ja der Wall der Stadt Nürnberg!" ruft Lutz erstaunt. „Genau beobachtet!" lobt Hilde. „Diesen Blick hatte der Meister, wenn er aus den Fenstern seiner Zimmer hinaussah. Sein eigenes Haus vor der Stadtmauer seht ihr aus unserer Wohnung." Sie schauen hinaus. Vornehm, mit breitem Unterbau, über dem sich drei fachwerkgeschmückte Stockwerke erheben, steht jenes Gebäude vor ihnen, in dem einst meisterhafte Altarbilder, Porträts, Holzschnittpassionen und Kupferstichblätter entstanden.

„Dürer", sagt Georg bewundernd, „hat Kunst ins Volk gebracht. Große Altäre oder Porträts konnten sich nur Fürsten oder begüterte Kaufleute leisten. Ein graphisches Blatt fand seinen Weg auch in ein Bürgerhaus. Dürers tanzende Bauern habe die Städter belustigt, seine Apokalypse hat drohende Schrecknisse beschworen, und auch Kaiser Maximilian hat für Holzschnitte der ‚Ehrenpforte' und des ‚Triumphzugs' dem Meister aus Nürnberg Aufträge erteilt. Einer der größten Tage in Dürers Leben war es, als er ein Porträt seiner Majestät zeichnen durfte. ‚Das ist Kaiser Maximilian' schrieb er stolz an den oberen Rand des Blattes. ‚Den hab ich, Albrecht Dürer, zu Augsburg hoch oben auf der Pfalz konterfeit in seinem kleinen Stüble, als man zählte 1518 am Montag nach dem Fest Johannis des Täufers.' Dürer schuf treudeutsche Kunst, die auch abendländisch groß ist. In einem Brief an seinen Freund Willibald Pirckheimer warnte er jedoch: ‚Gar leicht verlieren sich die Künste, aber nur schwer und durch lange Zeit werden sie wieder erfunden.'" „Das waren", wirft Lutz ein, „prophetische Worte, wenn man bedenkt, wie in den Religionsstreitigkeiten und dann im Dreißigjährigen Krieg unsere Kunst abstürzte!" „Sie gelten auch", ergänzt Georg, „für die Diktatur des Häßlichen unserer Zeit! Aber Deutschlands Schatzkästlein Nürnberg lehrt uns, was eine Gemeinschaft von Kunstfreunden und Künstlern zu schaffen vermag!"

„Dieses Schatzkästlein", schaltet Hilde sich ein, „haben unsere Feinde gezielt und böswillig zertrümmert. Seht euch dieses Bild an!" Sie legt ihnen ein Foto vor, das eine niedergebombte Stadt zeigt: zertrümmerte Häuser, eingestürzte Dächer, leere Fensterhöhlen in einsamen Mauern, auch Dach und Turmspitzen von St. Sebald und St. Lorenz sind zur Gänze vernichtet. „Nach Angriffen auf die Außenbezirke ab 1943", erklärt Hilde, „haben unsere ‚Befreier' im Januar 45 mehr als ein Drittel der Wohnhäuser in der Altstadt total vernichtet, nicht einmal ein Zehntel der Gebäude blieb unbeschädigt. Mein nächstes Foto zeigt euch Nürnberg im folgenden Jahr. Nicht mehr zu sehen sind die Massen von Schutt, zerbrochenen Ziegeln und Glasscherben, welche Straßen und Plätze bedeckt haben. Nicht mehr sieht man die zahllosen Toten, meist Kinder, Frauen und Alte, welche die Bomben der Sieger umgebracht haben. Doch solche Bilder zeigt man in der Öffentlichkeit nirgends mehr, denn sie könnten den Jungen erzählen, was sie in unseren Schulen nicht lernen. Ich hasse die US-Amerikaner nicht, denn unsere Feinde sind nur ein kleiner Kreis mächtiger Leute. Pat Buchanan, einst Präsidentschaftskandidat, wagte einmal, die Wahrheit offen zu sagen: ‚Die Welt weiß alles, was die Deutschen getan haben, aber nichts über das, was den Deutschen angetan worden ist!'"

Eine Weile bleibt alles still. Dann setzt Hilde fort: „Meine Eltern und mich als ganz kleines Kind hat man aus unserer Heimat Pommern vertrieben. Viele unserer Nachbarn hat man ermordet, das geschah angeblich alles in friedlicher Absicht. Aber ich will euch nichts vorjammern. Georg, du weißt, ich war vor meiner Heirat am Theater. Ein kleines Gedicht, es ist von Bogislaw Graf von Schwerin, wird mir wohl noch gelingen. ‚Maikäfer, flieg!' heißt es."

Klarer und eindringlich erzählt Hilde in der ersten Strophe von einem blonden Knaben, der Maikäfer fangen wollte.

Als es ihm endlich gelang, wollte er frohlocken, doch

... leise surrend Maikäferchen entschwand.
Da sang die alte Amme ein Lied dem Knaben vor,
das klang ihm wie ein Märchen, wie fernes Weh im Ohr:

Melodisch singt Hildes weiche Altstimme nun den Refrain:

Maikäfer fliege, der Vater ist im Kriege,
die Mutter lebt im Pommernland,
Pommernland ist abgebrannt.

In der zweiten Strophe klingt zu Beginn ein neuer Ton mit, dunkel und ahnungsvoll:

> *Der Herbstwind durch die Bäume des alten Parkes braust,*
> *in einer Schloßruine die Eule einsam haust.*
> *Vor moosbewachs'nem Grabe ein Greis versonnen steht,*
> *die Hand am Wanderstabe, spricht er ein still Gebet ...*

Langsamer beginnt nun Hilde zu sprechen und stockend, als würde Angst sie bedrängen:

> *... und durch die Edeltannen ein Windhauch seufzend zieht,*
> *als klängen alte Zeiten noch einmal auf im Lied.*

Hildes Singstimme setzt wieder ein, doch schleppend, müde, zerbrochen. Der Schluß erstirbt fast tonlos im Nichts:

> *Maikäfer fliege – der Vater fiel im Kriege,*
> *die Mutter lebt im Pommernland,*
> *Pommernland ist ab gebrannt.*

Tief ergriffen will Georg Hilde umarmen, um ihr zu danken und sie zu trösten. Doch sie, forsch wie immer, packt ihn an beiden Händen und klopft ihm kraftvoll auf die Schulter: „Lieber Georg, die Zeit geht weiter, wir beide werden" – sie lacht schelmisch – „auch immer jünger! Aber unsere Jungen und Mädchen, die ich gestern zu dir geholt habe, wollen dich unendlich viel fragen, haben Pläne und Pläne, sind gar nicht zu halten und kommen heute abend zu dir. Vor allem der schlanke Fabian und Gisela, die neben ihm saß, sind ganz begeistert von dir. Also, Georg und Lutz: macht's gut und laßt euch ja nicht erwischen! Pommernland darf nicht nochmals abbrennen!"

Kinder sind unsere Zukunft

Georgs Treffen mit jungen Freunden in Nürnberg hat frohe Folgen. Einige Monate später sitzt er neben dem schlanken Fabian, der ihn damals sehr beeindruckt hat, in dessen Wagen auf der Fahrt nach dem Süden. Ihr Ziel ist das deutsche Tirol südlich des Brenners. Nachdem sie Sterzing passiert haben, kurven sie in weiten Bögen über die steile Straße zum Jaufenpaß. Auf der Höhe halten sie an und bewegen die steif gewordenen Beine. Mit ihnen geht die hübsche Gisela mit rötlichblondem Haarknoten, die Georg aus Nürnberg auch in Erinnerung hat. Die beiden haben inzwischen geheiratet und sind ein glückliches Paar. „Es war Frau Hildes kluge Idee", sagt Georg, „am Abend nach meinem Vortrag ein Gespräch mit eurer Kameradschaft zu organisieren. Prächtige Burschen und liebe Mädchen habe ich kennengelernt, über ‚Abendland oder EU' haben wir uns in langen Gesprächen erhitzt und einen tollen Plan nach dem andern geschmiedet."

„Ja", antwortet Fabian, „schon damals haben wir überlegt, uns irgendwo wieder zu treffen, und jetzt sind wir auf der Fahrt ins Passeier. Viele Freunde wirst du dort treffen, die dich von deinen Vorträgen kennen, deine Bücher gelesen oder von dir gehört haben. Du hast uns begeistert. ‚Es ist gut', sagtest du in Nürnberg, ‚sich in Stadt oder Region zu vereinen. Wir müssen uns aber auch quer durch die deutschen Lande vernetzen.' Jetzt sind wir auf diesem Weg. Die Zeit ist reif. Manchen von uns bietet unsere Welt ja noch einigen Wohlstand. Wir sollen dafür nicht undankbar sein, aber wir brauchen mehr. Einen Sinn muß das Leben haben, ein Ziel muß es geben, für das wir uns mit ganzer Kraft einsetzen." „Ich fürchte", entgegnet Georg, „daß aber die scheinbar gefüllten Staatskassen bald leer sind. Schaut nach Griechenland, Spanien, Italien! Haushohe Schulden überall, Ratingagenturen stufen die Kreditwürdigkeit ab, Finanzmärkte erpressen die Staaten mit schamlosen Wucherzinsen. Feige Politiker und Medien stellen niemals die Frage, wer die Leute in den Finanzmärkten und Ratingagenturen eigentlich sind. Doch die sind es, die uns beherrschen!"

„Ich kann", ergreift Gisela das Wort, „die Geldgier dieser Leute nicht begreifen. Ist das höchste Glück unseres Lebens ein pralles Bankkonto? Wenn wir hier auf die steilen Felswände blicken, in weiter Ferne weißen Schnee auf den Berggipfeln sehen, blauen Himmel hoch über uns haben, die grünen Wipfel der Wälder da unten betrachten: das ist Reichtum, ist Glück und Schönheit! Wie herrlich ist unsere Welt!" „Schön", sagt Georg, „unsere Frauen haben den reinen Blick. Materielles tut sicher auch not, denn Armut ist bitter. Entscheidend aber ist, daß wir unser Leben mit Sinn und mit Liebe erfüllen. Unsere Zukunft sind Kinder und Enkel." Georg blickt auf Giselas und Fabians Hände, deren Finger nun das Gold der Trauringe schmückt. „Es freut mich," sagt er, „daß ihr beide euch gefunden und gebunden habt. Erzählt mir altem Knaben doch bitte etwas von euch. Wir haben bis St. Leonhard in Passeier noch eine Weile Zeit." Sie sitzen jetzt wieder im Wagen, Georg diesmal auf dem Vordersitz neben dem Fahrer, denn Gisela hat gemeint: „Ich sitze lieber hinten, da können wir dir von beiden Seiten her etwas erzählen."

„Erstmals begegnet", beginnt Fabian, „sind wir einander in unserer Kameradschaft. Die meisten waren Burschen. Mädchen gab es wenige, und die waren zum Teil nicht die rechten. Doch dann kam eine tolle Geschichte, bei der …" „Lass' mich das erzählen", unterbricht Gisela. „Fabian hielt ein Referat über Deutschlands Soldaten im letzten Krieg. Mit Bewunderung sprach er von ihrem Mut und dem Einsatz für Heimat und Volk. Seinen Großvater nannte er, der im Kessel von Stalingrad verschollen blieb. Fabians Mutter, damals ein ganz kleines Mädchen, hat ihn niemals im Leben gesehen. In der Aussprache geiferte Rupprecht, der mit seiner geschorenen Glatze in unseren Kreis gar nicht paßte: ‚Uralte Geschichten von vor-vor-vorgestern', spöttelte er, ‚angebliche Helden, die es gar nicht gibt. Wir brauchen kein Geplapper aus Zeiten, die von uns keiner kennt. Lernen wir lieber, wie man dem Bullen, der uns hoppnehmen will, den Schädel einhaut!' Ich hatte schon Angst, die beiden würden jetzt aufeinander losdreschen, doch dann tat Fabian etwas, das niemand erwartet hat. Ruhig und gemessen sagte er zu Rupprecht: ‚Während du mich, meinen Großvater und die Helden, die damals ihr Leben einsetzten, wüst beschimpft hast, dachte ich nach, was ich antworten soll. Ich kam zu dem Schluß: Ich werde nichts zu dir sagen.' Und nach kurzer Pause: ‚Wer von euch hat eine Frage?'"

„Ich weiß nicht", nimmt Fabian das Wort, „wie mir das einfiel. Aber ich würde es in ähnlichem Fall wieder so machen. In keiner Gemeinschaft können alle dasselbe meinen. Aber unsere Grundsätze müssen klar sein: Achtung vor denen, die uns das Leben gaben. Bewunderung für den Mut, mit dem ihre Generation unsere Heimat verteidigte. Bereitschaft, sich zu bekennen, aber häßlichen Zwist zu vermeiden. Der Großsprecher Rupprecht war dann bei uns nie mehr zu sehen. Aber Gisela", Fabian blickt über die Schulter lächelnd zu ihr, „kam damals zu mir, um mich zu trösten. Seit drei Wochen sind wir ein Paar und wollen es bleiben." Georg ist von der ruhigen und männlichen Art seines jungen Freundes beeindruckt. Feucht werden ihm die Augen. „Auch mir war die Ehe mit meiner lieben Ingeburg das Glück meines Lebens. Dann kam die Freude mit unseren zwei Kindern. Was schlimm war, haben wir stets gemeinsam bestanden. Und viele schönen Stunden haben uns froh vereint. Ein Unfallstod hat meine Frau leider von mir gerissen." Gisela beugt sich zu Georg vor und streift zart über seinen Arm. Dem einsamen Mann tut das wohl.

„Warum", fragt er nach einer Weile, „ist es heute so selten, daß Junge heiraten? Über die Zeiten hin war dauerhafte Bindung von Mann und Frau unsere Sitte. Aber dieselben, die unsere Wirtschaft zerstören, machen gezielt auch die Familie kaputt. Max Horkheimer, einer der Umerziehungspäpste der ‚Frankfurter Schule' predigte: ‚Die bürgerliche Familie ist die massenpsychologische Grundlage des Faschismus.' Ihr wißt ja, Knüppelwörter wie ‚Faschist' oder ‚Nazi' ersticken jedes Gegenargument. So wurde innerhalb weniger Jahrzehnte die Familie, die Urzelle menschlicher Gemeinschaft, systematisch unterminiert. Man hat einen Freund, hat eine Freundin, wechselt beliebig den Partner und bindet sich nicht. Und wenn schon, führt der Weg bald zur Scheidung. Wilde oder geschiedene Ehen sind ‚in'. Kinder, sofern es sie überhaupt gibt, sind die traurigen Opfer." „Viel zu wenige Kinder werden geboren", schaltet sich Gisela ein, „Fabian und ich sind anders. Wir freuen uns wie Papageno und Papagena auf unsere Kinder! Ich weiß es aus meiner Familie, in der wir vier Geschwister sind: Kinder machen den Eltern Mühe und Sorgen, sind aber ihr schönstes Glück!"

„Lieb, wie du das sagst, Gisela", erwidert Georg. „Den Eltern schenken die Kinder das Glück, unserem Volk schenken sie das Fortleben in künftiger Zeit. Wenn wir Deutsche, wir Europäer, uns der Freude an Kindern verweigern, sterben wir aus. Darauf zielen unsere Feinde. Deswegen propagieren sie Feminismus und spotten über die Mütter, die angeblich nur ‚Kinder, Küche und Kirche' kennen. An deren Stelle, sagt Schwester Maria Michaela, die Leiterin des St.-Theresien-Gymnasiums, setzt man jetzt drei andere K: ‚Konto, Körperkult, Karriere'. Macht das die jungen Frauen glücklicher als das erste Lächeln ihres Kindes? Aber die Umerziehung treibt es noch schlimmer. Was man in früheren Zeiten ‚Perversität' nennen durfte, wird jetzt legalisiert und gefördert. ‚Ich bin schwul, und das ist gut so', rühmen sich sogar Prominente. Politiker zeigen sich stolz beim Life-Ball und in schamlosen Straßenaufmärschen. Der Gender-Wahn der ‚MenschInnen', die behaupten, ihr Geschlecht nach Belieben wählen und wechseln zu können, wird von EU-Bonzen massiv unterstützt. Wer sich dagegen auflehnt, den prangert man haßerfüllt an."

„Unser Kreis", erzählt Fabian, „hat sich die Frage gestellt, warum das so ist. Die Antwort ist einfach: Aus Homo-Ehen gehen keine Kinder hervor, und das wollen unsere Feinde. Aber fragen wir doch die Linken: Ist es sozial, wenn Leute, die Nachkommenschaft grundsätzlich verweigern, von den andern die Erziehung von Kindern erwarten, die später mit ihren Steuern den Schwulen und Lesben die Pension finanzieren müssen? Liefert sich eine Gesellschaft mit zerstörten Familien, verkommener Moral und immer weniger Kindern nicht der Vergreisung aus und dem kollektiven Selbstmord? Was bedeutet das verharmlosende Wort ‚Fristenlösung'? Straffreie Tötung ungeborener Kinder! In Deutschland werden mindestens 100.000 Embryonen jährlich vernichtet. In vierzig Jahren sind das vier Millionen." „Dazu kommt", setzt Gisela fort, „die Vernachlässigung der wenigen Kinder, die noch auf die Welt kommen dürfen. EU, Emanzen und Wirtschaftsbosse wollen auch die Kleinsten unter drei Jahren den ganzen Tag in die Krippen stecken. Die meisten Mütter möchten den Kindern aber nicht nur das Leben, sondern auch Zeit, Mühe und Liebe schenken. Doch die Herrschenden hetzen dagegen, daß die Kinder in der Obhut ihrer Eltern aufwachsen dürfen."

Der Wagen der drei Freunde hat inzwischen das Ortsschild St. Leonhard erreicht, biegt auf eine kurvenreiche Nebenstraße ein und fährt eine Anhöhe empor. Grün dehnen sich Wiesen, bunt blühen herbstliche Blumen, dahinter taucht das mit Steinen befestigte Dach eines Bergbauernhofes auf. Burschen und Mädchen stehen vor dem Gartenzaun und winken lachend den Ankommenden zu. „Gisela, Fabian!" ruft Georg glücklich, „was ihr sagt, müßten Zeitungen und Bücher schreiben, Fernsehen und Rundfunk unausgesetzt wiederholen, Priester und Politiker sollten es predigen: Kinder und Jugend sind unsere Zukunft!"

Gott, Kaiser, Vaterland

Fabians Freund Dirk, der junge Nürnberger mit mächtigem Brustkorb und wiegendem Gang, steht grüßend vor ihnen, als die drei Freunde dem Wagen entsteigen. Um ihn drängen sich viele aus seiner Kameradschaft, die Georg noch gut in Erinnerung sind. Überrascht ist er aber, auch Walter zu sehen, den Philologen, der in Köln aus der Belagerung durch die Antifa den Weg in den Nachbargarten gebahnt hat. Ihm zur Seite steht seine blonde, zierliche Eleonore. Auch der Leipziger Markus, der Georg begeistert einen Brief schrieb, kommt auf ihn zu, von Christine begleitet, deren kleine Zöpfe ein Knoten verbindet. „Wer aber ist das?" fragt sich Georg, als er in der Menge eine junge Frau entdeckt, die auf ihren dunklen Locken eine flotte Mütze trägt – „Veronika, die Schaffnerin des Zuges nach Linz!" fällt ihm ein: ihr hat er das Buch über sein Leben geschenkt! Suchend blickt er sich um: Irmgard, wird auch sie ihm lächelnd begegnen? Doch ihm bleibt keine Zeit für schwärmerische Gedanken. Er hat viele Hände zu drücken und auf Fragen zu antworten. „Wo kommen so viele von überall her?" fragt er Fabian. – „Verbundenheit in der Gemeinschaft!' hast du in Nürnberg angeregt. Wir haben uns vernetzt, von Schleswig-Holstein bis Südtirol. Frau Hilde hat uns in dieses Haus eingeladen, das ihr Mann gekauft und instandgesetzt hat. Schon voriges Jahr war unser Nürnberger Kreis hier. Ein kleines Stück unter uns liegt der Sandwirthof von St. Leonhard."

Sonnige Tage unter fröhlicher Jugend heben für Georg nun an. Er hält einen Vortrag über das Thema „Hat Sarrazin recht: Lassen wir uns abschaffen?" Danach spricht er über „Rechte Wege zur geistigen Wende". Er redet mit den Jungen und signiert ihnen seine Bücher. Abends sitzen alle gemeinsam im Haus und singen die deutschen Volkslieder, die Georg seit frühester Jugend vertraut sind. In der holzgetäfelten Stube, in deren Ecke ein hoher Kachelofen mit umlaufender Holzbank steht, breitet an der Wand neben dem Fenster ein geschnitzter Kruzifixus weit seine Arme. Ihm gegenüber zeigt ein Bild einen imponierenden Mann. Breitkrempig sitzt der Hut auf seinem mächtigen Kopf, lang wallt ihm der Bart auf die Brust, kühn blitzen die hellen Augen. Oben stehen die Jahreszahlen 1809-2009. „Dös ischt der Sandwirt vom Passeier vor zwoahundert Johren", erklärt in Tiroler Mundart ein kräftiger junger Mann, unser Anderl. Voriges Johr hot die Frau Hilde die Radierung vom ob'röst'reichischen Künschtler Odin Wiesinger herbrocht. Und morgn, wenn ös wollts, Leit, konn i enk zoagn, wos mir vom Hofer im Sandwirthof, gor nit weit von enk, noch do hobn."

Odin Wiesinger:
Andreas Hofer

Am nächsten Tag hat sich der ganze Kreis in diesem stattlichen Ansitz versammelt, dessen Herr Andreas Hofer einst war. Nun ist das Haus ein Museum. „Führen", sagt Fabian, „wird uns der Sepp, der gestern abend bei uns war." „Aber verstehen", wendet Walter aus Köln ein, „wird sein Tirolerisch von uns niemand!" „Keine Sorge", beruhigt Fabian, „der Sepp studiert Geschichte in Innsbruck und spricht tadellos hochdeutsch. Mundart redet er nur, wenn er besonders beeindrucken will. Aber da kommt er ja schon." Fein herausgeputzt hat sich Sepp mit Lederhose, weißen Stutzen, weißem Hemd und grünen Hosenträgern. Er führt seine Gäste zu einer Vitrine, in der ein kunstvoll gefertigtes Modell des Andreas Hofer in Tiroler Tracht steht. „Nach seinen Kleidern", erklärt er, „die wie Reliquien aufbewahrt wurden, hat man sein Körpermaß festgestellt und mit originalen Stücken bekleidet." Stattlich steht der Sandwirt in ähnlicher Tracht da, wie sie Sepp trägt, nur hat er einen breitkrempigen Hut, unter den grünen Hosenträgern ein rotes Leibchen und einen breiten Leibgurt, auf den die Anfangsbuchstaben seines Namens A H gestickt sind. Zwischen A und H sieht man ein kleines Herz, aus dem ein Kreuz wächst. „Hat das mit dem Herz-Jesu-Gelöbnis zu tun?" fragt Georg.

„Am Herz-Jesu-Sonntag 1796", erklärt Sepp, „entflammten auf allen Bergen die Herz-Jesu-Feuer, und die Tiroler stellten sich feierlich unter den Schutz Gottes. Sie waren bereit, gegen die Franzosen für ihre Freiheit zu kämpfen. Nicht nur die Stände des Adels, der Geistlichkeit und des Bürgertums, auch die Bauern waren im Tiroler Landtag vertreten. Als einen ihrer Abgeordneten wählten sie Andreas Hofer. Sie bildeten Schützenkompanien und wählten ihre Offiziere selbst. Der Sandwirt wurde damals Hauptmann der Passeirer Schützen. In Tirol gab es schon seit Jahrhunderten mehr Freiheiten als in Paris, wo der Pöbel einige Jahre zuvor die Bastille gestürmt hatte und schrie: ‚Freiheit, Gleichheit, Brüderlichkeit – oder der Tod!' Dort übernahm nicht das Volk die Herrschaft, sondern der Tod, der auf der Guillotine den Feinden die Köpfe abhackte. Französische Armeen drangen dann in Deutschland ein und marschierten durch Italien gegen Tirol. Damals konnte die Gefahr von den Tiroler Schützen noch abgewehrt werden. Als aber Napoleon die Herrschaft übernahm, wurde Österreich vernichtend geschlagen. 1805 mußten die Habsburger Tirol an Bayern abtreten, das sich mit dem korsischen Imperator verbündet hatte." – „Wann kommt es dann zum Aufstand?" fragt Fabian.

„Die Tiroler murren über die Fremdherrschaft, die sie brutal unterdrückt. 1809 fährt der Schützenhauptmann Hofer nach Wien, und Erzherzog Johann, der Bruder des Kaisers, verspricht ihm, eine Erhebung Tirols militärisch zu unterstützen. Heimlich rüsten sich die Schützen zum Krieg. Der Sandwirt erläßt eine Order: ‚Morgen wird für Gott, Kaiser und Vaterland ausgezogen.

Jeder Mann wird ermahnt, brav dreinzuschlagen.' Boten bringen die Laufzettel von Haus zu Haus, auf den Bergen rufen flammende Feuer zum Aufstand. Dieses Bild" – der Führer weist auf ein Gemälde an der Wand – „schildert den Aufbruch des Volkes: In der Mitte hebt Andreas Hofer auf einem Schimmel den Arm zum Befehl. Neben ihm schwingt Kapuzinerpater Haspinger in brauner Kutte wild seinen Säbel. Die Schützen halten Hellebarden, Sensen und Heugabeln in ihren Händen. Im Hintergrund ragen die schneebedeckten Gipfel Tirols. Auf einer Säule sieht man den Heiligen, der den Drachen erlegt hat: St. Georg! Nach wenigen Tagen steht der Tiroler Landsturm unter Hofers Führung vor Innsbruck, und am Bergisel schlagen die aufständischen Bauern die Soldaten des Königs von Bayern. Einen Monat später wollen die Franzosen die Niederlage rächen, werden aber in dieser zweiten Schlacht wieder von Hofer besiegt."

„Entscheidend", fragt Dirk, „war wohl erst die dritte Schlacht am Bergisel?" – „Ja, im August 1809. Wie im Partisanenkampf oft, lokkert sich nach der zweiten Schlacht das Aufgebot der Schützen, weil sie die Ernte einbringen wollen. Da sendet der Sandwirt Laufzettel nach allen Seiten und spricht seine Freunde persönlich an. 17.000 Tiroler stehen dann der etwa gleich starken Armee des Marschalls Lefebvre gegenüber. Als die Schlacht auf des Messers Schneide steht, setzt Hofer seine Hauptreserve ein. Die damals stärkste Armee der Welt, die Franzosen, weichen vor den Tiroler Bauern. Der siegreiche Sandwirt zieht auf einer Kalesche in das befreite Innsbruck ein. Im ‚Gasthaus zum Goldenen Adler' steigt er ab, das jubelnde Volk drängt sich vor den Fenstern. Als das Geschrei kein Ende nimmt, zeigt sich Hofer und spricht die Worte, die man heute an der Wand dieses Gasthofes liest: ‚Alle, dö meine Waffenbrüeder sein wölln, dö müeßn für Gott, Koaser und Vaterland als tapfere, rödle' – Sepp erklärt: redliche – ‚und brave Tiroler streitn. Dö ober dös nit tien' – tun – ‚wölln, dö solln hoamziechn. Dö meine Waffenbrüeder wearn wölln, solln mi nit verlassn, i wear enk a nit verlassn, so wohr i Andre Hofer hoaß. Gsagt hab i enks, gsöchn habts mi, pfiat enk Gott!'"

Lauter Beifall der jungen Zuhörer dankt Sepp für den Vortrag. Er hat das Tirolerische so klar und überzeugend gesprochen, daß auch die Freunde aus Deutschlands Norden das Wesentliche verstehen. Gerührt sind sie von der schlichten Rede eines einfachen Mannes, der Gott vertraut und sein Herz offenbart. „Das war", setzt Sepp fort, „der Höhepunkt im Kampf für Gott, Kaiser und Vaterland. Für zweieinhalb Monate war ein Bauer Landesregent der gefürsteten Grafschaft Tirol. Dieser ehrliche und fromme Mann ordnete in der Hofburg zu Innsbruck mit klarem Hausverstand die Geschäfte des Landes. Doch unterschwellig entwickelte sich eine Katastrophe." „Wie heute", wirft Georg ein, „versagten auch damals die sogenannten Spitzen der Politik." – „Was folgt, erscheint in der Tat ganz aktuell. Kaiser Franz hatte vor Hofers Sieg in der dritten Schlacht am Bergisel versprochen, Erzherzog Johann werde nach Tirol kommen." Sepp zeigt eine Kopie des kaiserlichen Handbillets, das Hofer die Hilfe des Erzherzogs zusagt, „bis alle Gefahren von der Grenze der Grafschaft Tyrol entfernet sind." Manche Zuhörer machen bei diesen schönen Worten eine wegwerfende Handbewegung.

„Schritt um Schritt", setzt Sepp fort, „kam das Unheil über Hofer, Tirol und ganz Deutschland. Kaiser Franz, der unter Napoleons Druck 1806 Deutschlands Krone niedergelegt hatte, schloß schon vor Hofers großem Sieg einen Waffenstillstand und verzichtete auf Tirol. Ein Brief Erzherzog Johanns forderte, den Aufstand einzustellen. Hofer in grausamem Konflikt: Gehorsam gegen das Kaiserhaus oder Kampf für die Heimat Tirol? Seine Mitstreiter uneinig, drängen dahin und dorthin. Schließlich letztes Aufgebot zur vierten Schlacht am Bergisel: vernichtende Niederlage Tirols gegen weit überlegene Feinde. Hofer verzweifelt und völlig gebrochen. Im November 1809 seine letzte Proklamation. Wir sehen sie hier an der Wand: ‚Brüder! Gegen Napoleons unüberwindliche Macht können wir nicht Krieg führen. Von Österreich gänzlich verlassen, würden wir uns einem unheilbaren Elend preisgeben. Ich kann Euch ferner nicht mehr gebieten …' Trotzdem unversöhnlicher Haß unserer Feinde, Kopfgeld für Hofers Gefangennahme, seine Flucht auf die Pfandleralm, 1300 Meter hoch, verzweifelter Bittbrief um Hilfe vom Kaiserhaus. Unterschrift: ‚Der armbe verlassne ßinder (Sünder) Andre Hofer'. Das traurige Ende ist ja bekannt: Raffl, der ‚Judas von Tirol', verrät Hofers Versteck, ein Schauprozeß findet statt. Napoleon selbst verlangt die Hinrichtung. In Mantua wird Tirols Freiheitsheld Hofer erschossen."

Stumm stehen die jungen Freunde im dichten Kreis um den Führer. Manche senken die Blicke traurig zu Boden, bevor sie die Schaustücke des Museums noch genauer betrachten. Georg wendet sich an Sepp. „Hat sich", fragt er, „Hofers Tragödie nicht wiederholt? Erster Weltkrieg: Siege an allen Fronten, aber Niederlage gegen eine Welt von Feinden. Raub deutscher Länder, Zerreißung Österreichs, Verbot des Anschlusses an Deutschland, Südtirol an Italien als Lohn für den Verrat. Zweiter Weltkrieg: deutsche Wehrmacht siegreich in fast ganz Europa, aber übermächtiger Druck von West und Ost, Bomben auf Frauen, Kinder und Alte, heilloses Ende nach Kampf bis zum letzten. Deutschland zerstückelt und zerrissen, Österreich zehn Jahre besetzt, der Süden Tirols noch immer vom Norden getrennt." Sepp stimmt zu: „Unversöhnlicher Haß unserer Feinde gegen uns Deutsche. Jetzt hetzen sie aber gegen die ganze weiße Rasse Europas, wollen alle Völker in ‚Vereinigten Staaten' unter Brüssels Diktat unterjochen. Wie das Bankhaus Rothschild von Napoleons Kriegen profitiert hat, setzen uns nun Finanzmärkte Wucherzinsen und Sparpakete als Daumschrauben an. Wenn wir uns nicht zur Wehr setzen, geschieht wieder, was Hofers Proklamation prophezeit hat: ‚Unüberwindliche Macht … gänzlich verlassen … unheilbares Elend …'" „Wer sind", fragt Fabian, „unsere Feinde?" Sepp weist auf ein Kruzifix hin, an dem sie im Gespräch eben vorbeiwandern. „Das sage ich auf tirolerisch: Dös seind diesölben Leit, die unsern Herrgott ans Kreiz g'schlog'n hob'n."

Am Nachmittag steigt Georg mit seinen jungen Kameraden zu den Berghöfen hinauf, die hoch über St. Leonhard liegen. Zuerst geht es flott auf leicht ansteigenden Wegen, an denen in der Herbstsonne pralle Weintrauben blau vor grünem Laub leuchten. Doch bald wird der Pfad steiler, und Georg setzt den Knotenstock ein, um mit den Jungen Schritt halten zu können. Weit reicht der Blick hinunter auf die Häuser des Dorfes und hinauf zu waldigen Höhen und schneebedeckten Spitzen ferner Gebirgsgipfel. Zwei Bäuerinnen wandern mit und weisen den Weg. Neben Georg geht die Maria Grasl. Die Frau ist von schwerer Arbeit gezeichnet, aber immer noch jung blitzen die Augen. „Sechs Kinder haben wir", erzählt sie, „alle sind da oder dort bei der Arbeit. Mein Mann und ich werken am Hof, der älteste Sohn hat sich neben uns ein schönes Häuserl gebaut. Zwei Schweine sind in der Wirtschaft, zwei Kühe, ein paar Kälber und zehn Hühner. Reich werden kann man nicht, aber wir sind zufrieden. Ist ja unsere Heimat!" Mit strahlendem Lächeln sagt sie voll Glück: „Zehn Enkelkinder haben wir schon, alle lieb und gesund, vielleicht werden's noch mehr. Wir danken Gott!"

Vor dem stattlichen Grasl-Haus begrüßt sie der Bauer mit dem schweren Druck seiner Hände, die von der Feldarbeit rauh sind. Unter dem breiten Balkon, den bunte Blumen schmücken, betreten sie geräumige Stuben, wo man sie mit „Schmankerln" bewirtet. In geflochtenen Körben liegt Brot, auf breiten Holztellern Wurst, Selchfleisch und Käse, daneben stehen Krüge mit rotem Wein. Fröhlich klingen plaudernd und lachend die jungen Stimmen. Nach der Mahlzeit bittet Georg seine Freunde, sich vor dem Haus im Kreis zu versammeln, und dankt den freundlichen Gastgebern. „Vormittags", sagt er, „hat man uns vom Sandwirt erzählt, von seinem Kampf, seinem Sieg und seinem tragischen Ende. Aber bei euch, liebe Grasl-Leute, erleben wir jetzt: der Anderl ist gar nicht

Tiroler Kinder in Landestracht

tot. Er lebt weiter in seinem fleißigen Volk, in der Liebe zur Freiheit und der Freude am Leben. Eure Landeshymne sagt, sein Sturz war schmerzhaft für Tirol und ganz Deutschland. Hofer wurde Vorbild für den Kampf, der kurz später Deutschland befreit hat. Trotz Krieg und Not, die immer wieder über uns kommen: ihr Südtiroler gehört zu uns, und wir gehören zu euch! In diesem Sinne singen wir jetzt mit euch das Lied vom Tiroler Helden Andreas Hofer."

Zu Mantua in Banden
der treue Hofer war.
In Mantua zum Tode
führt ihn der Feinde Schar;
es blutete der Brüder Herz,
ganz Deutschland, ach in Schmach und Schmerz,
mit ihm das Land Tyrol,
mit ihm das Land Tyrol!

Dornenkrone

Zwei Tage danach hat der Freundeskreis das gastliche Haus in Südtirol am frühen Morgen verlassen. Etwas später treten Georg, Fabian und Gisela die Heimfahrt an. Sepp, der junge Tiroler, hat sein Fahrrad in den Kofferraum von Fabians Wagen gestellt, weil er seine Freunde ein Stück des Weges begleiten und dann auf dem Rad zurückfahren will. „Wie ging es euch gestern", fragt er, „beim Besuch von Salurn?" „Die Fahrt", schwärmt Gisela, „war wie ein Märchen: prallrote Äpfel in den Gärten Merans, schroffe Felsen im Gebirge, eisklares Wasser der Flüsse! ‚Von Sigmundskron der Etsch entlang bis zur Salurner Klaus! Heidi – heida, hollodriho'" jodelt das Mädchen mit heller Stimme, und alle drei Männer stimmen lustig mit ein. „Dort, wo die Bergriesen sich immer näher zusammendrängen", ruft Fabian, „kamen wir zur grandiosen ‚Klause' am südlichsten Ende des deutschen Tirols! Dann stiegen wir vom schmucken Städtchen Salurn den steilen Pfad zur Haderburg hinauf. Blickt man von der Höhe über das Land, erlebt man, was wir im Bozener Bergsteigerlied singen: ‚Wohl ist die Welt so groß und weit und voller Sonnenschein!' Viele Touristen sahen wir zwischen Burgmauern und Felsen, die aus allen Knopflöchern fotografiert haben!"

„Wenn es nur Touristen waren", wendet Sepp ein. „Ihr habt wohl mit den Freunden, die heute sehr früh heimfuhren, nicht mehr gesprochen?" „Was war denn los?" fragt Gisela erschrocken. – „Ihr habt gestern eine andere Rückfahrt als die anderen genommen und wißt daher nichts. Alle Wagen unserer Freunde wurden von den italienischen Carabinieri gestoppt, alle Pässe wurden fotografiert. Mit eurer Ausnahme sind nun alle in einem Register, das man EU-weit verbreitet! Der italienische Geheimdienst und unsere Medien sorgen dafür!" – „Wieso wußte man die Autokennzeichen?" – „Die ‚Ermittler', wie man die Spione zu nennen beliebt, haben ganze

Arbeit geleistet und in der Nacht vorher heimlich eure Autokennzeichen notiert. Euch selbst haben jene, die ihr für Touristen haltet, auf der Haderburg fotografiert."

„Wer steckt dahinter? Was haben wir denn Böses getan?" „Das könnt ihr", antwortet Sepp, „in dieser Zeitung lesen." „Pura razza Sud Tirolo", liest Georg die Schlagzeile, als er das Blatt in die Hand nimmt. „Reine Rasse Südtirol", übersetzt er, „das ist sicher nicht freundlich gemeint! Ja, dann heißt es ‚neonazisti europei', ‚nostalgici hitleriani', und es folgen die Namen von uns und unseren Freunden."

„Was wirft man uns vor?" fragt Fabian. „Das Übliche!" antwortet Sepp. „Die Lunte gelegt hat man in der BRD: Einer von euch, meldete man, war gegen gewisse Kreise nicht unterwürfig genug, beim Abhören eurer Ferngespräche vernahm man unbotmäßige Reden, irgendwer hielt uns einen Vortrag über ‚La battaglia della razza bianca: Lavoro, famiglia, patria'." Fabian unterbricht: „Sind ‚Arbeit, Familie, Vaterland' der weißen Rasse verboten?" Gisela will beruhigen: „Das steht doch nur in italienischen Zeitungen!" „In der deutschen Tageszeitung", entgegnet Sepp, „klafft man nicht weniger bös: ‚Rassenkunde in Passeier'... ‚Skinheads in Tirol'..., ‚rechtsradikales Eck plant Anschläge auf Ausländer!' Auch Südtirols deutsche Presse ist zum Teil in der Hand von Verrätern!" Betroffen verstummen die anderen. An einer Haarnadelkurve der steilen Bergstraße weitet sich plötzlich ihr Blick: auf steilen Berghängen sind im warmen Herbstsonnenschein Bauern bei der Heuarbeit. Kräftig schwingen sie ihre Sensen, holen gemähtes Gras mit langen Rechen zusammen, schleppen es in riesigen Netzen auf ihren Rücken. Arbeit, Familie, Heimat: sie verbinden die Menschen noch immer. Tiefblau strahlt der Himmel, als wollte er sagen: Fürchtet euch nicht!

„Eine Weile", sagt Sepp, „fahre ich noch mit und erzähle euch, wie es so weit kommen konnte. Das ist Südtirols Tragödie in fünf Akten. Nicht die italienischen Menschen sind böse, sondern die Politiker: die italienischen, auch manche angeblich deutsche und die internationalistischen Drahtzieher. Vor dem Ersten Weltkrieg begann der erste Akt: Italien war mit Deutschland und Österreich-Ungarn im Dreibund vereint. Als aber nach der Ermordung des österreichischen Thronfolgers Franz Ferdinand und seiner Frau der Krieg gegen Serbien ausbrach, hielt sich Italien neutral. Österreich bot daher den Italienern die Abtretung der habsburgischen Gebiete des Trentino, das von Italienern bewohnt war. Doch die Westmächte pokerten höher und versprachen Italien außerdem noch das deutsche Südtirol. Das verlockte 1915 zum großen Verrat. Italien erklärte dem ehemaligen Verbündeten Österreich den Krieg, blitzartig sammelten sich 160.000 Mann zum Marsch gegen Norden. Die österreichischen Truppen standen damals an der russischen Front, die italienische Grenze war nicht gesichert. Gerettet haben uns die Tiroler Schützen. Freiwillig ergriffen die Männer von achtzehn bis sechzig Jahren ihre Stutzen und verteidigten ihre Heimat. Die braven Kärntner und das Alpenkorps aus Deutschland kamen zur Hilfe und hielten drei Jahre lang eisern die Front." „Mein Großvater", ergänzt Georg, „hat dort als junger Oberleutnant im Stellungskrieg gekämpft. Oft erzählte er mir vom zermürbenden Kampf um die Sieben Gemeinden. Bewegt hat sich die Front dort monatelang nicht. Doch ein ungeschickter Blick über die Verschanzung zum Gegner, und schon mußten sie einen Toten begraben."

„Zweiter Akt", setzt Sepp fort, „dem Verrat aus Rom folgte der Betrug durch Washington. US-Präsident Wilson hatte 1916, um seine Wiederwahl zu erringen, strenge Neutralität versprochen. Gebrochen hat er sie wenige Monate später, angeblich, ‚um die Welt für die Demokratie zu sichern'. In Wahrheit erklärte Wilson deswegen den Krieg, weil die Bosse der 1913 privatisierten Nationalbank FED Angst hatten, die Westmächte könnten ihnen die milliardenschweren Kredite nicht mehr zurückzahlen. 1918 verkündete Wilson daher ein ‚Vierzehn-Punkte-Friedensprogramm': ‚Autonomie', hieß es da, ‚Selbstbestimmungsrecht der Völker', ‚territoriale Integrität als Eckstein der neuen Friedensordnung'. In Punkt 9 las man für Italien und Tirol ausdrücklich: ‚Klar erkennbare Nationalitätsgrenzen'!" „Das wäre doch gerecht", wirft Gisela ein.

„Ja, aber es war eine schamlose Lüge, um die deutschen Mittelmächte in die Falle zu locken. Das Selbstbestimmungsrecht galt in den Diktat- Friedensschlüssen dann nur für Italiener, für Polen und Tschechen. Geraubt hat man es uns Deutschen: im Memelland, in Westpreußen, in den deutschen Gebieten Böhmens und Mährens, in der Untersteiermark, in Lothringen, im Elsaß, in Eupen-Malmedy und in Nordschleswig. Im Norden, Osten und Westen haben die Sieger uns Land geraubt und deutsche Menschen fremder Herrschaft unterworfen. Im Süden war es für uns am schmerzlichsten: die Nationalitätsgrenzen, die ‚klar erkennbar' bei Salurn lagen, verschob man mit einem Federstrich auf den Brenner: das war der Tragödie dritter Akt, die Sieger zerrissen das deutsche Tirol!"

Fabian ballt die Faust: „Dafür erhielt Wilson den Friedensnobelpreis!" „So wie Obama", ergänzt Sepp, „der jetzt in Afghanistan und im Irak mörderisch Krieg führt." Da wendet sich Georg an Fabian und Gisela: „Wißt ihr, wann Österreich sein Selbstbestimmungsrecht erhielt?" „1938", rufen beide wie aus einem Munde, „durch eine Volksabstimmung mit mehr als 99 % Ja!" – „Ihr könntet rechthaben," lacht Georg, „doch sagt es lieber nicht laut! Daß aber unser Nationalrat schon 1918 Österreichs Anschluß an Deutschland einstimmig beschlossen hat, weiß von euch Freunden im Norden kaum jemand. Da das Selbstbestimmungsrecht für deutsche Menschen nicht gelten darf, haben die Siegermächte diese Vereinigung verboten. Dagegen erhob sich wieder der Freiheitsdrang der Tiroler. Die Menschen in Nord- und Osttirol unternahmen 1921 eine eigene Volksabstimmung. Sie ergab – lange vor Adolf Hitler! – 98,50 % für den Anschluß an Deutschland. Auch diese Entscheidung direkter Demokratie haben die Repräsentanten westlicher ‚Demokratie' mißachtet!"

„Und Südtirol?" will Gisela wissen. „Wir", entgegnet Sepp, „wurden überhaupt nicht gefragt. Nach 1918 kam der vierte Akt unserer Demütigung: brutale Italianisierung! Italienisch wurde ausschließliche Amts- und Gerichtssprache. Alles erhielt andere Namen: Bozen hieß Bolzano, Sterzing Vipiteno, und der Jaufenpaß, zu dem wir nun fahren, Passo del Giovo. In Kindergärten und Schulen durfte man ab 1925 nur italienisch sprechen. Den Tiroler Buben und Mädchen, die schwarze Hosen oder Röcke, weiße Blusen und Strümpfe, rote Gürtel und Maschen trugen, war ihre deutsche Muttersprache verboten. Deutsche Lehrer hat man entlassen und durch Italiener ersetzt, die kein Wort Deutsch konnten. Doch unser Volk wehrte sich. Im Untergrund entstand ein Netzwerk von Schulen, in denen die Kinder nachmittags heimlichen Deutschunterricht erhielten. Katakombenlehrer nannte man die Waghalsigen, die in abgelegenen Almhütten mit geschmuggelten Schulbüchern die deutsche Sprache in Wort und Schrift lehrten." „Otto Scrinzi", schaltet Georg sich ein, „der große alte Mann der Alldeutschen in Österreich, unterrichtete 1939 im einsamen Tierser Tal. ‚Die Kinder', erzählte er mir einmal, ‚waren mit Feuereifer dabei und genossen die über dem Unterricht schwebende Geheimnistuerei und das Prickelnde des Verbotenen.'"

„Und nun", setzt Sepp fort, „der letzte Akt der Tragödie nach 1945: Wird Südtirol unaufhaltsam in die Katastrophe sinken? Leopold Figl, Österreichs erster Nachkriegskanzler, hat zwar in Wahlreden gepredigt: ‚Südtirol ist ein Teil von Österreich!' Doch da Italien auch im Zweiten Weltkrieg den Bundesgenossen Deutschland tückisch verraten hatte, blieben wir weiter in fremder Hand. Nordtirols Landeshauptmann Eduard Wallnöfer, ein Tiroler von echtem Schrot und Korn, sagte 1984 zwar, ‚daß auf das Recht der Selbstbestimmung nie verzichtet wurde und auch nie verzichtet werden kann.' Doch seine knieweichen Erben in Nordtirol und auch bei uns im Süden lassen sich mit verwaschener Scheinautonomie abspeisen. Was Unterdrückung nicht brechen kann, schmilzt in der milden Sonne scheinbarer Liberalisierung dahin." „Und ihr laßt euch das alles gefallen?" ruft Gisela empört.

„Wenn du mich und meine Freunde meinst, sage ich: Nein! Die Generation vor uns gab uns ein Beispiel. Vor mehr als fünfzig Jahren versammelten sich vor dem steilen Gipfel des Ortler die Tiroler Schützen, und Hauptmann Luis Molterer sprach: ‚Das Herz krampft sich mir zusammen. Wir sind berufen, unsere Kultur zu wahren, die Werte der Treue, der Kameradschaft und der Opferbereitschaft. Tiroler Adler, lebe hoch!" Wenig später, in der Herz-Jesu-Nacht 1961, krachten Sprengladungen an den Hochspannungsmasten, und die Welt horchte auf. Doch Unterstützung, wie jetzt für die Aufstände in Nordafrika, gab es natürlich nicht: Die man damals verhaftete, folterte und einsperrte, waren ja nur deutsche Tiroler ..."

Fabian beginnt, langsamer zu fahren. Die Landschaft hat sich verändert. Gras wächst nur mehr spärlich, steiniges Geröll liegt neben der steilen Straße. „Hier wollte ich ohnehin aussteigen", sagt Sepp, „sonst komme ich mit dem Rad vor Mittag nicht heim. Seht da auf dem Abhang die drei Kruzifixe! Herrgottschnitzer, die es im Grödner Tal immer noch gibt, haben das Mahnmal für die Toten geschaffen. Man sagt, es erinnert an Arbeiter, die hier abgestürzt sind. Aber – ihr werdet uns nicht verraten! – es gilt unseren Freiheitskämpfern aus den sechziger Jahren: dem Georg Klotz, den sie erschossen haben, dem Sepp Kerschbaumer, der an Folter und Entbehrung im Kerker gestorben ist, und anderen." Ergriffen betrachten die Freunde die Kreuze. Dreieckige Schutzdächer schirmen die aus hartem Holz gefertigten und kräftig bemalten Figuren. In ihren erloschenen Augen und kraftlos erschlafften Lippen spiegeln sich die Qualen des Sterbens. Stacheln der Dornenkronen drücken die

Häupter. „Auch unser Tirol", sagt Sepp, „trägt die Dornenkrone. Bei den Landesfestzügen zur Erinnerung an 1809 haben die Schützen in Innsbruck 1959 und 1984 große Dornenkronen getragen. Als kleiner Bub war ich beim letztenmal noch dabei ..." Sepp blickt versonnen auf die fernen Gletscher, deren Eis im Sonnenschein glitzert. Leise summt er ein Volkslied.

Tirol is lei oans,
is a Landl, a kloans,
is a schians, is a feins,
und das Landl is meins.

Tiroler Adler über Südtirols Bergen

„Pfiat Gott", fügt er hinzu und drückt den Freunden kräftig die Hände. „Gisela, Georg, Fabian, halts enk zsamm und loßts enk nit derwischen!" Dann schwingt er sich auf sein Rad und saust bergab. Sein Wunsch, man möge sich nicht erwischen lassen, ist leider vergeblich. Nach wenigen Kilometern steiler Weiterfahrt im vegetationslosen Gelände treffen sie auf einen quer die Straße absperrenden Polizeiwagen. Zwei Carabinieri steigen aus und öffnen Fabians Wagentür. „Passaporti, per favore!" Man reicht ihnen die Pässe. Diese werden kopiert und wortlos zurückgegeben. Einer der Polizisten salutiert. „Addio", knurrt Fabian und gibt Gas. „Jetzt sind auch wir EU-weit registriert!" „Fürchtet euch nicht, Kinder", lächelt Georg, „ich bin das schon lange und lebe noch immer. Bald sind wir auf dem Jaufenpaß, da leuchtet die Sonne!" Strahlend ist von der Höhe der Blick über das weite Land und die lange Kette zackenförmiger Gipfel, wo Eis und Schnee liegen. Als die drei Freunde aussteigen, schwebt hoch über ihnen ein Adler. Mit weit ausgebreiteten Schwingen zieht der Vogel majestätische Kreise. „Auf seine Weise", meint Georg, „sagt er uns dasselbe wie Bruder Willram, Südtirols streitbarer Dichter."

Zerrissen die Fahne, zerstückelt das Land.
Die Heimat ein Opfer der Schergen!
Doch lodert die Freiheit im Sonnenbrand
auf unsern ewigen Bergen.

Mannd´r, ´s isch Zeit!

Über Brixen, Sterzing und die steile Bergstraße zum Brennerpaß sind Georg, Fabian und Gisela zu Nordtirols Landeshauptstadt Innsbruck gekommen. Am nächsten Morgen sitzen sie in ihrem Gasthof beim kräftigen Frühstück mit Tiroler Selchfleisch und Speck. „Ganz entzückt bin ich von dieser Stadt", plaudert Gisela. „Der breite Innfluß, über den wir hereinfuhren, der herrliche Blick auf die riesige Nordkette und den Berg, dessen Name mir meine Zunge bricht." „Patscherkofel!" hilft Georg ihr aus. – „Ja, und das schöne Stadtbild, wenn man über den Inn schaut, der runde Wohnturm an der alten Befestigungsmauer, die Kirchtürme und Kuppeln! Fabian, wir bleiben doch bis über Mittag?" „Dazu rate ich dringend", meint Georg. „In zwei Stunden fährt leider mein Zug nach Wien, doch ein paar Wege will ich euch führen und dann sagen, was ihr unbedingt sehen sollt."

Als sie die Straße überqueren, die nach ursprünglicher Bestimmung heute noch „Burggraben" heißt, öffnet sich breit und prächtig der Zugang zur Altstadt. Unter hohen Laubengängen, wie sie ihnen aus Südtirols Städten bekannt sind, wandern sie bald rechts, bald links. Zierliche Netzgratgewölbe sehen sie in der Höhe, reich bemalte Fassaden an den Fronten stattlicher Häuser, Nischen, die mit Reliefs von Wappen, Blatt- und Fruchtgehängen geschmückt sind. Läden an Läden, gefüllt mit buntem Hausrat

Goldenes Dachl in Innsbruck

und Kostbarkeiten der Volkskunde, locken zum Kauf. „Gisela", mahnt Georg, „wähle dir später, was dein Herz begehrt, ich möchte euch rasch etwas Traumhaftes zeigen!" „Das Goldene Dachl!" ruft die junge Frau und eilt mit schnellen Schritten voran. Staunend stehen sie vor der hohen Front eines Gebäudes, das hell blitzende Platten bedecken. „Weit mehr als tausend feuervergoldete Schindeln aus Kupfer", erklärt Georg, „Kaiser Maximilian hat sie gestiftet. Darunter seht ihr die Loge, von der die Damen und Herren des Hofes Turnierspiele und Tänze auf dem Platz unter ihnen betrachteten."

„Wer sind die vielen Personen auf den Reliefs am Erker?" – „Ihr seht den kaiserlichen Bauherrn ..." „Der zwei Frauen hatte?" unterbricht Gisela. „Allerdings nacheinander, wie sich's gehört", sagt Georg. „Maria von Burgund, Maximilans erste Gemahlin, leider früh verstorben, hält in der Hand einen Apfel. Ihr verdankt das Haus Habsburg den Erwerb von Burgund mit den Handelsstädten Brügge und Gent. Acht fein gemeißelte Wappen an den Kassettenbrüstungen zeigen euch Maximilians Reich: Österreich – Ungarn – römisch-deutsches Kaiserreich – deutsches Königtum – Burgund – Mailand. Dieses Herzogtum erwarb der Kaiser durch seine zweite Frau Bianca Maria Sforza, die ihr neben ihm seht. Zwei Wappen an der Seitenbrüstung kennzeichnen Steyr und Tirol. Tirol, heute nur eines der Bundesländer Österreichs, war damals eine ‚gefürstete Grafschaft'!" – „Der Kaiser ist mit Krone und Szepter daneben nochmals dargestellt!" – „So ist es, ein Wappen unter ihm zeigt den Adler Tirols!" – „Doch die Figuren an Maximilians Seiten? Ulkig: einer hat Schellenkappe und krumme Nase!" – „Das ist der Hofnarr, der links zum Fenster hinausguckt, rechts sieht man den Kanzler, der weise Ratschläge erteilt. Doch wer von beiden war der größere Narr? Denkt man an die Kanzler von heute, ist die Frage schwer zu beantworten!"

Lachend entgegnet Fabian: „Diese alten Zeiten hatten Humor! Auch auf anderen Reliefs sehe ich seltsame Gestalten. Lustig schwingen sie Arme und Beine und spielen mit Affen und Hunden!" – „Moriskentänzer sind das, deren waghalsige Sprünge um 1500 beliebt waren. Ihr sollt auch das Volkskundemuseum besuchen. Dort seht ihr prachtvoll eingerichtete Bauern- und Herrenstuben mit kostbarem Gerät und großartigen Möbeln. Gisela, du könntest auch bunte Trachten bewundern, die von Tal zu Tal ganz verschieden waren. Du, Fabian, findest in Schloß Ambras eine Sammlung alter Waffen und Harnische. Wenn euch die Zeit heute nicht reicht, kommt wieder nach Innsbruck! Besucht aber noch diesmal in der Hofkirche Maximilians Grabmal!"

„Der große Kaiser", fragt Fabian, „wählte ein kleines Städtchen für seine Grabstätte?" – „Innsbruck war zu seiner Zeit mächtige Landeshauptstadt und Maximilians Lieblingsresidenz! Tirol – stellt euch die Landkarte vor! – liegt ja in der Mitte zwischen Sizilien und dem Polarkreis, zwischen Charkow und Lissabon. Seine zentrale Lage verband das deutsche Reich mit Italien. Über Jahrhunderte war es Festung des Nordens und Brückenkopf gegen den Süden. Nach dem Imperium Romanum war es das Herzland germanischer Völker, durch das Vandalen und Goten zogen, die dann fast ohne Spur untergingen. Bajuwaren, Franken und Langobarden siedelten im frühen Mittelalter in Tirol. Als Otto dem Großen 962 der Papst die Krone des Heiligen Römischen Reichs deutscher Nation auf das Haupt setzte, war Tirol unter Fürsten und Bischöfen, die verschiedene Gaue beherrschten, die Grafschaft des Reichs. 1363 wurde es durch die Heirat seines Herzogs Meinrad mit Margarethe von Österreich Fürstentum des Hauses Habsburg. 1918 haben dann Wilsons Betrug und der Verrat Roms den Süden von Nord- und Osttirol abgetrennt."

„Sepp", sagt Fabian, „hat mir davon erzählt und besondere Freiheiten der Tiroler erwähnt." „Sie waren", erklärt Georg, „im Mittelalter und lange danach einzigartig. Während in den meisten Ländern Leibeigenschaft herrschte, hatten sich die Tiroler Bauern Eigenrechte erkämpft. Im Passeier, wo wir jetzt waren, lagen zwischen Meran und St. Leonhard mehr als zehn Schildhöfe, deren Besitzer einzelne Abschnitte des Tals überwachten. Von hohen Ansitzen beobachteten sie die Straße, erließen Aufgebote, übten wohl auch die Gerichtsbarkeit. Einen stattlichen Schildhof bei St. Martin schmückt ein großes Fresko des St. Christophorus. Auf seinen breiten Schultern trägt er das Christuskind. Seit 1342 ist ein Freiheitsbrief überliefert, den die Fürsten bestätigen mußten. Im Tiroler Landtag hatten neben Adel, Klerus und Bürgern auch die Bauern Sitz und Stimme. Einer ihrer Abgeordneten war ja der Anderl Hofer. Kaiser Maximilian erließ ein Landlibell zur Verteidigung von Tirol. Diese Wehrordnung gab den Schützen das Vorrecht und die Pflicht, ihr Land selbst zu verteidigen. Doch außerhalb Tirols durfte sie niemand zum Kampf einsetzen. Als Bekenntnis zur Freiheit brennt noch heute das Herz-Jesu-Feuer nach altem Brauch am Herz-Jesu-Sonntag auf Südtirols Bergen."

„Maximilian", wirft Fabian ein, „ist ja in Innsbruck begraben." „Das stimmt nicht", berichtigt Georg, „er wurde in Wiener-Neustadt bestattet. Dieser Mann hatte Pläne über Pläne. Er förderte Dürer und Altdorfer, veröffentlichte Dichtungen, bei denen ihm gelehrte Humanisten zur Seite standen, seine Heiratspolitik erwarb dem Haus Habsburg Ungarn, Böhmen und Spanien. Das Grabmal, das er in der Innsbrucker Hofkirche plante, stellten aber erst seine Nachfolger fertig. Besucht es und erlebt den hochfliegenden Geist dieses Mannes! Achtundzwanzig hohe Statuen aus kostbarem Erz stehen in zwei Reihen zu beiden Seiten des monumentalen Kenotaphs, der aber keinen Leichnam enthält. Viele Figuren strecken die rechte Hand vor, als wollten sie etwas halten. Das hat seine Wurzeln im antiken Rom. Dem Leichenzug folgten dort Menschen, die Wachsbilder der Vorfahren des Verstorbenen vor dem Gesicht trugen und Fackeln in der Hand hatten. ‚Das Volk der Ahnen', schrieb Plinius, ‚gibt dem Toten das Geleit.'"

„Diese Idee", begeistert sich Gisela, „wollen wir aufnehmen! Das Gedenken an unsere Vorfahren müssen wir bewahren! Und Tirols

Freiheitskämpfe sind ein Vorbild für uns!" „Unsere Frauen zeigen uns den Weg!" sagt Georg dankbar und drückt ihr die Hand. „Liebe Freunde, wir vernetzen uns weiter und kommen im nächsten Frühsommer wieder zusammen! Danke, daß ihr mich quer durch Innsbruck und durch die Geschichte Tirols bis zum Bahnhof begleitet habt. Doch mein Zug fährt gerade ein. Gisela, Fabian, ich wünsche euch noch viel Freude in Innsbruck! Gute Heimfahrt nach Nürnberg! Auf Wiedersehen beim nächsten Treffen im Schwabenland!" „Leb wohl, Georg!" winkt ihm Gisela zu. Fabian reicht dem Freund noch ein Paket durch das geöffnete Fenster des Zugs. „Die Mappe", ruft er, „gab Sepp mir für dich!"

Ihr Umschlag trägt den Spruch „Manndŕ ´s isch Zeit". Als Georg ihn öffnet, findet er zunächst Ausschnitte aus alten Zeitungen.

„Tiroler Landesfestzug 2009 – geplante Umpolung", liest er verwundert, „Tirols Landeseinheit jetzt durch die EU!" Daneben sieht er ein Foto des ÖVP-Politikers Andreas Khol. Rasch überfliegt er dessen beschämende Aussage: „Landeseinheit hergestellt im Geiste Europas – Grenzen nur noch im Kopf!" Ungläubig liest er, was auch die Landeshauptleute sagen, Platter in Nordtirol, Durnwalder in Südtirol: „Brennergrenze in EU verschwunden, nur noch Balken in ewiggestrigen Köpfen!" – „Frecher Unsinn", braust Georg auf und blättert wütend weiter: „Keine Dornenkrone im Landesfestzug am 20. September 2009! – Vereinbarung zwischen Nordtiroler Regierung und Teilnehmern: Tragen von Symbolen verboten!" Georg kann es nicht fassen: „2009, zum Gedenken an Andreas Hofers Aufstand, wurde dem geraubten Südtirol das Tragen der Dornenkrone verboten? Südtiroler, das laßt ihr euch gefallen?"

Hastig entnimmt Georg der Mappe Blätter aus einem Heft der „Kameradschaft der ehemaligen Südtiroler Freiheitskämpfer". Da sieht er eine nächtliche Flammenschrift auf der Innsbrucker Nordkette und dem Patscherkofel: „Freiheit für Südtirol", leuchtet es in

Südtiroler Schützen

feurigen Buchstaben von den Bergen! Darunter erblickt er ein Foto der Dornenkrone, welche die Südtiroler, geschmückt mit Rosen, trotz dem Verbot trugen. Und die Nordtiroler Jungbauern zeigten mutig ein großes Herz aus roten Rosen, das aber in der Mitte getrennt war. „Tirol", freut sich Georg, „hat sich zur Gänze doch nicht gebeugt!" In dem kritischen Bericht liest er dann, was den Menschen sonst noch verheimlicht wurde: „Staatsfunk ORF", heißt es da, „spielte manipulativ mit, Südtiroler Freiheitskämpfer mußten beim Aufmarsch stehenbleiben, ORF-Kameras wurden abgeschaltet, Fernsehbilder kamen erst, als sie wieder vorbei waren!" Ergrimmt ballt er die Fäuste und blättert weiter. Bild an Bild zeigt ihm, was das Fernsehen versteckt hat: Schwarzer Trauerflor auf den

Ärmeln der Schützen, flatternde Fahnen und Sprüche, die man verbieten wollte: „Selbstbestimmung für Südtirol", „Freiheitskämpfer", „Für Volk und Heimat"! Ein alter Mann in Lederhose trägt ein Plakat mit den Worten „Los von Rom!" Auch an den Gittern, welche die Zuschauer vom Festzug trennen, hängen Spruchbänder: „Tiroler Landeseinheit!", „Südtirol ist nicht Italien!".

„Bravo!" Georg freut sich und liest weiter: „Die vorbeiziehenden Trachtengruppen grüßten die Ehrentribüne brav durch Kopfwendung und Blick, worauf ihnen die Politiker huldvoll zuwinkten. Doch die Burggräfler Schützen marschierten geradewegs an ihnen vorbei und würdigten die Bonzen auf ihrem Podium nicht. Das Transparent in den Händen der Südtiroler gab denen, die sie als ‚Zündler' beschimpft hatten, die gebührende Antwort: ‚Wir blicken in Richtung Zukunft'". Georg legt die Blätter der Südtiroler Freiheitskämpfer, die Sepp ihm anvertraut hat, zur Seite und seufzt: „Die etablierten Medien, die angeblich frei sind, haben von diesem Protest des Volkes kein Wort berichtet. Was bleibt uns da? – Marschieren wir wie Südtirols Schützen in Richtung Zukunft und folgen wir dem Aufruf von Andreas Hofer: ‚Mannd´r, ´s isch Zeit'!"

Freiheit der Presse

Dom von St. Stephan in Wien

Wenige Wochen vor Weihnachten ist Georg nach Vorträgen in Dortmund und Hannover wieder in Wien und wandert durch die Straßen seiner lieben Heimatstadt. Leise rieselt der Schnee und hüllt alles Trübe und Graue in das zarte Weiß der Adventzeit. Mächtig ragt auf dem weiten Platz inmitten der Innenstadt der Dom von St. Stephan empor. Steil und nadelspitz wächst neben dem hohen gotischen Chor der Südturm in geradlinig geschlossener Kontur in den Himmel, bis sich sein Ende in Schnee und Nebel verliert. Vom Turmzimmer da oben, denkt Georg, hat der Wächter bei zwei Belagerungen durch die Türken feindliche Zeltlager und Kanonen beobachtet. Im September 1683 hat er jubelnd gemeldet: „Das Entsatzheer unserer deutschen und polnischen Brüder steht auf dem Kahlenberg und wird über die Türkenschanze herabstürmen. Wien und das Reich werden gerettet!"

Georg wandert über den Domplatz und hält vor dem romanischen Westwerk inne. Einzig das später eingefügte Fenster hat hier denselben gotischen Stil wie die Bögen und Ketten von Fialen, Maßwerkgiebeln und Balustraden am Langhaus. Wie eine Burg steht da die schlichte Fassade aus dem 13. Jahrhundert, rechts und links von den wehrhaften Heidentürmen umschlossen. Auf den Säulen in ihren Rundbogenfenstern ragen massive Kapitelle, an deren kunstvollem Blattwerk einst Scharen von Handwerkern gemeißelt haben. Im Tympanon über dem mächtigen Riesentor thront Gott mit erhobener Schwurhand, rechts und links von knienden Engeln verehrt. Über dem engen Gewände mannigfaltiger Säulen tummeln sich erregte Apostel, Löwen und ein Greif, dessen Klauen eine Schlange umklammern. Sie üben den Zauber der Abwehr, der den heiligen Kirchenraum schützen soll. Wieder eine andere Sicht bietet das gotische Spitzenkleid des Nordturms, dessen Bau man nur zu einem Drittel ausführte. Kurz nach 1500 brach man die Arbeiten ab, setzte ein niedriges Oktogon auf den Turmstumpf und schloß es mit einer Renaissancehaube ab. Vermutlich wollte man das auftrumpfende Übermaß von zwei monumentalen Türmen vermeiden.

Die Baugeschichte des Doms, des Wahrzeichens seiner Heimat, erinnert sich Georg, hat er einst gründlich studiert. Sie bestätigte ihm, was er auch bei den monumentalen Plänen für eine Gedächtnisstätte deutscher Opfer empfand: „Gigantisches wächst oft nicht in den Himmel, sondern zerbricht. Bescheiden wir uns! Auch Weihnachten", denkt er, „soll ein stilles Fest sein. Doch ein kleines Bäumchen und Kerzen könnte ich mir kaufen, auch wenn ich allein feiern muß. In dunklen Nächten werde ich träumen und denken an alte Zeiten: als meine liebe Ingeburg lebte und unsere Kinder in gläubigem Staunen die Lichter bewunderten, die auf dem Tannenbaum brannten. Das Wunder der stillen, der heiligen Nacht kam über uns, und es war Frieden auf Erden ..."

An der nächsten Ecke, sieht Georg, ist das schöne alte Geschäft, in dem er oft Kerzen und Lebkuchen kaufte. Als er den Laden betritt, weht ihn feiner Kuchenduft an. Ein älterer Herr sieht sich da suchend um. „Nikolaus haben Sie keinen", sagt seine sonore Stimme zur Verkäuferin, „nur Krampusse. Doch Krampusse gibt's genug: in

Freimaurer Breivik

der Regierung!" Georg reizt diese spitze Bemerkung, sich keck in das Gespräch einzuhaken: „Was sagen Sie dann zu den EU-Bossen in Brüssel?" – „Das sind die Oberteufel!" – „Und die Finanzmärkte?" – „Pst! Wer das ist, darf man nicht einmal fragen!" – „Aber dreimal darf man doch raten?" – „Doch ja nichts laut sagen!"– „Weil wir im freiesten Staat leben, den es je gab?" – „Denken ist vorläufig noch nicht verboten." – „Aber muß man nicht entsprechend handeln?" – „Bravo! Solange es Menschen wie Sie gibt, haben wir Hoffnung!" Die wohlklingende Sprache des vornehmen Herrn erinnert Georg an das schöne Deutsch, das einst unsere Burgschauspieler sprachen.

Während des Dialogs hat die Verkäuferin Lebkuchensterne und andere Köstlichkeiten vorgelegt, so daß der Herr nun einige Gaben zum Tag des heiligen Nikolaus hat. „Das ist für meine sechs Enkelkinder", sagt er lächelnd, während Georg Kerzen für seinen einsamen Weihnachtsbaum kauft. „Unser Gespräch mit seinen verwegene Pointen war ja buchenswert", sagt der Herr, während sie den Laden verlassen, wobei ihm Georg höflich den Vortritt läßt. „Doktor Krammer ist mein Name", stellt sich der Herr vor und zieht seinen Hut. Sein Scheitel ist leicht gelichtet, doch sein Haar ist noch dunkel. Unter dichten Brauen blicken Augen, aus denen Würde und Vornehmheit strahlen. Nachdem Georg seine dargebotene Hand freudig ergriffen und ebenfalls seinen Namen genannt hat, schlägt der ältere Herr vor: „Wenn man mutige Menschen wie Sie trifft, soll man nicht achtlos an ihnen vorbeigehen. Haben Sie ein wenig Zeit? Darf ich Sie hier in das Kaffeehaus einladen?" Georg dankt, und die beiden sitzen, vom Kellner mit Gugelhupf und ausgewählten Kaffeesorten freundlich bedient, an einem Tischchen, von dem sie den Blick auf den draußen immer noch leise rieselnden Schnee haben.

„Leider", beginnt Dr. Krammer, „wird man heute als Rechtsextremist verketzert, wenn man gelegentlich offene Worte wagt, wie wir es soeben taten. Ich lege mir aber eine gewisse Philosophie zu. Als ‚Rechtsextremisten' bezeichnen uns die verblendeten Leute doch nur, weil wir anderer Meinung als sie sind. Ich schüttle Anpöbelungen aus linken Ecken mit leichter Hand ab und lasse mich vom ‚Mainstream' der ‚political correctness' niemals beirren. Man muß allerdings differenzieren. Der Norweger Breivik, der auf einer Insel mehr als siebzig Menschen umbrachte, ist wohl doch ein Extremist! Bis vor fünf Jahren, heißt es, war er Mitglied der rechten Fortschrittspartei!"

„Die aber bei der Wahl vor seinem Anschlag", entgegnet Georg, „fast 23 Prozent der Stimmen erhielt! Ist also jeder vierte norwegische Wähler ein Unhold? Und jeder Mensch auf rechten Wegen ein potentieller Mörder? Nein, verzeihen Sie, daß ich widerspreche: Breivik ist kein Rechtsextremist. Er ist wirr, selbstverliebt, größenwahnsinnig. Aber wissen Sie, daß er bis zum Zeitpunkt seines Massakers ein Freimaurer war!" – „Tatsächlich?" – „Wie hätte ihn sonst die Freimaurerloge ‚St. Olaus bei den drei Säulen' ausschließen können? Aber erst nach seiner Tat! Die Zeitung ‚Österreich', die keineswegs rechtsextrem ist, meldete: ‚Angeblich war Breivik auch Freimaurer'. Trotzdem bezeichnete sie ihn als bösen Rechtsextremisten: groß, blond, blauäugig! Zufällig habe ich den Zeitungsausschnitt bei mir. Sehen Sie die Schlagzeile? ‚Smart, blond, eiskalt'! Aber erkennen Sie Breiviks Anzug auf diesem Foto? Blaue Schärpe und weiße Schürze, auf der man ein Winkelmaß sieht: das Freimaurersymbol! Diesen Mann führt uns die Presse weltweit als Fremdenfeind vor! Der angebliche Rassist hat übrigens keine Ausländer niedergeknallt, sondern junge Menschen des eigenen Volks!"

Georgs Gesprächspartner betrachtet das Bild, das den irren Amokläufer in stolzer Pose zeigt. Er kann es nicht fassen: „Unschuldige niedermetzeln! Auch Kinder! Empörend!" „Doch linke Medien", sagt Georg, „geben den ‚bösen ‚Rechten' die Schuld, wenn ein Freimaurer wahnwitzige Massenmorde verübt! Wie die meisten Leute werden auch Sie vieles aus dieser dunklen Geschichte nicht wissen. Schon vor Breiviks Massaker war die sozialdemokratische Arbeiterjugend auf der Insel Utoya. Ihr Vorsitzender, Eskil Pedersen, verlangte zwei Tage vor der furchtbaren Tat einen Wirtschaftsboykott Norwegens gegen Israel." – „Warum?" – „Wegen der unmenschlichen Unterdrückung der Palästinenser. Als am nächsten Tag Norwegens Außenminister Störe die Insel besuchte, hielten ihm die jungen Sozialdemokraten Spruchbänder entgegen: ‚Boykott gegen Israel!' Tags darauf knallten die Schüsse von Breivik."

Dr. Krammer blickt betroffen. „Ja", seufzt er, „man müßte aufmerksamer die lästigen Zeitungen lesen! Mir fällt nun manches ein: Hat er nicht während des Massakers mit der Polizei telefoniert? Kamen die Polizisten nicht deswegen so spät zur Insel, weil sie nicht das nächste Boot nahmen, sondern ein weit entferntes?" „Und warum", fährt Georg fort, „sperrt man Breivik in eine winzige Zelle, nicht größer als sieben Quadratmeter? In Einzelhaft? Monatelang? Jetzt behauptet ein psychiatrisches Gutachten, daß er verrückt ist und gar nicht in das Gefängnis, sondern in ein Irrenhaus kommen soll!" – „Doch er soll im Internet extremistische Parolen von sich gegeben haben." – „Ich habe in seiner ellenlangen Erklärung vieles gelesen, das uns die Presse verschweigt: ‚Ich bleibe ein überzeugter Anti-Nazi!', schreibt Breivik und fordert: ‚Unterstützt Israels Kampf gegen den Dschihad!' Sein Vorbild, erklärt er, sei Winston Churchill, der doch ein Kriegshetzer war. Aber Norwegens Ministerpräsident predigte nach der Tat mit fromm gefalteten Händen: ‚Die Demokratie ist bedroht!' Unzählige Menschen, Rosensträuße in ihren Händen, pilgerten darauf durch die Straßen und faselten vom bösen Rassismus. Quer durch Europa zeterte man: ‚Pfui Fremdenfeinde, pfui Rechtsextremisten! Mehr Zuwanderung! Mehr Globalisierung! Multikulti ist schön!' Die Lügen erreichten ihr Ziel. Die rechte norwegische Fortschrittspartei stürzte bei der nächsten Wahl ab und verlor die Hälfte ihrer früheren Stimmen."

Empört schüttelt der Angesprochene seinen Kopf: "So unglaublich werden wir manipuliert!" – "Gibt es nicht noch Unglaublicheres? Daß wir uns das alles gefallen lassen und dummgläubig hinnehmen! Verehrter Herr Doktor, Sie werden so wie fast alle Menschen entscheidende Tatsachen nicht kennen." Georg entnimmt seiner Rocktasche ein Blatt, das er im Internet ausgedruckt hat. "The Independent", liest Dr. Krammer interessiert, "Page 2 of 4". "Das ist eine Londoner Zeitung" erklärt Georg, "die am 28. Juli, sechs Tage nach Breiviks Massaker, einen langen Bericht über ihn brachte. Lesen Sie nun den Satz, den ich gelb markiert habe: ‚But his bank accounts reveal that in 2007 a sum equivalent to € 80.000 was added to his account …" "Das heißt doch", übersetzt der ältere Herr in ungläubigem Staunen, "seine Bankauszüge verraten, daß 2007 eine Summe in Höhe von 80.000 Euro auf sein Konto eingezahlt wurde – und dann steht noch: ‚which would have enabled him to live without having to work'. Das gab ihm also die Möglichkeit, zu leben, ohne arbeiten zu müssen. Wer aber hat diesen Mörder bezahlt?" Georg zuckt die Achseln: "Das verrät die Zeitung nicht. Ebensowenig nennt man die Person, die dem Freimaurer Breivik den Auftrag gab, junge Landsleute niederzuknallen, die einen Boykott des Regimes in Israel forderten."

"Ungeheuerlich!" ruft Georgs Gegenüber erregt, "Freiheit der Meinung', predigt man, ‚Freiheit der Presse'! Und so abscheulich belügt man uns!" „Fällt Ihnen jetzt", fragt Georg, „nicht manches andere ein: 11. September 2001, fragwürdiger Einsturz der Riesentürme auf Ground Zero? Daraus folgten bisher zehn Jahre Gemetzel in Afghanistan! Nicht siebzig, sondern zehntausende Menschen kamen dort um! Oder Sadam Husseins angebliche Massenvernichtungswaffen: weder Bush noch Obama hat im Irak eine einzige Atom-, Bio- oder Chemiebombe finden können! Welche politischen Konsequenzen hatten die niederträchtigen Lügen? Wer hat sie ausgeheckt? Wem nützen sie? Was sind das für Leute? Wie wehren wir uns? Oder glauben wir weiter, was gefügige Medien uns tagtäglich einhämmern? Beugen wir uns fromm vor diesen Lügen? Die Methoden sind leider alt und bewährt: ob einst oder jetzt, ob Ground Zero oder Utoya, ob Sadam Hussein oder Breivik – wer oft genug und laut genug lügt, kann Dummköpfen die dreistesten Unwahrheiten einreden. Nur ab und zu sickert manches durch. Doch bloß in Schriften, welche die meisten nicht lesen, weil sie als ‚rechtsextremistisch' verketzert sind.

Aber dort erfährt man, was John Swinton, Chefredakteur der ‚New York Times', einmal ausplauderte. 1880 war Swinton Ehrengast bei einem Bankett, das ihm die Führer der Zeitungszunft ausrichteten. Jemand sprach ehrende Worte über die unabhängige Presse. Zufällig habe ich diesen Ausdruck bei mir. Hören Sie bitte, Herr Doktor!" Georg entnimmt einer Mappe das Blatt und liest: „Swinton antwortete: ‚So etwas gibt es bis zum heutigen Tage nicht in der Weltgeschichte, auch nicht in Amerika: eine unabhängige Presse. Sie wissen das, und ich weiß das. Es gibt hier nicht einen unter Ihnen, der es wagt, seine ehrliche Meinung zu schreiben. Und wenn er es täte, wüßte er vorher bereits, daß sie niemals im Druck erschiene. Ich werde wöchentlich dafür bezahlt, daß ich meine ehrliche Meinung aus dem Blatt, mit dem ich verbunden bin, heraushalte. Andere von Ihnen erhalten ähnliche Bezahlung für ähnliche Dinge, und wenn Sie so verrückt wären, Ihre ehrliche Meinung zu schreiben, würden Sie umgehend auf der Straße landen, um sich einen neuen Job zu suchen. Wenn ich mir erlaubte, meine ehrliche Meinung in einer der Papierausgaben erscheinen zu lassen, dann würde ich binnen 24 Stunden meine Beschäftigung verlieren. Das Geschäft der Journalisten ist, die Wahrheit zu zerstören, schlankweg zu lügen, die Wahrheit zu pervertieren, sie zu morden, zu Füßen des Mammons zu legen und sein Land und die menschliche Rasse zu verkaufen zum Zweck des täglichen Broterwerbs. Sie wissen das, und ich weiß das, also was soll das verrückte Lobreden auf eine freie Presse? Wir sind Werkzeuge und Vasallen von reichen Männern hinter der Szene. Wir sind Marionetten. Sie ziehen die Strippen, und wir tanzen an den Strippen. Unsere Talente, unsere Möglichkeiten und unsere Leben stehen allesamt im Eigentum anderer Männer. Wir sind intellektuelle Prostituierte.'"

„Was Sie sagen," antwortet Dr. Krammers sonore Stimme, „ist erschütternd. Doch schauen Sie, lieber Freund, ein Blick aus dem Fenster gibt uns die stille Weihnachtsbotschaft des Himmels. Noch immer rieselt der Schnee, ‚weiß und leise und dicht', wie Josef Weinheber dichtet. Licht strahlt aus unserem Dom. Gerhard Schumanns tröstlicher ‚Lichtspruch' kommt mir da in den Sinn."

Jede Kerze, fromm entzündet,
glüht das Weltendunkel lichter!
Jedes Herz, uns treu verbündet,
schließt den Ring vor 'm Grauen dichter!
Glühe Herz, sei lauter Licht!
Anders weicht das Dunkel nicht!

Parlament in Wien

Heldenplatz: Erzherzog Karl

Kaiserstadt Wien

Das neue Jahr hat begonnen. Nach vielen Tagen einsamer Stille läutet Georgs Fernsprecher. Die vornehm sonore Stimme des Anrufers erkennt er sofort: „Herr Doktor Krammer?" – „Verehrter Freund, wir haben uns einmal im Kerzengeschäft und dann im Café angelegentlich unterhalten. Da dächte ich, wenn's Ihnen konveniert, könnten wir wieder über Gott und die Welt plaudern. Darf ich Sie, auch im Namen meiner Frau, herzlich einladen? – Wenn ja, dann kommenden Donnerstag? – Etwa vier Uhr? – Kaffee oder Tee? – Wir freuen uns sehr! Leben Sie recht herzlich wohl!" Als Georg den Hörer auflegt, lächelt er: „Vornehme Lebensart einer nun leider versinkenden Welt! Gespräche mit Herrschaften, die ältere Zeiten erlebt haben, bereichern uns. Der Besuch gäbe auch Anlaß zu einem Gang durch mein liebes Wien."

Am vereinbarten Tag fährt Georg mit der Straßenbahn über die Ringstraße, wo Prachtgebäude sich an Prachtgebäude reiht: „Universität – dort war ich in den Studienjahren daheim – und dann bei der Demo gegen den Gusi – Begegnung mit Irmgard – werde ich sie je wieder sehen?" – An der alten Mölkerbastei und dem hohen Denkmal des Sieges über die Türken vorbei saust der Zug zur Haltestelle beim Rathaus: „Hohe Türme, gotische Spitzbögen wie in Gent oder Brügge – gegenüber das Burgtheater! Büsten von Goethe, Schiller, Lessing! Selige Stunden, bis Peymann das Theater kaputtgemacht hat …" Als der Zug wieder hält, fällt der Blick auf eine Front hoher Säulen wie im antiken Athen: „Klassizismus von Theophil Hansen – Pallas Athene mit der Lanze in ihrer Hand, die Göttin der Weisheit! – Weisheit? – Die roten, schwarzen und sonstigen Abgeordneten im Parlament? – Oben flattert die Fahne, also ist heute Sitzung!" Unwillkürlich muß er lachen, weil ihm das Wiener Witzwort einfällt: „Ist der Fetzen draußen, sind die Lumpen drinnen – ist der Fetzen drinnen, sind die Lumpen draußen!"

Stolz auf die Herrlichkeiten, die Fleiß und Kunst der Vorfahren schufen, steigt Georg aus und wandert durch einen Park, über dem eine Decke von Schnee liegt. Weit öffnet sich ein Platz: „Heldenplatz! – Gibt es das heute noch: Helden-Platz? Die alte Kaiserstadt Wien ehrte noch ihre Helden!" Vor der breiten Front der Habsburger Hofburg mit ihrem hohen Balkon, der zwischen verschneiten Bäumen auftaucht, ragen mächtige Reiterstatuen. Das Roß weiter hinten bäumt sich hoch auf. Es trägt den Prinzen Eugen, den edlen Ritter, den Sieger über die Türken! Ihm entgegen galoppiert Erzherzog Karl, der bei Aspern gegen Napoleon stritt. Im Arm hält er unsere Fahne. Sein Blick befiehlt: „Vorwärts, zum Kampf! Im Rücken habt ihr Eltern, Weiber, Kinder!" Auf dem Sockel stehen die Worte: „Dem beharrlichen Kämpfer für Deutschlands Ehre!" – Oft hat er sie gelesen, doch erst jetzt, nach Fahrten durch deutsche Lande, von Schleswig-Holstein bis Südtirol, versteht er sie: „Kampf – Ehre – Deutschland! Helden sind alle, die für Volk und Heimat ihr Leben einsetzten: nicht nur Erzherzog und Prinz, auch die unbekannten Soldaten; nicht nur in den Schlachten bei Belgrad und Leipzig, auch 1918 und 1945: Wir ehren sie!"

Als Georg schließlich vor Dr. Krammers Haus steht, dann durch das breite Portal eintritt, die Stufen zwischen kunstvoll geschmiedetem Geländer emporsteigt, empfängt ihn eine vornehme Welt alter Kultur. „Welche Freude, Sie wiederzusehen!" begrüßt ihn der Hausherr, und neben ihm lächelt eine würdige Dame: Frau Gerlinde Krammer. Mit bezaubernder Anmut nimmt sie den Rosenstrauß, den ihr Georg reicht, dankend entgegen und bittet, doch näherzutreten. Aber den Gast überwältigt die Pracht des weiten Vorzimmers, das sich ihm öffnet. Kaum weiß er, wohin er zuerst den Blick richten soll.

Das Relief eines Knaben, der kniend ein Wappen hält, lenkt seine Betrachtungen weiter. Über einer breiten Bauerntruhe rahmt ein kunstvolles Altarretabel ein großes Gemälde. Zärtlich blickt Maria auf ihren kleinen Jesus: Mutter und Kind, das schönste Bild des menschlichen Lebens. Darunter nochmals Mutter und Sohn, aber hier umschlingt sie weinend den Leichnam, den man eben vom Kreuz abgenommen hat. „Freude und Schmerz", sagt der Gastgeber, „stehen einander hier gegenüber, Geburt und Tod. Beides bestimmt unser Schicksal. Auf dem Sockel daneben sehen Sie einen Sankt Georg." – „Mein Namenspatron!" ruft Georg. „Wie kühn bezwingt er das Untier mit seiner Lanze! Und der Sockel, auf dem er steht! Sieht er nicht aus wie ein romanisches Kapitell? – „Sie sind ein Kenner! Da manche Kapitelle in den Heidentürmen des Stephansdoms schon altersschwach sind, ersetzt man sie durch Kopien. Dieses Original konnte ich daher in der Bauhütte erwerben. Lieber Freund, wir können aber, was es sonst noch hier gibt, geruhsam später betrachten. Treten Sie doch bitte in unser Mittelzimmer ein, wo meine Frau für den Tee gedeckt hat."

Georg folgt der Einladung, und abermals überkommt ihn freudiges Staunen. Sein Blick streift das gestickte Tischtuch, auf dem feines chinesisches Teeporzellan steht, doch dann schaut er nach rechts und nach links. Hohe Flügeltüren öffnen nach beiden Seiten eine Flucht von drei gleich großen, aber ganz verschieden gestalteten Zimmern. „Das sind unsere Hei-hei-hei-Zimmer", lächelt die Gastgeberin und bittet, Platz zu nehmen. „Hei-hei-hei?" fragt Georg ratlos. „Liebe Gerlinde", sagt der Hausherr, „unser Gast wird das Rätsel ganz sicher lösen. Einstweilen verrate ich nur: ‚Hei' ist jeweils die erste Silbe des Wortes, das den Charakter eines jeden Zimmers bezeichnet. Doch jetzt", er weist auf ein Tablett mit verschiedenen Kuchen, „bitte, bedienen Sie sich." Georg dankt, läßt aber seine Augen im Zimmer wandern.

An der Wand ihm gegenüber hängt eine Gruppe, die mit feinem Geschmack zusammengestellt ist. „Kirchenväter", sagt er bewundernd, „sieht man auf den zwei Gemälden: Hieronymus, der dem Löwen den Dorn aus der Pranke zieht, und Augustinus, den ein Kind belehrt, der menschliche Geist sei zu klein, um das Geheimnis der Dreifaltigkeit zu ergründen." – „Großartig! Auch in der Theologie sind Sie gut bewandert. Sehen Sie sich nur weiter um!" – „Daneben ein Bild der Gottesmutter, die glückselig den Knaben in ihrem Arm hält. Und zwischen den Kirchenvätern eine hohe Statue der Renaissancezeit. Adelig ist die Gestalt dieses Ritters!" – „Welcher Heilige ist es? Das wissen Sie doch gewiß!" – „Georg!" ruft Georg lachend, „aber er ist anders als der Held, den Sie im Vorzimmer haben. Das sind die zwei Naturen meines Namenspatrons: der Kämpfer, der das Ungeheuer besiegt, und der Wächter, der behütet, was ihm anvertraut ist. Wir George müssen zu beidem bereit sein." – „Nun müßten Sie aber schon wissen, in welchem ‚Hei'-Zimmer wir sitzen!" Als Georg über der Tür zum Nebenzimmer zwei Engel erblickt, die zu einem runden Relief des Auferstanden schweben, ist die Antwort ihm klar: „Heiligen-Zimmer!"

„Erste Prüfung mit ‚Sehr gut' bestanden!" lächelt die Hausfrau. „Das ‚Hei' im Zimmer hinter Ihrem Sitz werden Sie auch leicht erraten!" Georg erhebt sich und betritt diesen Raum, der einfacher und volkstümlich wirkt. Alle Möbel, Schränke, Truhen, der Tisch, vier Sessel mit breiten Armstützen, sind aus blankem Holz. Auch hier gibt es vieles, was bemerkenswert ist: „In dieser ‚Kraxe'", erklärt Frau Gerlinde, „trug ein Wanderbursch sein Handwerksgerät auf dem Rücken, wenn er von Hof zu Hof zog und den Bauern seine Arbeit anbot. Daneben sehen Sie ein niedriges Tischchen, auf dem ein Fleischhakker einst den Schinken zerlegte. ‚Fleischbank' nannte man das. Die Schnittspuren seines Werkzeugs erkennen Sie noch. Neben Gebetbüchern aus Wachs, einer bemalten Krösendose, wie Taufpaten sie verschenkt haben, sehen Sie eine Puppe. Sie trägt die Tracht einer Bäuerin aus Siebenbürgen. Wir haben die Deutschen, die früher dort wohnten, oft besucht und erhielten einmal dieses Geschenk. Besonders liebe ich die Siebenbürger Textilien an der Wand."

Georg versucht, den rot gestickten Text eines breiten Tuches zu lesen. „Wo Gott net helft mit seiner guonst," buchstabiert er, „es alle Müi uch Ploch umsunst." – Die Hausfrau hilft ihm: „Mühe und Plage! Das ist das Deutsch der Siebenbürger Sachsen, das sie in einer fremden Umwelt Jahrhunderte lang bewahrt haben!" Der Hausherr ergänzt: „Die Antwort darauf finden Sie in dem Spruch über der Türe." Die auf ein zierlich geschnitztes Brett gemalten Buchstaben verkünden: „Gott ist die Liebe." „Wunderbar", sagt Georg, „fügen Sie das zusammen: die bangen Sorgen eines Bauern und die trostvolle Gewißheit aus dem Brief des Evangelisten Johannes: Deus caritas est!"

Staunend blickt sich der Gast weiter um. „Kupferstiche", ruft er, „welche die Lieblinge meiner Kinderzeit darstellen: Ferdinand Raimund als Aschenmann und Johann Nestroy in der Posse ‚Freiheit in Krähwinkel'!" „An der Wand gegenüber", machen die Gastgeber aufmerksam, „finden Sie Bilder aus dem Buch ‚Wien und die Wiener', das Adalbert Stifter veröffentlicht hat. Wie gefällt Ihnen das hübsche Geißmädchen hier?" „Einem Mann", lacht Georg, „dem der Zylinder keck auf dem Kopf sitzt, reicht sie einen Becher Ziegenmilch. Dahinter ragt der Stephansturm auf inmitten unserer Kaiserstadt Wien. Das Rätsel des zweiten ‚Hei'-Zimmers ist damit gelöst. Heimat: Wien – Siebenbürgen – aus nah und fern grüßt uns hier deutsches Land!" „Erraten", lobt Frau Gerlinde, „Max Mells Gedicht ‚Heimat', das in der Handschrift des Dichters neben der Tür hängt, gibt Ihnen recht!" Georg tritt näher und liest.

Die Heimat lädt dich ein:
Sei zu ihr lieb.
Es könnte einmal sein,
es könnte einmal sein,
daß nichts dir blieb.
Sie zeigt mit keuscher Kraft
dir ihre traute Welt
und drüber riesenhaft,
und drüber riesenhaft
ihr Sternenzelt.

Drei Säulen

„Beim dritten ‚Hei'-Zimmer, Andreas", meint Frau Gerlinde, „mußt du unserem Gast ein wenig helfen." – „Versuchen wir es mit einem Durchblick durch alle drei Zimmer. Lieber Freund, schauen Sie durch die offene Tür unseres Heimatzimmers, über der ‚Gott ist die Liebe' steht. Über der Tür des Heiligen-Zimmers zum dritten Zimmer sehen Sie ein rundes Relief, das als Schlußholz im Gewölbe einer Holzkirche angebracht wurde. Spricht aus dem gütigen Antlitz des auferstandenen Heilands nicht derselbe Gedanke: ‚Gott ist die Liebe'? Kommen Sie nun mit mir in das Zimmer, dessen Name noch zu erraten ist. An seiner Wand sehen Sie hier ein Marmorköpfchen!"

Der Kopf ist das Fragment einer antiken Statue, von der Lagerung im Boden etwas verwittert. „Irgendwie", sagt Georg bewundernd, „erinnert er an den Heiland auf dem Schlußholz, auch wenn ihn wohl viele Jahrhunderte vorher ein heidnischer Künstler geschaffen hat." – „Fast haben Sie den Namen des dritten Zimmers erraten!" Georg blickt seinen Gastgeber ratlos an, doch dann – „Heiden-Zimmer heißt es!" ruft er überrascht, daß ihm so schnell die Lösung gelang. „Meinen Glückwunsch", lobt ihn Andreas Krammer. „So ist es richtig: Nicht krampfhaft nachdenken! Schauen! Mit den Augen und mit dem Herzen! Dargestellt ist der griechische Gott Asklepios – Aesculapius nennen ihn die Römer." „Den Äskulapstab", sagt Georg, „kennen wir von unseren Apotheken! Um ihn windet sich eine Schlange, auch sie ein Sinnbild der Religionen." – „Asklepios war der Gott der Heilkunde. Man nannte ihn auch ‚Sotér'. Das altgriechische Wort ‚Sotér' heißt ‚Heiland'. Auch jene, die man aus christlicher Sicht Heiden nannte, haben göttliches Wesen verehrt, wenngleich sie ihm griechische oder lateinische Namen gaben. In unseren Zimmern verbinden sich Heimat, Heiliges und heidnische Antike. Auf diesen drei Säulen ruht unser Wesen. ‚Gott ist die Liebe': in diesem Glauben ist alles vereint."

Im Heiden-Zimmer versetzt das blendende Weiß von Skulpturen aus Marmor oder Biskuitporzellan Georg in die Welt der Antike. „Nehmen wir", lädt ihn der Gastgeber ein, „auf der Biedermeierbank Platz und schauen wir, wie viele olympische Götter uns da umgeben!" Auf dem Tischchen vor ihnen umschlingen einander zwei edel gebildete Körper mit liebenden Armen. „Amor und Psyche", erkennt Georg sofort. „Natürlich nicht das Original von Antonio Canova", erklärt der Hausherr, „aber eine kleine Kopie, die wir sehr lieben. Psyches hübsches Gesichtchen lacht Ihnen auch aus einem Relief des Klassizismus von der Wand entgegen." Staunend läßt Georg seine Blicke schweifen und richtet sie dann auf zwei hohe Figuren. „Schon beim Eintritt", sagt er, „hat ihr Marmorglanz mich bezaubert. Fürsorglich legt der Mann seinen Arm um die Schulter der Frau, und sie blickt ihn liebevoll an. Beide tragen Kränze von Weinlaub im Haar." – „Dionysos führt Ariadne von Naxos als seine Braut in den Himmel der Götter. Francesco Carradori, ein toskanischer Zeitgenosse Canovas, hat dieses Meisterwerk aus Carrara-Marmor gebildet."

„Der verwitterte Marmorblock neben uns", fragt Georg, „ist aber antik?" – „Richtig erraten! Wie das Asklepios-Köpfchen lag er lange im Boden. Erkennen Sie, wen das Relief darstellt?" – „Aphrodite, aus dem Schaum des Meeres geboren, ruht auf einer Muschel, wird von Delphinen umspielt: die Sagen des griechischen Altertums werden mir wieder lebendig!" – „Gottbegnadet war die Phantasie der Hellenen! Über alle Gottheiten, die wir im Heidenzimmer hier sehen, ließen sich hundert Geschichten erzählen: zu Pallas Athene, die Sie als Bronzestatue sehen, zu Apollon und Artemis auf einem Kupferstich und hier zu Zeus. Diese Applike, die einst einen römischen Brustpanzer schmückte, zeigt uns die Majestät des Vaters der Menschen und Götter."

Behutsam holt der Gastgeber nun zwei zierliche Gegenstände herbei. Neben der vergoldeten Statuette eines Mannes, der mit kräftigem Schwung eine große Kugel auf seine Schulter hebt, steht eine Gestalt aus dunkler Bronze. Ein schlanker Jüngling hebt beide Arme empor, als hielte er eine Last. „Das war", erklärt Andreas Krammer, „der figürlich geformte Griff einer polierten Metallplatte, die in der Antike als Spiegel diente. Diesen Griff aus der Zeit zwischen 490 und 480 könnte der junge Sokrates in der Hand gehabt haben. Aber schauen Sie die Figur auch von der Rückseite an!" Georg ist überrascht. Von vorne erscheint ihre Form symmetrisch wie ägyptische Kunst, doch ihr Rücken zeigt eine kleine Wendung nach rechts. „Auch die erhobenen Arme sind nicht ganz parallel", sagt der Gastgeber. „Das war der entscheidende Schritt vom archaischen zum frühklassischen Stil. So gab die griechische Kunst dem geformten Material Bewegung und Leben!" Georg bewundert die feine Gestaltung der Brust und der kräftigen Muskeln. „Ein bloßer Gebrauchsgegenstand", staunt er, „aber wie lebendig und kunstvoll gebildet! Mir ist, dieser Jüngling würde mit mir reden und ‚Du' zu mir sagen!"

„Betrachten Sie nun", bittet der Hausherr, „die Statuette des jungen Mannes, der eine Kugel emporhebt. Auch das ist ein antikes Motiv – Atlas, der die Erdkugel trägt. Wieviel Zeit, meinen Sie, liegt zwischen den beiden? – Fast zweieinhalbtausend Jahre: Arno Breker hat diese Figur 1981 geschaffen! Das ist abendländische Kunst, die das Bild des Menschen gestaltet. Sie wurzelt im antiken Athen, ihre letzten blühenden Zweige reichen bis in unsere Zeit, doch jetzt" – sein Gesicht verdüstert sich – „jetzt grinst uns Anti-Kunst mit greller Grimasse entgegen. Wird sie unsere Welt und unsere Kunst grausam zerstören?" Georg empfindet spontan: Andreas Krammer erlebt ebenso wie er die Krise der Gegenwart als schmerzhaften Verlust der geistigen Mitte.

Frau Gerlinde tritt zu den beiden Männern. „Ich habe Brötchen vorbereitet und, wenn es dir recht ist, Andreas, eine Flasche Rotwein aus Südtirol. Er heißt ‚Thor' wie der germanische Kriegsgott und soll euch Mut geben!" – „Glänzende Idee, liebe Gerlinde, und du kommst bitte zu uns und spendest uns gute Gedanken!" Nachdem die Hausfrau die Speisen gebracht und ihr Mann mit dunklem Rotwein die Gläser gefüllt hat, sagt Georg: „Gnädige Frau, ich bewundere, was Sie und Ihr Herr Gemahl hier geschaffen haben: eine Welt der Schönheit: von Perikles bis in unsere Zeiten!" „Es soll aber kein Museum sein", erwidert Frau Gerlinde, „sondern ein Heim. Alles haben wir gemeinsam erarbeitet und hoffen, daß es unseren Kindern und Enkeln einmal auch Freude schenkt. Stück um Stück haben wir entdeckt, lange gewählt, überlegt, gemeinsam dafür den Platz gesucht und uns an jedem Bild, jeder Skulptur und jedem bunten Bauernkrug gemeinsam erfreut!"

„Gemeinsame Arbeit", ergänzt ihr Mann, „hat uns verbunden, aber wir gehen verschieden heran. Das Urteil meiner Frau ist spontan: ‚Ja', ruft sie, ‚das gefällt mir!' Oder: ‚Nein, kommt gar nicht in Frage!' Wenn ich es mir dann überlege, finde ich, sie hatte recht." – „Andreas, auch du hast vieles in unser Heim gebracht, woran ich nie gedacht hätte. Die Kunstwerke haben auch oft ihren Platz wechseln müssen, alles wird lange besprochen, alles ist in bunter Bewegung und alles ist wunderschön!" Georg bewundert die innige Verbundenheit des Ehepaares und ihre Liebe zum Schönen: „Sie sagten vorhin: ‚Heimat – Heiliges – Heiden: auf diesen drei Säulen ruht unser Wesen.' Leider rütteln jetzt dunkle Kräfte an diesen Grundsätzen und geifern: ‚Die Ideologien von vorgestern sind zu hinterfragen!' Wird nun alles, was über Jahrhunderte galt, kaputtgemacht?" Der Hausherr erhebt sein Glas. „Bevor wir das erörtern, lieber Gast, wollen wir uns zunächst stärken! Wir danken für Ihren lieben Besuch!" Georg erwidert herzlich und fühlt: schon der erste Schluck des kräftigen Rotweins läßt seinen Puls heftiger schlagen.

„Hat man ausnahmslos alle Ideologien gestürzt", beginnt Andreas Krammer, „ist keine übrig geblieben? Wagen wir die Frage: Ist nicht die einzige heilige Kuh – Pardon, ich meine: Ideologie, die noch gilt

– die Demokratie?" „Keck gefragt!" wirft seine Gattin ein. „Darf ich noch kecker sein?" ruft Georg. „Churchill soll gesagt haben, die Demokratie sei zwar schlecht, aber doch die am wenigsten schlechte Verfassung. Für mich ist das kein Argument! Bietet man mir in einer Kneipe ein miserables Menü, gehe ich in ein anderes Gasthaus und finde dort vielleicht etwas Besseres." „Suchen wir also", sagt der Hausherr, „nach Besserem in meiner Bibliothek. Da wir im Heidenzimmer sind, beginnt sie mit der Ilias und der Odyssee, Aischylos, Sophokles, Akropolis, griechischer Kunst ..." „Die Akropolis entstand ja zur Zeit des Perikles", meint Frau Gerlinde, „also in der athenischen Demokratie." Ihr Gatte holt Platons „Staat", „Die Politik" von Aristoteles und „Die Geschichte des Peloponnesischen Krieges" von Thukydides aus dem Bücherschrank und blättert in diesen Schriften.

„Die Demokratie in Athen", sagt er, „ist nicht zu verwechseln mit dem, was wir heute so nennen. Wahlberechtigt waren nur die frei geborenen, erwachsenen athenischen Bürger. Kein Stimmrecht hatten Fremde, Sklaven, Junge unter zwanzig Jahren und – verzeih, liebe Gerlinde – die Frauen. Diese ‚Herrschaft des Volkes' war auch zeitlich auf knapp ein Jahrhundert beschränkt und hatte seine Blütezeit unter Perikles, den Thukydides den ‚ersten Mann in Athen' nennt. ‚Es war', schreibt er, ‚nur dem Namen nach eine Demokratie, in Wahrheit aber war Perikles der Herr des Staates.' Unter späteren Politikern entartete die Demokratie zum Spielball von Demagogen. ‚Dann', schreibt Platon, ‚ist niemand mehr Herr in seinem Haus. Der Vater hat Angst vor dem Sohn, der Sohn verachtet den Vater. Der Lehrer fürchtet die Schüler, redet ihnen nach dem Mund, und die Schulbuben pfeifen auf ihre Lehrer.'" Frau Gerlinde lacht: „Hat Platon schon die Zeit von 1968 bis heute geahnt?" – „Wir sollten bedenken, was Platon daraus folgert: ‚Aus dieser Willkür, welche diese Leute für Freiheit halten, sprießt dann die Tyrannei.'"

„War es nicht", wirft Georg ein, „Jahrhunderte später ganz ähnlich? Auf die Parole der französischen Revolution ‚Freiheit, Gleichheit,

Brüderlichkeit!' folgte die Schreckensherrschaft der Jakobiner und das Morden der Guillotine. Danach herrschte Napoleon als Tyrann über Frankreich und fast ganz Europa!" Der Hausherr stimmt zu: „Jedes Übermaß', sagt Platon, ‚schlägt um in sein Gegenteil.' Direkte Demokratie wie in Athen gibt es jetzt allerdings nicht. Seit der Mitte des 19. Jahrhunderts hat sich die repräsentative Demokratie etabliert: Das Volk wählt Abgeordnete. Diese beschließen Gesetze und kontrollieren die Regierung." Georg nimmt einen kräftigen Schluck Wein und lacht schallend: „So lernen es brave Schüler auswendig! Aber haben wir nicht eine ‚un-repräsentative' Demokratie? Wen dürfen wir wählen? Eine Handvoll von Leuten stellt die Listen der Kandidaten zusammen, und wir dürfen alle paar Jahre darauf unsere Kreuzchen machen! Nicht das Volk herrscht, sondern die Parteisekretariate!"

„Sie sagen das ein wenig schroff", wendet der Gastgeber ein, „legen aber den Finger auf eine offene Wunde. Denn diese Leute im Hintergrund üben auch den Klubzwang und schreiben den Abgeordneten ihrer Partei vor, wie sie abstimmen müssen." „Noch einfacher wäre es", wirft Georg ein, „jeder Fraktionschef würde ein Blatt mit der Zahl der Mandate seiner Partei vorlegen. Damit wäre jede Abstimmung eine einfachen Rechenaufgabe. Die Medien kündigen im voraus ohnehin an, wie sie jeweils ausgehen wird! Amtsmißbrauch, Betrug und Korruption tun ein übriges. Immer mehr Bürger sind politikverdrossen und gehen nur widerwillig zur Wahl." „Wie steht es mit der Wahlbeteiligung?" fragt Frau Gerlinde. „Oft nehmen nur 59 Prozent der Wahlberechtigten teil", antwortet Georg, „oder noch weniger. Die Zahl der ungültigen Stimmen, die man meist verschweigt, müßte man auch noch abziehen. Wenn eine Koalition eine ‚Mehrheit' von 52 Prozent hat, sind das bei einer Wahlbeteiligung von 60 Prozent nur mehr 31,2 Prozent aller möglichen Stimmen! Die überwiegende Mehrheit sind meist jene, die gar nicht wählen! Manche sind vielleicht nur zu träge, aber andere verweigern die Wahl aus Protest, weil sie keiner Partei mehr vertrauen! Ist das Demokratie?"

Die Hausfrau lächelt hintergründig: „Mir fällt etwas ein: Österreichs Nationalrat hat 183 Abgeordnete. Erhöhen wir die Zahl auf 200, aber binden wir sie an die Wahlbeteiligung. Das ergäbe bei 80 % 160 Mandate, bei 70 % 140 und so weiter." „Fragen wir unsere Frauen", lacht Andreas Krammer, „wenn wir Männer keinen Rat wissen! Doch bei einer Wahlbeteiligung unter 50 % …" – „… müßte man fragen", sagt Georg, „ob Churchill recht hat, der meint, es gebe nichts Besseres als die Demokratie!" „Darauf gibt es eine Antwort", erwidert der Hausherr und greift nach einem Buch. „Die ‚Regierung'", übersetzt er aus Ciceros „De re publica", „‚ist entweder nur einer Person zu übertragen oder einer Auslese von mehreren oder dem ganzen Volk.' Das sind also die drei Staatsformen Monarchie, Aristokratie, Demokratie." – „Welche ist die beste?" – „Keine, antwortet Cicero, jede ist höchstens erträglich, kann aber leicht entarten." – „Was also dann?" – „Eine Verfassung, die aus den drei Staatsformen maßvoll gemischt ist." – „Hat es das jemals gegeben?" – „An der Spitze der römischen Republik standen – um einander zu kontrollieren – zwei Konsuln, deren Amtszeit auf ein Jahr begrenzt war. Ein Senat aus ehemaligen Konsuln und Regierungsmitgliedern hat sie beraten, und auch die Volksversammlung hatte gewisse Rechte, darunter sogar die Abstimmung über neue Gesetze."

„Wie lange", fragt Georg, „hatte diese Verfassung Bestand?" – „Rund ein halbes Jahrtausend. In dieser Zeit vollzog sich Roms Aufstieg vom Hirtendorf zur Weltmacht." – „Mister Churchill, lesen Sie Cicero!" ruft Georg und nimmt einen kräftigen Schluck Rotwein. Unter scharfsinnigen Argumenten und Zitaten aus Büchern läuft das Gespräch noch angeregt weiter, bis ein Blick auf die Uhr Georg mahnt, Abschied zu nehmen. Frau Gerlinde weist ihn, bevor er ihr Heim verläßt, auf eine gestickte Decke neben der Tür hin. Dort liest er in blauer Frakturschrift:

Ein deutsches Haus, ein deutsches Wort –
Das nehme Gott in seinen Hort!

Föhnsturm

Als Georg die Straße betritt, packt ihn rasender Sturm. Warmer Föhn und strömender Regen haben den Schnee, der vor einigen Stunden Wien in ein weißes Kleid gehüllt hatte, weggeschwemmt. „Alles", fühlt Georg, „um mich und in mir ist verwandelt. Bewirkt das der Wein des Kriegsgottes Thor? – Oder das Gespräch über Politik? – Bewundernswert ist Andreas Krammer. Älter als achtzig Jahre ist er, doch geistig frisch wie ein Junger: vornehm sein Wesen, umfassend seine Bildung, beispielhaft seine Liebe zur Kunst. Latein und Griechisch hat er am Gymnasium unterrichtet – schön wäre es gewesen, sein Schüler gewesen zu sein! Solche Menschen sind uns ein Vorbild … Wie groß und frei er über Demokratie spricht, aus seinen Büchern Fakten und Argumente gewinnt! Auch Oscar Wilde hat gemeint, sagte er, man habe einmal große Erwartungen auf die Demokratie gesetzt. Dann zitierte er diesen geistreichen Spötter: ‚Die Demokratie ist nichts als ein Niederprügeln des Volkes durch das Volk für das Volk.' – Ja, die Regierenden spielen uns angebliche Demokratie vor. Doch nicht das Volk herrscht – es wird beherrscht von den Parteien! – Aber sind nicht auch die Politiker nur Marionetten? Wer herrscht im Hintergrund und zieht die Fäden?"

Ein zermalmender Krach läßt Georg plötzlich zur Seite springen. Der Föhnsturm hat eine Schneelawine vom Dach gelöst, die knapp neben ihm niederstürzt. „Hat Krammer", blitzt es ihm durch den Sinn, „dem Buch von Oscar Wilde nicht ein Blatt mit einer Notiz entnommen? – Ein Wort von Richard Coudenhove-Kalergi, der zynisch sagte: ‚Demokratie ist die Fassade der Plutokratie.' Was heißt das in schlichtem Deutsch? – Nicht das Volk hat die Macht, auch nicht Parteien und Funktionäre, die wir wählen dürfen. Es herrschen die Reichen, die Bosse der Börsen. Sie finanzieren den Parteien die Wahlkämpfe und bekommen

Kaiser Leopold I. an der Pestsäule

dafür die Gesetze, die ihnen Geschäft und Wucherprofite verschaffen. Coudenhove-Kalergi? – Das ist doch derselbe, den die Freimaurer im Museum von Rosenau als großen Bruder feiern! Schon vor neunzig Jahren hat er von der ‚eurasisch-negroiden Zukunftsrasse' geschwärmt! ‚Der Mensch der fernen Zukunft', schrieb er, ‚wird Mischling sein!' Er gründete die Paneuropäische Union, die sich nun als EU organisiert hat. Und jetzt verkünden ihre Kommissare frech das eigentliche Ziel der EU: Zerschlagung unserer Nationalstaaten! Vermischung der Völker! Nach dem Beispiel der USA wollen sie die ‚Vereinigten Staaten Europas'. Dort soll dann die ‚eurasisch-negroide Rasse' ihr gehorsamer Untertan werden!"

Gejagt vom dröhnenden Sturm und vom fieberhaften Selbstgespräch ist Georg aus verwinkelten Seitengassen zum „Graben" gelangt, einer breiten Straße, wo man einst um das römische Lager Vindobona einen Graben gelegt hat. Der Regen hat aufgehört, im Schein der Straßenlaternen leuchtet die hohe „Pestsäule", ein steinerner Wolkenturm, zu dessen Füßen Kaiser Leopold um Befreiung von der Pestseuche betet. Hoch oben preisen Engel und Putten das Bild der Dreifaltigkeit, hoffen auf göttliche Güte und mahnen zum Mut. „Seien wir tapfer", jagen die Gedanken durch Georg, „schauen wir dem, was uns droht, unerschrocken ins Auge! Vor mehr als zweihundert Jahren sagte der Bankier Meyer Amschel Rothschild, der im Frankfurter Ghetto wohnte: ‚Gebt mir die Kontrolle über die Währung einer Nation! Dann ist es für mich gleichgültig, wer die Gesetze macht.' – Nein! Lassen wir uns nicht von Finanzmärkten und Ratingagenturen beherrschen! Gier nach Geld macht uns zu Sklaven. Schütteln wir die Umerziehung endlich ab! Wie sagte doch Cicero? ‚Res publica – res populi': der Staat ist Sache des Volkes! In einer ‚res publica' hat jeder das Recht, an seinem Staat teilzunehmen. Dieses Recht ist aber auch seine Pflicht! Jeder hat der Gemeinschaft zu dienen: jeder nach seinen Kräften und an seinem Platz!"

Gegen den wild wütenden Wind kämpft sich Georg kraftvoll voran. Stürmisch durchbrausen ihn die Gedanken: „Wie wenige Politiker haben heute noch Ideale? Die meisten kennen nur ihre Karriere! Wem dienen sie feig und gehorsam? Aber warum sollen auch wir ihnen gehorchen? In allen Bereichen arbeiten bei uns tüchtige und anständige Menschen. Geben wir ihnen Aufgaben! Schmieden wir Pläne! Seien wir ungehorsam gegen das, was man den Zeitgeist nennt! Erneuern wir die Werte, die uns einst groß gemacht haben: Treue, Rechtschaffenheit, Bereitschaft zum Opfer! Viele Kreise, die ähnlich denken, habe ich überall in den deutschen Landen gefunden! Sammeln wir uns! Bilden wir eine Bewegung! Fordern wir Befragung und freie Abstimmung des Volks über wesentliche Fragen der Zukunft! Lassen wir uns nicht von Parteien gegeneinander hetzen! Vernetzen wir uns mit Gleichgesinnten! Verbinden wir Jugend und Alter! Haben wir Mut! Vereinen wir uns zur Gemeinschaft des Volkes!"

Im Sturmwind kühner Gedanken kommt Georg zum Ende des „Grabens" und biegt in die Kärntner Straße nach rechts. Sein Blick fällt auf den Dom von Sankt Stephan. Steil ragt der Turm in den Himmel, dessen Wolken der Föhn nun zerfetzt hat. „Unser Turm", denkt er, „weist hinauf in das Reich der großen Ideen, des Guten, des Wahren, des Schönen. Auf Erden geben uns gute Menschen Beispiel und Vorbild: Andreas und Gerlinde! Wie ist ihnen die Liebe zur Kunst zur geistigen Heimat geworden! Wie schön und innig war auch für mich die Ehe mit meiner Ingeburg! Warum hat sie das Schicksal so früh von mir gerissen?" Wütend fegt ihm der Sturm durch die weit geöffnete Straße entgegen und droht, ihn zu Boden zu werfen. Gleichzeitig erregt eine Unrast sein Inneres, wie er sie noch niemals empfand: „Und kurz danach der Unfall mit meinem Auto! War er kein Zufall? Ich bin ein Mensch, der offen seine Meinung bekennt und viele Freunde gewinnt. Hat man Menschen, die nicht genügend ‚politisch korrekt' sind, nicht immer wieder beseitigt? Niemals wurde ein solcher Fall aufgeklärt! Aber

Angst haben dürfen wir nicht! Geben wir nicht nach! Kämpfen wir!" Während Georg dem Wind und dem Wetter entgegenschreitet, kommt ihm – wie und woher? – ein anderes, ein liebes Bild in den Sinn: „Irmgard, die Schwester, die mich am Krankenbett, ‚liebevoll mit starken Armen ...' Werde ich sie je wieder sehen? Hat sie meinen Brief von der Hochschülerschaft nicht erhalten? Oder will sie nichts von mir wissen? Wird mir nie ein neues Glück blühen?"

Da winkt ihm aus einer Haustornische, wo sie sich untergestellt hat, eine Frauengestalt zu. „Irmgard?" durchzuckt es ihn. „Nein!" ist er enttäuscht. Als er näherkommt, erkennt er die üppige Schöne, deren dunkle Augen ihn anblitzen: Doris, die Freundin von Max, durch den er bei der Demo auf der Ringstraße auch Irmgard kennengelernt hat! Mit strahlendem Lächeln geht sie ihm zwei Schritte entgegen, streckt ihm die Hand entgegen und zieht ihn zu sich in die schützende Nische: „Mein Ritter Georg, der mir in Zwettl so galant Interessantes über Schönerer erzählt hat!" – „Ich erinnere mich, Sie kamen damals mit Max." „Ach, Mäxchen", öffnet sie abschätzig ihre Lippen, so daß ihre Zähne hell funkeln. „Das ist lange vorbei! An Sie denke ich aber gern! Was ist mit Ihrem Freund Lutz? Sammeln Sie weiter Kameraden um sich?" „Fragen Sie Lutz, er weiß über alles Bescheid", antwortet Georg hastig, weil ihn eine andere Frage bedrängt: „Irmgard: Sie gaben mir einmal ihre Rufnummer. Damit konnte ich sie aber nicht erreichen. Ihre Anschrift kenne ich nicht. Ich schrieb der Hochschülerschaft mit der Bitte, ihr meinen Brief zu übergeben. Doch keine Antwort! Doris, können Sie mir helfen?" Schmollend wölbt sich ihr Mund: „Also Irmgard? Wenn Sie an die Wiener Hochschülerschaft schreiben, erreicht sie Ihr Brief nie! Irmgard studiert schon seit Jahren in Graz Medizin! Doch – Ja, ich komme schon!" winkt sie aufgeregt einem Auto zu, das eben vor ihnen anhält. „Also", ruft sie, „viel Glück! Tschüß!"

Der Fahrer ist aus dem Wagen gesprungen, umarmt Doris und küßt sie. Auf Georg wirft er einen stechenden Blick und grinst verächtlich. Dann steigen beide ein, und das Auto braust ab. Verwirrt bleibt Georg zurück: „Irmgard! Endlich, das ist eine Spur! Doch der neue Freund, den Doris jetzt hat? Der schmale Bartstreifen, der sich von seiner Unterlippe über das Kinn zieht? Die schrägen Augen? Aber was geht mich das an? Irmgard – ich muß ihr nach Graz schreiben! Danke, Germanengott Thor, daß du mich bei Wetter und Sturm durch die Wiener Innenstadt treibst! Welch glücklicher Tag!" So rasch er kann, eilt er zur Ringstraße und formt, während er in der Straßenbahn sitzt, in Gedanken einen langen Brief an den Menschen, nach dem er sich sehnt.

Als er heimkommt, durchblitzt ihn die Erinnerung: „Die Kopie meines Briefes an Irmgard ist doch in meinem Schreibtisch! Was ich ihr damals schrieb, gilt auch heute!" Eilig öffnet er die Laden, holt Mappen um Mappen heraus. „Ja!" – in einem Umschlag liegt einsam das Blatt, das er am 21. Juni 2008 seiner lieben Schwester Irmgard zugedacht hat. Fieberhaft überfliegt er die Zeilen: „Im vorigen Jahr – erinnern Sie sich? – Mitten in einer wilden Demo, in einer tobenden Menge, begegne ich einem Menschen, dem ich einen wunderbaren Augenblick meines Lebens verdanke ... Sabrina ... nein, Irmgard ... mein Lebensengel ... die Welt, die Gott uns geschenkt hat, ist schön! – Mein Gedicht: ‚Als ich elend und bleich ...' Mein Buch über mein Leben ... Irmgard, liebe Irmgard ..."

Aufgewühlt, als würde ihn ein wilder Föhnsturm durchbrausen, schreibt Georg mit neuem Datum über die ersten Zeilen des Briefes: „Abgeschickt vor langem, aber nicht übergeben, nicht angekommen! Liebe Irmgard, vielleicht hilft mir diesmal das Glück!" Mit wenigen Worten bittet er nun die Hochschülerschaft der Medizinischen Universität in Graz um Weitergabe von Brief und Buch und verpackt das Paket. Tiefe Müdigkeit überfällt den erschöpften Mann. Gedankenfetzen kreisen durch seinen Kopf: „Ein einziger Tag ... was alles hat in ihm Platz: Ideen! Hoffnungen! Pläne! – Pläne über Pläne ... Irmgard ..." Leise zittern durch sein Gemüt Verse von Goethe:

> *Nur wer die Sehnsucht kennt,*
> *weiß, was ich leide ...*

Wer das Weinen verlernt hat

Täglich öffnet Georg mit Ungeduld seinen Briefkasten, täglich ist er enttäuscht, wenn er weder Irmgards ersehnte Antwort noch eine Nachricht der Hochschülerschaft findet. Doch nach einer Woche hat er ein buntes Kärtchen in seinen Händen. „Gruß von der Universität Wien", liest er in zierlich gedruckten Buchstaben und daneben: „O alte Burschenherrlichkeit" und „Gaudeamus igitur". Auf dem Rand der Karte ist mit Mütze, buntem Burschenband und Fechtdegen ein korporierter Student abgebildet. Rasch wendet er die Karte und sieht in Frakturschrift mit rot leuchtenden Initialen eine Nachricht von seinem Freund Lutz. Sein tapferer Mitstreiter schreibt ihm: „Alter Herr der Wiener akad. Burschenschaft Olympia gibt sich die Ehre, seine Sponsion zum Magister der Politikwissenschaft bekanntzugeben."

Flugs greift Georg zum Fernsprecher: „Lieber Lutz, ich freue mich und rufe dir zu deinem Erfolg ein donnerndes ‚Vivas, crescas, floreas' zu! Jetzt verstehe ich, daß ich meine letzten Fahrten stets allein machen mußte." – „Ja, ich steckte bis über den Hals in Prüfungen, aber nun ist auch die letzte geschafft. Schon heute geht es in wenigen Stunden auf Reisen." – „Wohin?" – „Dresden: Trauermarsch, Erinnerung an den Untergang dieser Stadt in der Bombennacht vom 13. Februar 1945!" – „Werden wieder linke Chaoten gegen euch hetzen?" – „Mörderisch drohen sie uns! Wir machen daher zwei Veranstaltungen. Die erste ist für den 13. Februar angemeldet, die andere erfolgt später. Von Jahr zu Jahr kommen immer mehr Teilnehmer. Es sollen nicht zu viele Kameraden auf einmal gefährdet sein." – „Lieber Freund, das trifft sich gut! Ich habe nun an jedem zweiten Tag Vortragstermine: Passau, Salzburg, Linz. Für den 21. hat man mich nach Dresden eingeladen, vielleicht kann ich am zweiten Trauermarsch teilnehmen." – „Georg, du siehst dort den jungen Markus." – „Der mich einmal beim Leipziger Völkerschlacht-Denkmal angesprochen hat und auch in Südtirol war?" – „Derselbe! Eifrig sammelt er Kameraden und hat viele Pläne." – „Pläne über Pläne habe auch ich, denn ..."

Lutz, der in Eile ist, möchte sich schon verabschieden, doch Georg muß ihm noch Wichtiges sagen: „Kürzlich habe ich Doris getroffen, die neugierig war, was wir treiben. Ich traue ihr nicht und habe daher nur gesagt, sie könnte das auch von dir erfahren. Sei aber vorsichtig!" – „Leider zu spät! Sie rief mich schon an und wollte das und jenes klitzeklein wissen. Du kennst ja die Plaudertasche! Aber keine Angst: von Wien bis Dresden ist es doch ziemlich weit. Verzeih, ich muß meinen Koffer packen. Leb wohl, Georg, bis später!" – „Frohe Fahrt, lieber Lutz! Gutes Gelingen in Dresden!" Nachdenklich legt Georg seinen Fernhörer beiseite. „Warum hat Doris Lutz so eindringlich befragt? Wer ist ihr Freund mit dem schmalen Bartstreifen über dem Kinn?"

Drei Tage später nimmt Georg nach seinem Vortrag in Passau am Bahnhof Abschied von seinen Kameraden. Einer von ihnen erzählt ihm noch: „Die gestrigen Fernsehberichte über unser Gedenken am 13. Februar in Dresden strotzten von faustdicken Lügen. Bösartig waren die Kommentare: ‚Deutschland hat den Krieg begonnen und die gerechte Strafe erhalten'!" Leidenschaftlich mengt ein Mädchen sich ein: „Ganz kurz nur sah man auf dem Fernsehschirm linke Chaoten. Sie schwenkten ihr gehässiges Spruchband, das den Befehlshaber der Air Force auffordert, seinen Angriff auf uns zu wiederholen: ‚Bomber Harris, do it again'! Sind das ‚tolerante Demokraten', die zum Mord aufrufen? Die Schlagzeilen der Zeitungen waren einseitig und verlogen: ‚Krawalle beim Aufmarsch von Neonazis' – ‚Autonome Linke und Rechtsextreme lieferten sich erbitterte Straßenschlachten.' Also sind die Linken ‚autonom', und das ist gut so? Alle Rechten aber sind ‚Extremisten', und das ist natürlich böse?" Sie reicht Georg, der nun in den Zug einsteigen muß, eine Mappe: „Hier findest du die Wahrheit über den 13. Februar 1945", ruft sie ihm zu, und die vielen Freunde auf dem Bahnsteig schwenken zum Abschiedsgruß ihre Hände: „Gute Fahrt, Georg! Komm bald wieder zu uns!"

Als er im Zug die Mappe öffnet, findet er einen Bericht der sächsischen Kameraden über ihren Trauerzug. Auf dem Umschlag klebt ein Foto: flackernde Brände am Straßenrand, linke Gewalt! Doch zunächst beruhigt ihn die Überschrift auf der nächsten Seite: „Trotz alledem: Würdevolle Kranzniederlegung am Altenmarkt." Erleichtert liest er weiter: „Am 13. Februar fand der traditionelle Trauermarsch in Dresden von rund 2500 Teilnehmern trotz immensem politischen Druck und gewalttätigen Ausschreitungen ‚antifaschistischer' Gegendemonstranten erfolgreich statt. Heimattreue Organisationen nahmen am Vormittag an der offiziellen Gedenk- und Feierstunde auf dem Dresdener Heidefriedhof teil und legten Kränze nieder, um der dort beerdigten Opfer der Bombenangriffe vom Februar 1945 zu gedenken." Bilder zeigen einen langen Zug trauernder Menschen, die Blumen tragen. Einige halten Fackeln und Kreuze in ihren Händen. „Wie also war es?" fragt sich Georg verwirrt: „Die Veranstalter berichten von friedlichem Gedenken, doch was heißt ‚immenser politischer Druck' und ‚gewalttätige Antifaschisten'? Hier lese ich auch von betrunkenen Personen, die im Hintergrund grölten: ‚Nie wieder Deutschland!' Was geschah dann am Nachmittag?" Fieberhaft überfliegt er die Zeilen: „Am Hauptbahnhof 2500 Teilnehmer ... Schweigemarsch ... klassische Musik ... Transparent mit den Worten ‚Flucht, Vertreibung, Bombentod' ..."

„Warum", sinnt Georg nach, „werden wir in einem Staat, der sich auf Meinungsfreiheit und Demokratie beruft, verfolgt und verketzert, wenn wir würdig der Toten gedenken? Warum hat die Stadt Dresden, wie ich jetzt lese, die vom Verwaltungsgericht genehmigte Trauerfeier untersagt? Warum mußten die Veranstalter nochmals beim Gericht ansuchen, das rechtswidrige Verbot wieder aufzuheben? Was wollen uns die Herrscher von heute verheimlichen? Haben sie Angst vor trauernden Menschen? Wie war es denn am 13. Februar 1945? Warum warfen die Alliierten Bomben auf Dresden und andere deutsche Städte, obwohl ihr Sieg damals schon feststand?" Er nimmt aus der Mappe, die seine Freunde in Passau ihm gaben, ein kleines Heft. Auf dessen Umschlag leuchtet ein Zitat von Winston Churchill in grellem Rotdruck: „Ich will keine Vorschläge hören, wie kriegswichtige Industrien im Umland von Dresden angegriffen werden könnten, sondern wie wir 600.000 Flüchtlinge aus Breslau braten können!"

Flüchtlinge aus dem deutschen Osten in Dresden

Georg schlägt das Heft auf und sieht ein altersgraues Foto, auf dem zwei lange Eisenbahnzüge knapp nebeneinander stehen. Prallvoll sind die offenen Güterwagen mit eng zusammengepferchten Menschen gefüllt. Nur ihre Köpfe ragen über die eisernen Wände. Fast alle sind Frauen. Manche tragen ein kleines Kind auf dem Arm.

„Das also", denkt Georg, „sind die 600.000 Flüchtlinge aus Schlesien oder anderen ostdeutschen Ländern, die vor der Roten Armee aus ihrer Heimat flohen." Das nächste Blatt zeigt einen Wagen aus rohem Holz mit langer Deichsel, an dem ein klappriges Kinderwägelchen hängt. Auf Decken und Habseligkeiten, mit denen das Gefährt bis zum Rand vollgestopft ist, liegt erschöpft eine schlafende Frau. Ein kleiner Junge, dem eine viel zu große Wehrmachtsmütze auf dem Kopf sitzt, reibt sich ratlos die Augen. Ein nur wenig älteres Mädchen blickt neben ihm müde und traurig ins Leere.

„Was mögen diese Kinder damals erlebt haben? Was war ihr Schicksal?" Auf dem nächsten Bild sieht Georg statt der Häuser, die wenige Tage zuvor die Flüchtlinge noch beherbergen konnten, nur mehr geborstene Mauern ohne Dächer. Offene Fensterhöhlen starren wie tote Augen. Berge von Schutt, Ziegeln und Scherben türmen sich zu wüsten Haufen. Eine Luftaufnahme zeigt das grauenhafte Inferno einer zertrümmerten Stadt. Nur der Turm der Kreuzkirche ragt einsam über die Ruinen empor. Auf den folgenden Seiten ist Dresdens Wahrzeichen, die Frauenkirche, zu sehen. Zuerst in ihrer von George Bähr geschaffenen Gestalt mit Giebelfront, Rundtürmen und machtvoller Kuppel. Danach zerbombt und zerborsten, ein Haufen trauriger Trümmer, vor denen man auf einem leeren Sockel die Aufschrift „Martin Luther" liest. Das Denkmal des Reformators liegt zerbrochen und umgestürzt auf dem Boden. Das folgende Bild ist ein erschütterndes Mahnmal der Katastrophe von Dresden. Von einem Turm, der den Bomben standhielt, blickt die hohe Statue einer Frau trauernd auf die Verwüstung herab und weist mahnend auf das Trümmerfeld unter ihr hin.

„Wie viele Menschen", fragt sich Georg, „lagen damals noch unter den Schuttbergen begraben?" Fürchterliche Schicksale berichten ihm die Texte und Bilder der folgenden Seiten. Der Terrorangriff der englischen und US-amerikanischen Luftflotten entfachte einen rasenden Feuersturm und hat wehrlose Menschen, wie Churchill es wollte, in glühender Hitze „gebraten". Verkohlt und grausig verstümmelt bedecken die Körper der Toten die Straßen. Leiche liegt neben Leiche, in Decken verpackt oder notdürftig verhüllt. Ein Toter trägt noch Schutzhelm und Gasmaske. Das Entsetzen hat seine Finger krampfhaft verklammert. Über einen verbrannten Totenkopf hat man mitleidig ein Tuch geworfen. Nur die Mundhöhle mit den zertrümmerten Zähnen steht hilflos weit offen. Sengendes Feuer hat das Gesicht einer Frau mumifiziert und ihr die Augen ausgebrannt: zwei leere Höhlen klagen stumm an. Wagen, auf denen die Leichenberge sich türmen, stehen zwischen zerbombten Ruinen. Ermattete Gäule ziehen die namenlosen Toten zu riesigen Rosten von Eisenträgern. Man muß sie verbrennen, damit durch die verwesenden Leichen keine Seuchen entstehen. Auf weiteren Bildern sieht Georg, wie über der zertrümmerten Stadt und ihren ermordeten Menschen grau und gnädig verhüllend der Rauch aufsteigt.

13. Februar 1945: Untergang Dresdens

Der Dichter Gerhart Hauptmann, liest er dann, lag damals erkrankt in einem Sanatorium nahe bei Dresden. Als er den Luftschutzkeller aufsuchen wollte, berichtet seine Frau, „explodierte etwa fünfzehn Meter vor unseren Fenstern eine schwere Bombe. Mauerwerk, Staub und Glassplitter flogen im Zimmer umher. Er schlug seinen Mantelkragen hoch, drückte seinen Hut tiefer in die Stirn und wartete auf den Stoß, der ihn erledigen würde." Doch der Dichter konnte die Katastrophe überleben und kam eine Woche später auf der Rückfahrt in seine schlesische Heimat nach Dresden, dessen Zerstörung den alten Mann tief erschütterte. Mit Gerhart Hauptmanns „Abschiedsworten zum Untergang Dresdens" endet das Heft, das den Nachgeborenen berichtet, was deutschen Menschen am 13. Februar 1945 angetan worden ist:

„Wer das Weinen verlernt hat, der lernt es wieder beim Untergang Dresdens. Dieser heitere Morgenstern der Jugend hat bisher der Welt geleuchtet. Ich weiß, daß in England und Amerika gute Geister genug vorhanden sind, denen das göttliche Licht der Sixtinischen Madonna nicht fremd war und die von dem Erlöschen dieses Sternes allertiefst schmerzlich getroffen weinen. Und ich habe den Untergang Dresdens unter den Sodom-und-Gomorra-Höllen der feindlichen Flugzeuge persönlich erlebt." Georg muß seinen Blick vom Buch abwenden, denn auch er fühlt bittere Tränen in seinen Augen aufsteigen. „Und deswegen", ruft er, „will die unheilige Allianz von Politikerklüngel und linkem Pöbel unerbittlich verhindern, daß wir unserer Toten gedenken!" Dann liest er die Schlußworte des greisen Dichters, der die Welt mahnt.

„Ich stehe am Ausgangstor des Lebens und beneide alle meine toten Geisteskameraden, denen dieses Erlebnis erspart geblieben ist. Ich weine. Man stoße sich nicht an dem Wort weinen; die größten Helden des Altertums, darunter Perikles und andere, haben sich seiner nicht geschämt. Von Dresden aus, von seiner köstlich-gleichmäßigen Kunstpflege in Musik und Wort, sind herrliche Ströme durch die Welt geflossen, und auch England und Amerika haben durstig davon getrunken. Haben sie das vergessen? Ich bin nahezu 83 Jahre alt und stehe mit einem Vermächtnis vor Gott, das leider machtlos ist und nur aus dem Herzen kommt: es ist die Bitte, Gott möge die Menschen mehr lieben, läutern und klären zu ihrem Heil als bisher."

Gott helfe mir!

Nach seinem Vortrag in Linz, von dem er spät heimkam, sitzt Georg nun im Frühzug nach Dresden. Noch ist er schläfrig und freut sich, im vordersten Wagen ein kleines Abteil gefunden zu haben, in dem er allein ist und schlummern kann. An der tschechischen Grenze will dann ein Beamter seinen Paß kontrollieren. Kurz danach öffnet sich quietschend wieder die Türe und hereintritt ein Mann, dessen Anblick Georg verdächtig ist. „Ging er nicht", fällt ihm ein, „vor der Zugsabfahrt spähend von einem Wagen zum anderen, als würde er jemanden suchen? Oder habe ich ihn irgendwann früher gesehen ... die listig schräg stehenden Augen, der verschlagene Blick ... der Mann, der Doris umarmt und geküßt hat? Nein, der hatte einen ekelhaft schmalen Kinnbart ... Oder ist er es doch?" Kurz erwidert er den übertrieben höflichen Gruß des Mannes, der sich ihm gegenüber gesetzt hat, und schließt seine Augen, um nicht in ein lästiges Gespräch verwickelt zu werden.

Doch bald ist es mit seiner Ruhe zu Ende. „Verzeihen Sie bitte, mein Herr, fahren Sie auch nach Dresden? Müssen wir irgendwo umsteigen?" – „Unser Zug geht direkt nach Dresden. Am Nachmittag kommen wir an." – „Kennen Sie die Stadt?" – „Ein wenig." – „Haben Sie dort Freunde? Werden Sie bei ihnen wohnen?" Georg tut so, als hätte er nicht verstanden, und antwortet nicht. Aber nach kurzem will der tschechische Schaffner die Fahrkarten überprüfen, und der zudringliche Mitreisende beginnt wieder: „Gut, daß wir nicht schon gestern gefahren sind." – „Warum?" – „Gestern wollten doch die rechtsextremen Demonstranten wieder durch Dresden marschieren!" Georg wird aufmerksam. „Tatsächlich? In unseren Frühnachrichten habe ich kein Wort gehört." „Ich weiß es", sagt sein Gegenüber mit hintergründigem Lächeln, „sie traten zum zweitenmal an, das ist ihnen aber nicht gut bekommen. Warum demonstrieren diese Leute seit 1996 gegen Ereignisse, die vor vielen Jahrzehnten passiert sind?" „Manches andere", entgegnet Georg unwillig, „liegt noch viel länger zurück, wird uns aber immer noch vorgehalten!" Aus den schrägen Augen des unsympathischen Mannes blitzt plötzlich der Haß: „Sie meinen, man kann das miteinander vergleichen?"

Georg ist zu müde, um sich auf ein Gespräch einzulassen, das zum Verhör werden kann, bei dem man jedes Wort auf die Waagschale legen muß. „Sie entschuldigen mich bitte", sagt er, „ich hatte heute kaum zwei Stunden Schlaf und würde mich gerne ausruhen." Tiefer lehnt er sich in seinen Sitz und schirmt mit der Hand seine schlafmüden Augen. Monoton rütteln die Räder des Zuges, allmählich gleitet sein Bedürfnis nach Ruhe in einen sanften Traum: Irmgard, seine liebe Irmgard erscheint ihm und lächelt ihm zu. „Warte ein wenig", glaubt er, sie sagen zu hören, „dann bin ich bei dir." Fließend verschwimmt ihr Gesicht und wandelt sich in das Mädchen, das in Passau ihm ein Heft in die Hand gedrückt hat. Er beginnt zu blättern: Flüchtlingskinder laufen ihm weinend entgegen, ein riesiges Haus rieselt geräuschlos zusammen, ein rotes Flugblatt flattert im Wind: „Bomber Harris, do it again!" Dumpf dröhnen Flugzeuge über ihm, neben ihm wirft sich Lutz auf den Boden und reißt auch ihn nieder. Krachend hört er detonierende Bomben, ein krummes Gesicht mit schrägen Augen und grinsendem Mund beugt sich über ihn. Grelles Gelächter gellt auf – und Georg blickt verwirrt auf eine Gruppe tschechischer Mädchen, welche die Türe aufreißen und lärmend und lachend in seinem Abteil Platz nehmen.

Wie lange hat er geschlafen? „Praha?" fragt er ein Mädchen mit breiten Wangen, das neben ihm sitzt. Da sie ratlos ihn anblickt, kommt eine andere ihr zu Hilfe: „Praha weit weg! Bald Grenze!" Georg blickt aus dem Fenster und sieht einen breit dahinströmenden Fluß: die Elbe! Aus dem Riesengebirge, wo Rübezahl haust, kommt ihr Gewässer, aus Böhmen und zum kleinen Teil sogar aus

Georg von Schönerers Heimat, dem niederösterreichischen Waldviertel. Langsam fließen die Wogen und drängen weiter zur Nordsee. Hinter dem Strom erheben sich Hügel, dann ragen Felsen empor. „Ist das die Grenze? Beginnt nun die Sächsische Schweiz?" Mit lautem Geplapper verlassen die tschechischen Mädchen das Abteil und winken Georg vom Bahnsteig noch zu. Als der Zug weiterfährt, scheint ihm wieder ein Traum vor Augen zu schweben, doch es ist eine gigantische Wirklichkeit, welche die Natur schuf: steil, kühn und gewaltig, das Elbsandsteingebirge. Wie eine Mauer erhebt sich eine steinerne Wand, die man die „Bastei" nennt. Schmale Felsnadeln ragen auf, Block über Block, als hätten Riesen sie aufeinander getürmt. Caspar David Friedrich, denkt Georg, malte hier, der Dichter des „Freischütz" bildete daraus die Vision der Wolfsschlucht, und Carl Maria von Weber gab ihr den aufwühlenden Zauber seiner Musik. Wie großartig ist deutsches Land, wie herrlich ist deutsche Kunst!

Nochmals erhebt sich riesiges Felsengestein, von dem die Türme der Festung Königstein grüßen. Die Hügel werden dann allmählich sanfter, und Georg erwartet ungeduldig den Blick, den er einst mit seiner Frau Ingeburg begeistert erlebt hat. Nach einer Wendung des Zuges steht Elbflorenz, Dresden, die prächtige Kunststadt, wieder vor seinen staunenden Augen! Hinter den runden Bögen der langen Augustusbrücke, die von der Altstadt zur Neustadt führt, erscheinen auf dem jenseitigen Ufer der Elbe die Konturen von Palästen, Kuppeln und Türmen. Die breite Front der Semperoper taucht auf, an den wuchtigen Schloßturm mit seiner spitzen Nadel schließt sich zierlich der durchbrochene Turm der katholischen Hofkirche, und hinter der weit gedehnten Brühlschen Terrasse setzt die hoch sich wölbende Frauenkirche den kraftvollen Schlußpunkt. Wie verzaubert steigt Georg im Bahnhof nun aus und erwartet, daß Lutz und seine Kameraden auf ihn zukommen. Doch das einzige bekannte Gesicht im Menschengewühl gehört dem verdächtigen Mann, der ihn im Zug mit Fragen bedrängt hat. Unruhig denkt Georg nach: „Wann hat er mein Abteil verlassen? Ist es derselbe, der Arm in Arm mit Doris mich in Wien angegrinst hat? Den schmalen Kinnbart könnte er sich ja abrasiert haben. Was sucht er hier?"

Während sich die unheimliche Gestalt unter den Menschen in der Bahnhofshalle verliert, sieht Georg ein Mädchen, das auf ihn zukommt. Ihr liebes Gesicht kommt ihm bekannt vor: „Ja, sie brachte mir in Leipzig den Brief des jungen Markus, der sich so mutig zum Gedenken an die Toten im Dresdener Bombenhagel bekannt hat. Auch in Südtirol waren die beiden. Das ist Christine!" Ihr Blondhaar, das damals hinter dem Kopf zum Knoten verbunden war, wallt ihr nun in reichen Locken über die Schulter herab. Herzlich begrüßt er sie. Doch Wehmut zuckt schmerzlich um ihre Lippen, und Tränen stehen in ihren Augen. „Entsetzlich", stößt sie schluchzend hervor, „entsetzlich war es gestern bei uns!" „Die linken Chaoten?" fragt Georg besorgt. Statt zu antworten, reicht sie ihm ein knallrotes Flugblatt. „Nicht lange fackeln", liest er darauf in Riesenlettern, „Nazis blockieren!" Auf der Rückseite nennen sich die Herausgeber: Bündnis „Nazifrei – Dresden stellt sich quer", eine Aktion von „Antifaschisten". Schon im Vorjahr, rühmen sie sich, haben sie mit tausenden Menschen eine Massenblockade organisiert. „Weit über zehntausend AktivistInnen", heißt es danach, „sollen diesmal marschieren. Ziviler Ungehorsam ist unser Recht! Blockaden sind legitim!"

„Aber Trauer um Tote" ruft Georg ergrimmt, „ist Unrecht? Gedenken an den Untergang Dresdens ist illegitim?" Dann faßt er tröstend Christines Hand und bittet sie: „Setzen wir uns hier auf eine Bank und erzähle mir, wie es war." – „Ich habe einen kleinen Bruder und mußte bei ihm daheim bleiben. Ich kann dir nur sagen, was mir Markus und seine Kameraden berichten. Schon auf der Autobahn wurden die Busse unserer Freunde gestoppt. Stundenlang saßen sie fest und konnten nicht aussteigen. Andere, die trotzdem nach Dresden gelangten, waren in Gruppen zersplittert und kamen weder voran noch zurück. Auf die Polizei stürmte der linke Mob wütend los. 4500 Polizisten sollen im Einsatz gewesen sein, 82 oder noch mehr, hört man, wurden verletzt, manche von ihnen schwer. Viele Fahrzeuge wurden beschädigt oder gingen in Flammen zugrunde. Diese Fotos, die Markus mir gab, zeigen, was sich in dem Chaos abgespielt hat." Georg betrachtet die Bilder: Aus einem zertrümmerten Wagen steigen Feuer und Rauch auf. Ein ganzer Straßenzug ist mit Pflastersteinen wüst übersät. Vermummte Gestalten wälzen riesige Lasten zur Absperrung über den Weg. „Die Polizeigewerkschaft im Landesverband Sachsen", liest Christine von einem Blatt, „gab eine Presseerklärung heraus: ‚In unserem Land zählt die Meinungsfreiheit zu den höchsten Gütern, schließlich sind die Bürger der DDR ihretwegen auf die Straße gegangen.' Uns aber", ruft sie empört, „verbietet man die Freiheit der Meinung!"

Flugblatt „Dresden – Nazifrei."

Georg erhält von ihr das Schreiben, in dem die Polizisten ihrem Unmut freien Lauf lassen: „Zwanzig Jahre später nehmen plötzlich selbsternannte Demokraten ein Recht für sich in Anspruch, welches sie anderen verwehren. Es war wie im letzten Jahr: Wenn linke Gruppierungen eine Versammlung anmelden oder Gegendemonstrationen durchführen, kommt es zu Ausschreitungen in einem Ausmaße, welches alles bisher Dagewesene übersteigt. Am Morgen des 19. Februars, als noch gar keine rechten Demonstranten angereist waren, brannten schon die ersten Barrikaden, und es flogen Steine und Flaschen. Daß Polizeibeamte von diesen Störern angegriffen wurden, ist auch nichts Neues. Neu war aber diesmal die Dimension der Gewalt. Die Beamten wurden mit Pflastersteinen beworfen, bespuckt, körperlich angegriffen und aufs übelste beleidigt. Feuerwehrleute kamen nicht an brennende Barrikaden heran, weil sie durch die Störer blockiert wurden. Ein entfesselter Mob zerstörte nach Belieben, was ihm in den Weg kam. Selbst ohne jeglichen Bezug zur Demonstration der Rechten. Bei dieser blinden Zerstörungswut war die Demonstration von rechts oder eine Gegendemonstration nicht das Thema. Hier ging es vor allem darum, den Staat und seine Institutionen öffentlichkeitswirksam anzugreifen …"

„Anarchie und rohe Gewalt!" ruft Georg. „Wie wehren wir uns?" – „Georg, die Kameraden beraten sich und bitten dich zu entschuldigen, daß sie dich nicht abgeholt haben. Dein Vortrag kann aber morgen stattfinden. Ich bringe dich jetzt zu deinem Quartier. Es ist in der Nähe unserer Frauenkirche." Nach kurzer Fahrt über Straßen, auf denen Steine, Scherben und zerknüllte Flugblätter herumliegen, stehen sie vor diesem Gebäude, das Georg noch als traurige Ruine in Erinnerung hat. Nun aber öffnet sich die breite Front der wieder aufgebauten Kirche mit dem hohen Giebeldreieck, während die beiden seitlichen Rundgiebel schräg gestellt sind. Darüber wachsen kleine Ecktürmchen empor, und in der Mitte ragt die mächtige Kuppel, die eine schmale Turmhaube krönt. „Nach der Zerstörung durch Bomben und Feuersturm", sagt Christine, „haben weit mehr als 100.000 private Spender und Freundeskreise dafür gesorgt, daß die Frauenkirche nach den historischen Plänen aufs neue erstand und 2005 eingeweiht wurde." – „Hell", sagt Georg bewundernd, „leuchten die Steine der neuen Fassade. Aber dazwischen sehe ich unregelmäßig verstreut viele dunklere Steine." – „Quader, die im Trümmerfeld noch unzerstört erhalten waren, wurden beim Wiederaufbau neuerlich eingesetzt. Doch nach einigen Jahrzehnten", fügt Christine hinzu, „sind auch die neuen Steine nachgedunkelt und von den alten nicht mehr zu unterscheiden."

„Damit wissen wir, wie wir uns wehren", entgegnet Georg und drückt dem Mädchen herzlich die Hand. „Alte Werte müssen wir bewahren, Neues damit verbinden und Zerstörtes mutig aufbauen! Martin Luthers Statue steht nun auch wieder vor der Frauenkirche. Wie er sich beim Reichstag zu Worms von den Herrschenden damals nicht zum Widerruf zwingen ließ, hält er hier seine Hand auf dem Buch und mahnt uns. Seien wir mutig wie er und sagen auch wir den Machthabern von heute: „Hier stehe ich, ich kann nicht anders. Gott helfe mir, Amen!"

Martin Luther

Feige Gestalten

„Feige Gestalten!" knurrt Markus, als er am nächsten Vormittag Georgs Hotelzimmer betritt. Die hellblauen Augen des jungen Mannes flackern erregt. „Der Gastwirt, der mir für deinen Vortrag ein Zimmer versprochen hat, war heute kreidebleich. ‚Sie müssen verstehen', stotterte er, ‚nach dem, was gestern los war … ich lasse mir doch die Fensterscheiben nicht einhauen! Später vielleicht, wenn es ruhiger ist …' Ich ging in drei andere Lokale. Überall dieselbe erbärmliche Angst! Viele Freunde haben sich meiner Aktion ‚Jugend für Deutschland' angeschlossen, von überall kommen jetzt Kameraden zu uns. Aber wir werden ausgesperrt, weil linker Terror regiert und die Angsthasen sich feig ducken! Was sollen wir tun?"

Bevor Georg antworten kann, klopft es an der Tür, und ein blonder Lockenkopf guckt herein. Fröhlich strahlt Christines liebes Gesicht. „Gestern", sagt sie, „war alles ratlos, auch ich war verzweifelt. Doch heute nahm ich mir ein Beispiel an Luther und hoffe, auch mir wird Gott helfen. In Großsedlitz rief ich meinen Onkel Hermann an und bat ihn um Rat. ‚Eure Veranstaltung', sagte er, ‚läßt sich machen. Unser Jagdverein hat auf der großen Wiese neben dem Park von Heidenau eine Hütte, dort vermuten die Linken euch nicht.'" Christine greift in ihre Handtasche und holt einen unförmigen Schlüssel heraus: „Wollt ihr?" Freudig umarmt sie Markus und gibt ihr einen herzhaften Kuß. Auch Georg drückt ihr dankbar die Hand. „Die Frage, was wir tun sollen, hast du geklärt! Führt der direkte Weg nicht zum Ziel, nehmen wir einen andern! Nicht verzagen, nicht schimpfen, sondern handeln! Unsere Frauen zeigen uns, wie man das macht. Auch ich lerne von dir, Christine, und halte euch nicht den geplanten Vortrag ‚Aufruf zum Ungehorsam', sondern werde euch bitten: Stellt mir Fragen! Ich will euch antworten, so gut ich kann."

Als es abendlich dämmert, rollt ein Wagen nach dem anderen über die Wiese. Christine hat mit Onkel Hermanns Schlüssel die knarrende Türe der Jagdhütte geöffnet und mit ihrer Taschenlampe die Lichtschalter entdeckt. Im Ofen ist vom Vortag noch Glut, und bald prasselt wärmendes Feuer. Einer nach dem anderen tritt ein und setzt sich an den langen Tisch in der Mitte. Auf die Schmalseite stellt Georg eine umgekippte Bierkiste und legt darauf einige Schriften. Ernste, schmale Burschengesichter sieht er vor sich, da und dort lächelt ein blondes Mädchen, fragende Augen blicken ihn an. „Ihr wollt wissen", beginnt er, „warum der Trauermarsch im Gerangel von Antifa und Polizei ohnmächtig steckenblieb. Manche kennen wohl den Plan meines verstorbenen Freundes Rolf Vogt. In Thüringen wollte er den wehr- und waffenlosen Opfern unseres Volkes eine Gedächtnisstätte errichten: den deutschen Kriegsgefangenen, die durch Hunger und Zwangsarbeit umkamen, den Vertriebenen und Ermordeten aus dem deutschen Osten und den Opfern des Bombenkrieges. Nicht nur Dresden ging unter, fast jede größere deutsche Stadt wurde zertrümmert. Aber kaum begannen die Arbeiten an der Gedächtnisstätte, tobte die Hetze. ‚Wallfahrtsort für Nazis!' schrie man, und die Linken marschierten. Der Plan war schön, aber zu monumental. Und zu monumental sind auch die Trauermärsche in Dresden. Im Deutschland von heute sind sie unmöglich."

Sofort kommt die Frage: „Was fürchtet man, wenn wir der Toten gedenken?" „Unsere Feinde", antwortet Georg, „verraten damit nur ihre Angst. Die Grausamkeit ihres Bombenkrieges gegen Frauen und Kinder zeigt, wie sehr sie das deutsche Volk haßten. Sie hassen uns immer noch und lassen unseren Trauerzug deswegen verfolgen. Die feigen Gestalten, die bei uns heute regieren, erfüllen gehorsam ihre Befehle. Überall führen die USA und ihr Anhang seit 1945 grausame Kriege: Korea, Vietnam, Irak, Afghanistan. Die nächsten Opfer sind wohl Nordafrika, Syrien und der Iran. Proteste dagegen sind streng verboten!" – „Woher kommen aber die Massen von Demonstranten?" – „Die werden bestimmt gut bezahlt!" – „Wer gibt dafür das Geld?" – „Lest das brandrote Flugblatt ‚Nicht lange fackeln'! ‚Spenden', fordert die Antifa frech ‚für Plakate, Infoveranstaltung, Lautsprecherwagen, Verpflegung'. Großspurig schreiben sie: ‚Bisher wurden die Kampagnen umfassend europaweit unterstützt'!" – „Europaweit?" – „Ihr habt keine Ahnung, welchen Druck die Finanzmärkte üben! Geldgierig und feig zahlen manche, damit sie im vorteilhaften Geschäft bleiben können. Andere zahlen, weil sie dem Zeitgeist gehorsam sind und keinen Mut zum kritischen Denken besitzen."

„Wie kann", ruft jemand, „so ein ekelhafter Zeitgeist entstehen?" – „Lieber Freund, ich bin wohl drei Jahrzehnte älter als die meisten von euch. Ich habe erlebt, daß Werte, die in meiner Jugend selbstverständlich waren, in den bodenlosen Abgrund gestürzt sind: Volk und Heimat zu lieben, gilt als faschistoid. Familie zu gründen, Kinder zu haben, für sie zu sorgen, ist lästige Last. Was uns zur Gemeinschaft bindet, wird gehässig verketzert. Kleinstkinder deponiert man in Kinderkrippen. Einheitsschulen lassen die Talente der Begabten verkümmern. Kunst entartet zur Diktatur des Häßlichen. Anstand, Treue und Ehrlichkeit werden zynisch verspottet. Korruption und Betrug gelten als Kavaliersdelikte. Deutsche Soldaten schickt man als Kanonenfutter in ferne Länder. Von allen Seiten dringen Fremde in unser Land. Masseneinwanderung und Armut an eigenen Kindern, das sind die zwei Messer einer grausamen Schere. Sie schneidet unsere Zukunft in Stücke!" – „Wem nützt das? Wer will das? Wer steht dahinter?" – „Von der Frankfurter Schule und der Kulturrevolution 1968 habt ihr sicher gehört. Aber" – Georg nimmt ein schmales Heft zur Hand – „wer kennt diese Schrift: ‚Der Geist des Militarismus'?" – Alle schweigen. „Der Titel", sagt schließlich einer, „scheint nicht böse zu sein." „Der größte Teil", erwidert Georg, „ist harmlos. Doch auf den Seite 37 und 38 spricht der Verfasser vom ‚Sinn und der historischen Mission unserer Zeit'. Ich zitiere aus seiner Schrift:

„Ihre Aufgabe ist es, die Kulturmenschheit neu zu ordnen, an die Stelle des bisher herrschenden gesellschaftlichen Systems ein neues zu setzen."

Gespannte Bewegung entsteht unter den Zuhörern. Georg liest weiter: „Alle Um- und Neuordnung besteht nun in zweierlei: in der Zerstörung der alten Ordnung und dem Neuaufbau der neuen. Zunächst einmal müssen alle Grenzpfähle, Ordnungsschranken und Etikettierungen des bisherigen Systems beseitigt und alle Elemente des Systems, die neu geordnet werden sollen, als solche, gleichwertig untereinander, auseinandergelegt werden. Sodann erst kann das zweite, die Neuordnung dieser Elemente begonnen werden. So besteht denn die erste Aufgabe unserer Zeit in der Zerstörung: alle sozialen Schichtungen und gesellschaftlichen Formungen, die das alte System geschaffen hat, müssen vernichtet, die einzelnen Menschen müssen aus ihren angestammten Milieus herausgerissen werden; keine Tradition darf mehr als heilig gelten; das Alter gilt nur als Zeichen der Krankheit; die Parole heißt: was war, muß weg."

„Was war, muß weg?" ruft Christine entsetzt. „Das ist", sagt Markus, „die Umwertung aller Werte, die wir heute erleben. Georg hat sie eben geschildert." Dieser zitiert aus dem Buch weiter: „Was war, muß weg. Die Kräfte, die diese negative Aufgabe unserer Zeit ausführen, sind: auf dem wirtschaftlich-sozialen Gebiet der Kapitalismus, auf dem politisch-geistigen die Demokratie." Wie eine Bombe schlägt dieser Satz unter den Jungen ein. „Kapitalismus", ruft einer, „das erleben wir ja: Finanzmärkte, Schuldenknechtschaft, Ausbeutung, Arbeitslosigkeit!" Ein anderer steht erregt auf: „Auch Demokratie?" Lutz, der neben ihm sitzt, drückt ihn sanft wieder in seinen Stuhl. „Demokratie", sagt er, „ist das nicht gehässiger Streit der Parteien? Unfähigkeit, Probleme zu lösen? Geldgierigen die Wege zu ebnen, uns hemmungslos auszubeuten? Hört weiter, was für die Zukunft geplant ist!"

Georg zitiert wieder: „Dann aber erhebt sich die andere, größere und schwierigere Aufgabe: der Aufbau der neuen Ordnung. Die Glieder, die nun aus ihren alten Verwurzelungen und Schichtungen herausgerissen sind und ungeordnet, anarchisch herumliegen, müssen zu neuen Formungen und Kategorien geschlossen werden; wurden bei der Lösung der ersten Aufgabe alle zunächst einmal für gleich erklärt, so werden die Menschen nun wieder geteilt und differenziert; ein neues pyramidales, hierarchisches System muß errichtet werden." Der Aufruhr im Saal wird noch stürmischer. „Man predigt doch Gleichheit der Menschen! Ist das Betrug?" – „Hierarchisch? Unumstößliche, heilige Ordnung?" – „Die Oberen herrschen, die Unteren schuften?" – „Pyramidal? Weil es die Freimaurer wollen?" – „Sagen das die EU-Kommissare?" – „Wann hat man den Plan ausgeheckt?" Georg wartet, bis sich der Tumult beruhigt hat. „Wir haben", sagt er dann, „einen Magister der Politikwissenschaften unter uns. Lutz, manche glauben wohl, man hätte diese Ideen erst jetzt gefaßt. Aber wie alt ist der Plan?" – „Fast ein Jahrhundert. Gedruckt wurde das Buch ‚Der Geist der Militarismus' zu Beginn des Jahres 1915." – „Wer hat es geschrieben?" – „Nahum Goldmann."

In die eisige Stille, die eintritt, fallen ruhig und klar die Worte von Lutz: „Nahum Goldmann war damals zwanzig Jahre, Mitarbeiter des deutschen Auswärtigen Amtes und schrieb Beiträge für die ‚Frankfurter Allgemeine Zeitung'. 1915 wurden sie im Buch ‚Der Geist des Militarismus' veröffentlicht. Hurrapatriotisch prophezeite er als Beamter des Staates ‚die Gewißheit eines Sieges im Krieg' und schwärmte für den ‚preußischen Ordnungsstaat' und dessen Militarismus. Doch das, was er wirklich wollte, habt ihr eben gehört. Es steht auf den letzten Seiten seines Buchs. In den dreißiger Jahren arbeitete er daran, den Jüdischen Weltkongreß aufzubauen. Ab 1940 lebte er in den USA. Als der Staat Israel gegründet war, nahm er dort seinen Wohnsitz. Von 1949 bis 1978 leitete er als Präsident den Jüdischen Weltkongreß." Da sonst niemand ein Wort spricht, erhebt sich Markus, blickt in die Runde und fragt betroffen: „Was können wir tun?"

Georg nimmt das Wort: „Kurz und einfach: Wir wissen Bescheid, aber wir fürchten uns nicht. Der Plan, so gefinkelt er ist, hat ein

Loch. Was bewirkt die Ausbeutung der Völker Europas durch die Finanzmärkte? Schulden, Krise, Arbeitslosigkeit und Verarmung. Iren, Griechen, Spanier, Portugiesen erleben das schon. Anderen Staaten geht es bald ähnlich. Deutschland, Österreich und einige andere Länder haben noch etwas Wohlstand. Aber wie lange? Die EU-Bosse in Brüssel pressen uns Milliardenzahlungen ab. Ihr kennt von der Schule das Experiment der kommunizierenden Gefäße. Solange jedes für sich ist, steht das Wasser in ihnen verschieden hoch. Kaum verbindet man sie miteinander, steigt es bei den einen und stürzt bei den anderen ab. Wird der Sammeltopf weiter abgeschöpft, sinkt überall das Niveau unaufhörlich. Harte Zeiten kommen auf uns zu. Doch sie arbeiten für uns. Widerstand – das zeigt die Geschichte! – bricht leider nur auf, wenn die Geldbörsen leer sind!" „Können wir uns dann aber noch wehren?" fragt Markus.

„Ja, wenn wir uns jetzt dafür rüsten. ‚Keine Tradition' forderte Goldmann, ‚darf mehr als heilig gelten.' Wir müssen daher gültige Werte bewahren, mehr noch, wir müssen sie wieder gewinnen: Wahrheit und Mut! Anstand, Ehrlichkeit, sparsame Wirtschaft! Dienst für die Gemeinschaft, Pflichtgefühl und Verantwortungsbewußtsein! Wenn wir die Teufelspläne der schleichenden Umerziehung durchschauen und ihnen entgegenwirken, werden wir stark. Schiller sagt: ‚Jede politische Erneuerung bleibt ein Traum, solange nicht der Charakter des Bürgers erneuert wird.' Viele Kreise in deutschen Landen und in ganz Europa arbeiten daran. Vereinen wir uns! Gemeinsam werden wir siegen!" Begeistert trommeln die Jungen zustimmend auf die Tische, einige springen von ihren Sitzen empor.

Christine hat aber noch eine Frage: „Wie können wir wieder einen Gedenkmarsch zum Untergang Dresdens organisieren?" – „Liebe Christine, daß wir hier Pläne schmieden, obwohl uns alle Gastwirte ausgesperrt haben, verdanken wir dir! Deine Überlegungen und der Schlüssel deines Onkels haben uns diese Jagdhütte geöffnet.

Mehr Gedanken, Fragen und Antworten sind uns da zugeflogen, als säßen wir in einem Lokal bei Speisekarte, Kaffee und Kuchen! Suchen wir daher immer den Weg, der sich bietet! Tobt in Dresden der Pöbel, dann gedenken wir unserer Toten in einer anderen Stadt! Ort und Jahrestag sind nicht entscheidend. Gedächtnisstätten und Trauermärsche müssen nicht monumental sein. Setzen wir Zeichen: da und dort und überall, zu allen Anlässen und jederzeit! Beraten wir heute abend, wie wir uns quer durch die Lande vernetzen!

Ein Blick in die Geschichte hilft uns: Auch vor zweihundert Jahren war es übel in Dresden. Jugendlicher Mut hat alles gewendet. 1812 marschierte Napoleon mit einem riesigen Heereszug über die Elbe und wollte Rußland erobern. Auch deutsche Soldaten standen in seiner Armee, weil feige Fürsten ihr Volk ebenso verrieten, wie es jetzt deutsche Politiker tun. Doch Monate später kam der Welteroberer in eisiger Winternacht hier einsam in einem Schlitten wieder zurück. ‚Mit Mann und Roß und Wagen' wurde seine Armee in Rußland zerschlagen. Ein Sohn der Stadt Dresden, der Dichter Theodor Körner, einundzwanzig Jahre jung, war damals in Wien und hatte sich dort für Erzherzog Karl und Andreas Hofers Aufstand begeistert. Er kehrte in seine Heimat zurück und trat zum Kampf gegen Napoleon einem Freikorps bei. Seine mitreißenden Gedichte wie ‚Lützows wilde, verwegene Jagd' riefen zum Widerstand auf. Hier finde ich unter den Blättern in meiner Mappe Verse von ihm, die heute nicht aktueller sein könnten. Sie geben uns Hoffnung und Mut."

Noch sitzt ihr da oben, ihr feigen Gestalten,
vom Feinde bezahlt, doch dem Volke zum Spott.
Doch einst wird wieder Gerechtigkeit walten.
Dann richtet das Volk, dann gnade euch Gott!

Sixtinische Muttergottes

Am folgenden Vormittag steht Georg im Bahnhof von Dresden vor den Schließfächern der Gepäckaufbewahrung und sucht lange nach einem offenen Fach. Nummer 435, findet er endlich, ist frei. Schwungvoll schiebt er seinen Koffer mit Büchern, Unterlagen und Notizen hinein, wirft eine Münze ein, sperrt ab und steckt den Schlüssel in seine Tasche. Im Gewirr hin- und herwandernder Menschen glaubt er wieder, den verdächtigen Freund von Doris zu sehen, der mit auffällig raschen Schritten zum Ausgang eilt. Schnell will er ihm folgen. „Ist er es wirklich? – Schmaler Kinnbart, schräg stehende Augen?" – Da winken ihm Christine und Markus zu, mit denen er sich verabredet hat, und er verliert den Mann aus dem Blick. Während die jungen Freunde ihn im Wagen zur Innenstadt bringen, sagt er ihnen Dank: „Wunderbar habt ihr gestern das Treffen organisiert, uns in die Katakomben der Jagdhütte geführt und eine Schar prächtiger Kameraden aus deutschen Landen versammelt! Jeder hat seine Aufgabe übernommen und wird weitere Freunde gewinnen, so daß wir uns immer enger verbinden. Im Frühling treffen wir einander im Schwabenland und setzen fest, wo und wann unsere vielen kleinen Gedächtnisstätten entstehen. Das Gedenken an deutsche Opfer geht nicht unter. Wir planen Vorträge, Veranstaltungen, Schulungen. Und gemeinsam singen wir Lieder, wie gestern bis tief in die Nacht! Lebt wohl, liebe Freunde, wir halten zusammen, lebt wohl!"

Georg steigt aus, winkt seinen wegfahrenden Kameraden nach und blickt sich dann auf Dresdens weitem Theaterplatz staunend um. Beinahe meint er, in seiner Heimat zu sein. Die breite Fassade des Gebäudes vor ihm, die schweren Backsteine im Erdgeschoß, darüber von Doppelsäulen umrahmte Fenster und das hohe Portal in der Mitte der Front – fast sieht es aus wie das Burgtheater in Wien! Gemeinsame Liebe zu Hellas verbindet die beiden klassizistischen Bauten, denn derselbe Künstler, Gottfried Semper, hat sie geschaffen. Die Semper-Oper ist ein Haus der Musik, Dresden ist eine Musikstadt wie Wien. „Freischütz" und „Tannhäuser" wurden in Dresden uraufgeführt, Richard Strauss hat hier dirigiert. Selige Melodien fühlt Georg nun in seinem Inneren aufklingen: den Rosenkavalier-Walzer, Webers Jägerchor, zu dem schmetternd die Hörner erschallen, und Wagners Gesang der Pilger, die aus Rom in die Heimat zurückkehren. Deutsche Musik erhebt die Herzen.

Der Zwinger in Dresden

Fröhlich lenkt er seine Schritte nach links zu einem Gebäude, das seinesgleichen nirgendwo hat. Es ist kein Palast, sondern ein geräumiger Platz zum Lustwandeln. Prächtig umrahmen ihn Bogengalerien mit Statuen in den Nischen und zweigeschossige Pavillons, deren Kuppeln eine Krone schmückt oder ein Herakles, dessen mächtige Arme die Erdkugel tragen. Der Zwinger, die heiter beschwingte Barockarchitektur von Daniel Pöppelmann, von einem früheren Besuch lieb und vertraut, zieht ihn wieder in ihren Bann. Kiesbestreute Wege führen zwischen geometrisch geformten Rasenflächen und Wasserbassins, aus denen, wie er sich erinnert, im Sommer sprudelnde Springbrunnen rauschen. Kostbar geformte Laternen stehen auf eleganten Geländern, hohe Sandsteinfiguren auf Balustraden, und Balthasar Permosers dämonische Satyrgestalten blicken drohend auf den Betrachter. Verlockend wäre es, durch das Portal zwischen ihnen einzutreten und eine geschwungene Treppe emporzusteigen. Doch Georgs Zeit ist kurz bemessen. Nur einen Blick wirft er in das Nymphenbad, das auf einem höheren Wall liegt. Steinerne Frauengestalten neigen sich dort über Delphine und Meeresgötter in gewölbten Nischen, wo im Sommer heitere Wasserkunst sprüht. Georg erinnert sich: vor Jahren hat er die jubelnden Melodien von Händels „Wassermusik" im Zwinger erlebt. Baukunst, Skulptur und Musik, Kunsthandwerk und Natur vereinten sich zu einem Zusammenklang überschäumender Schönheit.

Ein Blick auf die Uhr mahnt ihn nun, eilig die Dresdener Galerie aufzusuchen. Durch ihre reiche Sammlung kann er nur einen raschen Gang unternehmen, aber drei Bilder will er wieder gründlich betrachten. Zuerst sieht er Bellottos Gemälde, das Dresdens Pracht zu jener Zeit schildert, in der auch der Zwinger entstand. Über einen weiten Platz fährt, von sechs Pferden gezogen, eine vergoldete Kutsche, hinter stolzen Bürgerhäusern wölbt sich die Frauenkirche mit mächtiger Kuppel. Blau strahlt der Himmel, Friede und Frohsinn beglücken die Menschen. In eine andere Welt führt ihn das Bild der Romantikers Caspar David Friedrich: „Zwei Männer in Betrachtung des Mondes". Auf zerklüftetem Felsengestein stehen zwei dunkle Gestalten. Durch die Zweige eines riesigen Baums, der sich mit abgerissenen Wurzeln zum Boden hinabneigt, spähen sie zum rot dämmernden Himmel, in dem als schmaler Lichtkreis die

Mondscheibe glüht. Hellem Tag und heiterem Leben in Bellottos Bild stehen hier Nacht und Tod gegenüber. Oder umhüllt dieser magische Zauber die Rätsel des Schicksals, die kein Mensch je ergründet? Tief bewegt wandert Georg weiter durch den langen Galeriegang, von dessen Ende sein Lieblingsbild ihn schon von weitem begrüßt: Raffaels „Sixtinische Muttergottes".

Bei jedem Schritt meint er, Maria und ihr Kind, das sie liebend an ihre Brust drückt, flögen ihm aus weißen Wolken entgegen und höben ihn empor in den Himmel. Papst Sixtus schaut zur Muttergottes anbetend auf, sein gestreckter Arm scheint auf herannahende Menschen zu weisen. Die heilige Barbara neigt ihr anmutiges Haupt und sieht über die Schulter auf zwei Engelchen, die sich am unteren Bildrand aufstützen und schelmisch emporsehen. Mit dem Blick ihrer Augen verbinden sich hier sechs Personen in schwebender Harmonie und schließen den Menschen,

Raffael: Sixtinische Muttergottes

der sich ihrem Bild nähert, in die Gemeinschaft von Himmel und Erde mit ein. „Georg Schönerer", erinnert sich Georg, „ließ von diesem Gemälde für die Schloßkirche von Rosenau eine Kopie anfertigen. Und habe ich nicht einst von einem Marienbildnis geträumt, das sich dann in das Gesicht meiner lieben Irmgard verwandelte und mir Verse meines Gedichts zuflüsterte: ‚Jungfrau, Mutter, Königin'? Wird mir Irmgard – nicht nur im Traum, auch im Leben – noch jemals begegnen? Werden Träume, Sehnsüchte, Hoffnungen einmal wahr? Gibt uns Raffaels Bild, gibt uns die Kunst nicht Gewißheit, daß eine göttliche Macht alles im Leben lenkt?"

Die Gedanken kreisen weiter in Georgs Kopf, als die Straßenbahn ihn dann zum Bahnhof bringt, wo er den Koffer aus dem Schließfach nehmen will. Brausender Lärm der Eingangshalle holt ihn wieder zurück in die wirkliche Welt. Er sucht nach den weißen Wänden der Schließfächer, die mit einer einzigen Ausnahme alle verschlossen sind, und holt den Schlüssel aus seiner Tasche. „Nummer 435, das war es doch?" Nummer 435 steht auf dem Schlüssel, aber wo ist die Nummer 435 auf den Fächern? Er liest die Zahlen der waagrechten Reihen, dann der senkrechten Reihen, einzelne Ziffern wirbeln schmerzhaft durch seinen Kopf. Schließlich geht er zur letzten weit offenen Türe, drückt sie zu, so daß ihre Vorderseite sichtbar wird: „435! – Wieso offen?" Er blickt in das Fach, greift mit beiden Händen hinein: „Vollkommen leer! Meine Unterlagen! Notizen! Was tun? Wo ist ein Informationsstand?" Erregt sucht er und findet er ihn. „Mein Koffer," ruft er, „ist aus dem Schließfach verschwunden!" – „Nuh, da wolle mer ihn," entgegnet in sächselndem Tonfall ein Beamter in Bahnuniform, „im Fundamt suche." Gemütlich steigt er langsam aus seiner Glaskabine, führt Georg mit sich und hört kaum, was dieser erregt wissen will: „Warum Fundamt? Mein Koffer wurde gestohlen! Schließfach 435! Wieso ist er weg?"

Im Fundamt sitzt ein ebenso träger Bahnmitarbeiter und weist mit großer Geste auf Pakete, Säcke und Zeitungen, die ungeordnet herumliegen. Einsam und unübersehbar steht Georgs schwarzer Rollkoffer auf einem Stuhl. „Ist das Ihr Gepäck?" fragt der Beamte und scheint sich zu wundern, daß dem Reisenden die Frage, wie sein Koffer hierher kam, immer noch bang im Gesicht steht. Ein hastiger Blick auf die Uhr sagt Georg, daß in wenigen Minuten sein Zug abfahren wird. „Zum Fragen reicht nicht die Zeit," sagt er sich, „es würde auch gar nichts nützen. Der Stasi, den es schon in der DDR gab, ist jetzt bei uns allgegenwärtig!" Rasch folgt er der Aufforderung, den Koffer als den seinen anzuerkennen, ihn zu öffnen und mit Kontrollblick festzustellen, ob er sein Hab und Gut noch enthält. Den Schließfachschlüssel 435 gibt er ab, bestätigt auf vorgedrucktem Formular, sein Eigentum erhalten zu haben, und legt seinen Reisepaß vor, der kopiert wird. „Ganz wie in Südtirol", erinnert er sich, „also schon zweimal bei Interpol registriert!" In rasender Eile rennt er zur Eingangshalle, zu seinem Bahnsteig, springt die Stufen der Stiege hinauf, sieht gerade, wie der Schaffner seinen Signalstab hebt, ruft ihm keuchend zu, noch zu warten, springt rasch in den Wagen und bricht atemlos in einem Abteil zusammen.

Zwei Mitreisende, die ihn erstaunt betrachtet haben, steigen beim nächsten Halt aus, und Georg öffnet den Koffer, um zu sehen, was ihm fehlt. Ganz oben liegen, wie er sie eingepackt hat, seine Kleider und persönlichen Sachen. Das Wesentliche befindet sich aber darunter. Bücher? Alles vorhanden! Mappen? Aufmerksam wendet er Blatt um Blatt. Offenbar fehlt ihm nichts. Sogar Nahum Goldmanns Buch mit den markierten Zitaten liegt hier. „Was ist geschehen? Zufall kann es kaum sein! Verschwunden ist nichts. Aber hat man meine Schriften kopiert?" – Plötzlich glaubt Georg, er sehe Doris, deren breite, sinnliche Lippen sich öffnen, um ihn auszufragen. Dann schwebt der verdächtige Mann mit schmalem Kinnbart und schrägem Blick vor seinen Augen, huscht durch die Bahnhofshalle und verschwindet. Bange Gedanken durchzittern Georg: „Überall lauert Gefahr ... In Dresden werfen sie Steine auf trauernde Menschen ... Im Krieg hat man unsere Städte niedergebombt, Flüchtlinge im Feuersturm gebraten ... Unheimlich ist der blasse Mond im rötlichen Himmel, den zwei Männer betrachten ... Doch der goldene Frieden in Bellottos Dresden ... Hell öffnet sich der Himmel: Maria ... Madonna Sistina ..." Müde läßt der Mann, der viele Nächte wenig geruht hat, seinen Kopf sinken. Vergessen umfängt ihn allmählich und Schlaf.

Schrill reißt ihn nach geraumer Zeit das grelle Signal des Mobiltelefons aus den Träumen. „Ist mir die Polizei auf den Fersen? Hat man Verdächtiges aus meinem Koffer ...? – „Hallo?" – Eine weiche, sanfte, unvergeßlich liebe Stimme fragt: „Spreche ich mit Herrn

Georg Merendorff?" Ein Blitz der Freude durchzuckt jäh seine Brust. „Irmgard? Schwester Irmgard? Sind Sie es wirklich? Sie kennen mich noch?" „Natürlich", sagt sie mit dem warmen Ton, der ihm noch immer so lieb ist, „wie könnte ich Sie vergessen?" – „Irmgard, endlich! Wir haben uns wieder gefunden! Aber warum so spät? Ich schrieb Ihnen vor langem!" – „Ihr Brief hat eine weite Reise gemacht. In Wien, schrieben Sie mir, ist er untergegangen. In Graz, wo ich nun studiere, gab ihn mir die Hochschülerschaft. Ihr Brief, Ihr Buch, Ihr Gedicht – alles hat mich ganz überrascht!" – „Habe ich Sie in Schrecken versetzt mit meinem Buch?" – „Im Gegenteil! Sofort habe ich zu lesen begonnen und konnte nicht aufhören. Die Geschichten aus Ihrer Jugend, die vielen Menschen, die Sie kennen, die Dinge, die Sie ins Werk gesetzt haben, und Pläne über Pläne, die Sie noch ausführen wollen! Mir war, als hätten Sie das Buch nur für mich geschrieben! Wie aufregend und schön ist die Welt, die Sie schildern! Eine gütige Hand führt uns im Leben, schreiben Sie. Ja, ihrem Wink muß man folgen! Die rechten Wege, auf denen Sie gehen, haben mich nicht entsetzt. Schon bei unserer Begegnung in der Demo auf der Ringstraße wurde mir klar, daß ich damals auf der falschen Bahn war."

Irmgards Begeisterung, die sich überschäumend in Worte ergießt, beglückt Georg. Ihm ist, als würde er immer noch träumen, wenn ihm die liebe Stimme erzählt: „Ich war jung, von schlechten Freunden umgeben, eine wilde Emanze. Entschlossen habe ich mich von Wien losgerissen, setzte mein Medizinstudium in Graz fort. Staunend entdeckte ich: Welch herrliches Wunder ist der Mensch! Wie sinnvoll wirken die Kräfte in seinem Körper zusammen! Unsere Gespräche im Krankenhaus wurden mir wieder lebendig. Auch in der Gemeinschaft des Volkes, sagten sie, soll sinnvolle Ordnung herrschen. Das lese ich auch in Ihrem Buch." – „Und mein Gedicht, liebe Irmgard?" – „Die erste Strophe kann ich auswendig: ‚Als ich elend und bleich ...' War es wirklich so: ... wie ein sonnendurchfluteter Tag?" – „21. Juni, Irmgard, Sommersonnenwende! Aber es ging um mehr als das Datum. Wie ein lichter Engel standen Sie an meinem Bett und hoben mich sanft empor. Mir war das Leben wieder geschenkt. Das verdanke ich Ihnen." – „Und Ihrer Göttin Maria! Denn die zweite Strophe – – " Plötzlich reißt der Ton im Fernsprecher brüsk ab. „Hallo?" ruft Georg und wartet. „Hallo!" wiederholt er, „hallo!" Er hört nur unverständliches Krächzen. „Vielleicht sind wir in einem Tunnel, in einem engen Tal?"

Erst nach längerer Zeit klingelt es wieder. Doch Irmgards Stimme ist kaum zu vernehmen. „Können wir uns nicht wieder sehen?" fragt Georg. Nur zerrissene Satzfetzen geben Antwort: „Prüfungen – jetzt nicht – keine Zeit – Prüfung – Juni – vielleicht ..." Dann bricht die Verbindung ganz ab. Enttäuscht läßt Georg sein Sprechgerät sinken. Durch das Fenster blickt er hinaus in die schwarze Nacht. Aus weiter Ferne tauchen vereinzelte Lichter von Wien auf. „Es ist zu spät, das Gespräch nochmals zu beginnen. Heute", denkt er, „war ein stürmischer Tag: Herrliches Dresden, aus Ruinen wiedererstanden! – Raub aus dem Schließfach, heimtückische Faust aus dem Dunkeln! – Irmgards liebe Stimme, auch wenn sie plötzlich verstummt ist ... Dank dir, Sixtinische Muttergottes! Gib mir auch ein Wiedersehen mit Irmgard!" Herrlich steht Raffaels Bild Georg geistig vor Augen. Musik klingt in ihm wieder auf, als höre er Wagners volltönenden Chor der Pilger aus Rom. Heil und Gnade, Mut zu neuem Leben ist ihnen geschenkt worden. In seliger Dankbarkeit singen sie: „ Drum preis' ich Gott mein Leben lang!"

Totengedenken

Frühling ist wieder im Land. Die Sonne lacht, und alles blüht. Georgs Herz belebt neuer Schwung. Mit Irmgard hat er viele Ferngespräche geführt: über ihr Studium, über ihr Leben. Auch sie freut sich auf ein Wiedersehen, bittet ihn aber, wegen ihrer Prüfungen noch bis zum Semesterende zu warten. Er war ja inzwischen auch viel auf Fahrt, hat alte Kameraden getroffen und neue geworben. Um beweglicher zu sein, kaufte er wieder einen Wagen. „Seien Sie vorsichtig", bat ihn Irmgard inständig, „denken Sie an Ihren furchtbaren Unfall!" Als Georg ihr von seinen Plänen berichten wollte, warnte sie ihn: „Nicht im Fernsprecher! Man könnte Sie abhören! Lutz, sagten Sie mir, hat Doris unvorsichtig manches erzählt. Auch der verdächtige Mann, den Sie mit Doris gesehen haben, macht mir Sorgen. Daß Sie mutig sind, ist wunderschön. Aber seien Sie bitte auch klug!" Georg tut es unendlich wohl, daß ein lieber Mensch sich um ihn sorgt. Aber er ist ein Kämpfer und hat noch so viel vor!

Jetzt steht er im frühen Sonnenschein vor dem einsamen Gasthaus im Schwabenland, wo er mit führenden Kameraden aus deutschen Landen zwei Tage lang neue Pläne geschmiedet hat. Er allein ist noch hier, weil die schönen Berge und Täler ringsum ihn zum Wandern verlocken. Der Wirt, der eben aus dem Haustor tritt, rät ihm aber, nicht mit dem Auto hinaufzufahren, weil die Straßen steinig und schlecht sind. „Nehmet Se mei Rädle und fahret Se zur alte Römerstraß nouf", ruft er seinem Gast zu. Umständlich erklärt er den Weg, der zwar steil hinaufführen, aber herrliche Aussichten über das schwäbische Land bieten werde. Rasch entschlossen besteigt Georg das Rad und tritt kräftig in die Pedale. Kühl weht ihm frischer Morgenwind ins Gesicht, doch der helle Himmel läßt warmes Wetter erwarten. Über Stock, über Stein führt ihn sein holpriger Weg zu lieblichen Hügeln und Weinbergen und dann mitten durch rauschende Wälder. Höher und höher klettert sein Rad, dicke Schweißtropfen kleben auf der Stirne des Fahrers. Langsamer kreisen die Räder unter dem müder werdenden Tritt von Georgs ermattenden Beinen. Noch schützt ihn der Schatten hoher Fichten vor den Strahlen der Sonne. Doch kaum öffnet sich das Dunkel der Bäume, weitet sich groß und herrlich der Blick. Überwölbt vom hellblauen Himmel liegen Hügel neben Hügeln vor seinen Augen, grüne Wiesen, goldgelbe Felder, dunkler Wald: herrliches deutsches Land!

Häuser der Bauern, welche die Äcker ringsum bestellen, lugen da und dort durch hohes Gebüsch. „Über die Straße auf dieser Höhe", denkt Georg, „zogen Legionen der Römer, Händler führten hier kostbare Fracht aus dem Süden. Aber das Land bebaut haben Germanen, unsere Vorfahren, die uns unsere Sprache geschenkt haben. Ihr Vaterunser mag ähnlich gewesen sein wie jenes, das Wulfila, Bischof der Goten, einst aus dem Griechischen übersetzt hat: ‚Atta unsar, thu in himinam.' Auch zu Baldur und Wotan haben sie damals wohl noch gebetet. Dann erhoben sich am Neckar, am Rhein, an der Donau, am Schwarzen Meer die germanischen Völker und vertrieben die fremden Besatzer! Sie zerschlugen ein Weltreich, wehrten die Hunnen vom Abendland ab, und viele von ihnen fielen im Kampf für die Freiheit. ‚Von weinen und von klagen, von küener recken strîten': so kündet unser Nibelungenlied von dieser heldischen Zeit. Danken wir diesen Toten, die uns vor Jahrhunderten deutsche Sprache und deutsches Wesen bewahrten."

Während diese Gedanken durch Georgs Kopf wandern, hört er aus der Ferne hellen Trompetenklang. „Soldaten? – Das kann doch kaum sein!" Menschen sieht er, die sich um zwei hohe Linden versammeln, zwischen denen ein Kreuz steht. Langsam fährt er heran und hält mit dem Rad vor einer Hecke von Taxus.

Ehrt eure Toten

Ein Beet roter Begonien umsäumt eine Tafel mit heller Schrift. Wieder ertönt das Trompetensignal. Zwei Männer legen einen Kranz mit schwarzweißroter Schleife feierlich vor die Tafel. Langsam tritt ein Herr in die Mitte des Kreises und beginnt zu sprechen:

„Jedes Jahr, liebe Kameraden, versammeln wir uns bei den Gräbern unserer Soldaten. Meist stehen wir auf einem Friedhof mit zahllosen Kriegsgräbern. Hier aber ist Einsamkeit rings um uns. Drei Namen lesen wir auf dieser Tafel, und auch ein Unbekannter ist da bestattet. Vier Gefallene der SS-Division ‚Götz von Berlichingen' fanden ihre letzte Ruhestätte – im Kampf für Volk und Vaterland. Ein Bauer und der Löwenwirt des nahen Dorfes bargen sie unter Lebensgefahr und bestatteten sie dort, wo sie bei der Verteidigung der Heimat gefallen waren. Schulkinder pflegten ihr Grab. Weit reicht unser Blick von dieser Höhe über deutsches Land hinauf in den Himmel. Hohe Bäume bieten uns Schatten, Gottes Friede liegt gnädig über unseren Toten.

Ist es nicht ein Wunder, das hier geschah? Man wollte die Gräber in einen Sammelfriedhof umbetten. Doch der Bürgermeister sagte: ‚Nein! Hier sind die Männer für uns gefallen, hier sollen sie bleiben in unserer Mitte.' Da entdeckten Kameraden, die sich um Kriegsgräber kümmern, die Stätte und errichteten dieses Kreuz als Mahnmal. Man beschloß, die Gedächtnisstätte zu weihen, und lud den katholischen Pfarrer, den evangelischen Pfarrer und einen Abgeordneten des Bundestags ein. Und alle drei kamen und mit ihnen zahllose

Menschen aus der Umgebung. ‚Großer Gott, wir loben dich', sang der Chor und ‚Ich hatt' einen Kameraden'. Das war 1958, dreizehn Jahre nach dem Ende des Kriegs. Damals übten die Menschen eine Pflicht, die selbstverständlich sein sollte. Doch heute, weitere 53 Jahre danach? – ‚Pfui, Verbrechen der Wehrmacht!' Gefallendenkmäler in Schulen werden geschändet oder beseitigt. In meiner Heimatstadt Wien beschmierten Chaoten das Grab des Jagdfliegers Walter Nowotny. Brandrote und giftgrüne Politiker wollen den Leichnam aus der Gruft reißen, um die Stätte zu vertilgen, an der sich dankbare Menschen versammeln. Barbarische Willkür ist heute ‚in'.

Doch unser Kreis gedenkt der gefallenen Helden und hofft, den Jungen ein Beispiel zu geben. Ich selbst denke an die Zeit vor 66 Jahren. Da klopfte ich, ein sechzehnjähriger Kriegsheimkehrer, in zerlumpter Uniform bang an unsere Haustür. Wien hatten die Bomben der Alliierten zertrümmert, die Rote Armee hatte geplündert und gemordet. Würde die Mutter noch leben? Es öffnete sich die Tür, und ich lag mit einem Schrei der Freude in ihren Armen. ‚Was ist mit Vater?' fragte ich. Die Mutter hatte noch keine Nachricht. In den letzten Monaten des Kriegs war er in den Dienst der Wehrmacht getreten. Einmal hatte ich ihn noch besucht. Sein Mittagessen gab er mir: ‚Iß, Bub, du brauchst es notwendiger als ich.' Mein Rückfahrtszug rollte heran. Vaters Augen blickten starr, um die Tränen nicht merken zu lassen: ‚Mach's gut, Bub!' Noch ein Händedruck. Es war unsere letzte Begegnung. Wir wissen nicht, wo er gefallen ist und wo man ihn begraben hat.

Tote hatte es auch unter meinen Kameraden gegeben. Als Sechzehnjährige kamen wir in ein Wehrertüchtigungslager in Mähren, waren dann Panzergrenadiere in Prag und gerieten in den Aufstand der Tschechen. Vor Mitternacht des 8. Mai riß mich ein Kamerad aus dem Schlaf: ‚Krieg zu Ende!' Die Flucht nach dem Westen begann: einen Tag, eine Nacht und einen halben Tag marschierten wir, bis wir vor Pilsen die Amerikaner erreichten. Manche von uns waren zusammengebrochen, blieben liegen, wurden von Tschechen abgeschlachtet. Dann kamen Monate hinter Stacheldraht: fast verhungert waren wir und verlaust, eng zusammengedrängt lagen wir auf faulem Stroh. Einige fielen leichenblaß um. Wir haben sie dann nie mehr gesehen. Befreit gefühlt habe ich mich damals nicht. Doch einmal gab es für uns Schinken und Eier! Die Menschen im Dorf bei unserem Lager waren Deutsche. Eine Frau rief von fern: ‚Wir dürfen in unserer Heimat nicht bleiben!' Kurz danach wurden sie grausam vertrieben. Viele von ihnen blieben tot am Wegesrand liegen.

Als ich in Wien wieder zur Schule ging, waren dort Vertriebene aus dem Sudetenland, Südmähren, Schlesien. Manche unserer Bekannten hatten den Bombenterror, das Wüten der Roten Armee, den Hunger des Nachkriegs nicht überlebt. Elend herrschte und Tod. Zwei Jahre später hatte ich meine Matura und dann vor dem Studium lange Ferien. Ich begann zu schreiben, mußte schreiben wie unter einem Diktat: über mein Schicksal im Krieg, über die toten Soldaten, über die tapferen Frauen, die auf ihre Männer gewartet hatten, über die Menschen, die aus den Ruinen den Wiederaufbau schafften. Ich kritzelte mit Bleistift auf miserablem Nachkriegspapier und begrub dann die Blätter im Schreibtisch. Was mich bedrückt hatte, war bewältigt. Nach einem halben Jahrhundert holte ich die Schriften dann wieder hervor. Denn 1997 wollte uns die Ausstellung ‚Verbrechen der Wehrmacht' weismachen, unsere Soldaten wären keine Helden, keine leidenden Menschen, sondern kriminelle Verbrecher gewesen!

Ich ein Verbrecher? Meine Kameraden? Mein Vater? Wir alle? Ich überflog meine Bleistiftschrift auf den zahlreichen Seiten. Ich las von manchen Verbrechen: Tote durch Bomben, Tote in der Gefangenschaft, Tote durch Vertreibung, Hunger und Krankheit. Aber nicht wir hatten sie auf dem Gewissen, nicht wir waren die Verbrecher! Ich schrieb die Erzählung ins Reine und nannte sie ‚Mit sechzehn Jahren'. Im Nachwort stellte ich die Fragen: Hat man uns

1945 befreit? Waren wir Verbrecher, deren Schuld nie zu vergessen ist? Oder waren wir vom Schicksal geschlagene Menschen? Warum dürfen wir nicht unserer Toten gedenken? So wie es jedes andere Volk tut! So wie es auch wir einst getan haben!

Liebe Kameraden, wir ehren hier unsere Toten: die Toten im Kampf, die Toten in Gefangenschaft und Vertreibung, die toten Frauen, Kinder und Alten als Opfer von Bomben, Hunger und Krankheit. Wir ehren die Toten in früheren Kriegen zur Verteidigung unserer Heimat. Wir gedenken der Toten, die unseren Kreis gegründet, geführt und geformt haben. Totengedenken ist Menschen-Pflicht. Totengedenken ist auch ein Menschen-Recht. Wir lassen es uns nicht rauben. Es vereint uns mit denen, die vor uns gelebt, gearbeitet und gekämpft haben. Im Totengedenken leben wir weiter. Es bindet uns zur Gemeinschaft. Karl Bröger sagte das in seinem Gedicht."

Nichts kann uns rauben
Liebe und Glauben
zu unserm Land:
es zu erhalten
und zu gestalten
sind wir gesandt.
Mögen wir sterben,
unseren Erben
gilt dann die Pflicht:
Es zu erhalten
und zu gestalten –
Deutschland stirbt nicht!

Eng geschart stehen Frauen und Männer vor den Gräbern der toten Soldaten. Ihre Scheitel sind grau oder weiß, manche von ihnen stützen sich auf Krücken. In drückender Mittagswärme stehen sie während der langen Rede aufrecht und still. Tränen der Rührung schimmern in ihren Augen.

Kein schöner Land

Auch Georg ist ergriffen und wagt nicht, jemanden anzusprechen. Da geht eine Dame mit schneeweißen Haaren auf ihn zu und fragt: „Sie wollen wissen, wer wir sind? Jedenfalls sind wir zumindest zwanzig Jahre älter als Sie. In unserer Jugend waren wir Freunde und Kameraden und sind es noch immer. Auch unsere Toten gehören zu uns. Die noch leben, treffen einander in jedem Sommer, einmal da, einmal dort in unserem schönen Deutschland. Mit dem Bus, den Sie hier sehen, fahren wir heuer von Stuttgart quer durch das Schwabenland. Jetzt geht es zum Neckar, nach Heilbronn." Georg ist es, als würde er die Frau, die er nie gesehen hat, seit langem schon kennen, als wäre sie seine Mutter. „Nach Heilbronn fahren Sie", sagt er, „ich komme von einem Gasthaus in der Nachbarschaft dieser Stadt mit dem Rad und fahre dann wieder zurück." – „Geben Sie Ihren Drahtesel in unseren Bus, steigen Sie bei uns ein!" Als Georg etwas zögert, ergreift sie liebevoll seine Hand und streichelt sanft seinen Arm. „Kommen Sie doch! Wir Alten beißen ja nicht! Ich heiße Luise."

Wie ein zutraulich zahmer Vogel hat diese Frau Georg spielend gewonnen. Schnell ist das Fahrrad verstaut, auch die anderen nikken dem Gast freundlich zu, und der Bus fährt los. Georg, der hinten Platz nimmt, sieht neben sich auch einige, die etwas jünger sind als die Kriegsgeneration. Durch seine Reisen quer durch deutsche Lande hat er ein feines Ohr für die verschiedenen Mundarten, die um ihn herumschwirren: nördliche, mitteldeutsche und andere aus dem Süden. „Daß der Redner ein Wiener ist, habe ich, weil ich es auch bin, erkannt. Sie aber, gnädige Frau", sagt er zu einer schlanken, hellblonden Dame an seiner Seite, „haben mit Österreich nichts zu tun." „Warum nicht?" antwortet sie spitz, „Österreich ist doch auch deutsch! Aber geographisch haben Sie recht. In Schleswig-Holstein bin ich daheim. Doch sagen Sie bitte nicht ‚gnädige

Frau'! Ich heiße Elke!" Georg verbeugt sich, nennt seinen Namen und drückt ihr die Hand, die sie ihm herzlich entgegengestreckt hat. „Der vor ihnen sitzt", sagt sie, „kommt weit aus dem Süden, aus Brixen, heute ‚italiano', aber trotzdem deutsch. Er heißt Anderl." Die Verbindung r-l macht Elke hörbare Mühe, aber Georg versteht: „So wie der Anderl Hofer, der für Gott, Kaiser und Vaterland kämpfte!" Anderl, der leise vor sich hingesummt hat, dreht sich um. „Woll, woll! I war zerscht in Passau, abr dann hob i g'sogt: Pfiat Gott, Welt, i geh ins Tiroul!"

Sagt es, und summt wieder vor sich hin. „Nun müßten", meint Georg, „noch ein Schwyzer und ein Elsässer unter uns sein" – „und ein Liechtensteiner, ein Luxemburger", ergänzt Elke – „und eine Siebenbürgerin, vielleicht auch Deutsche aus Sibirien oder Kirgistan" – „Wohin sie Stalin verschleppt hat!" – „Überall in Europa leben Menschen, die deutsch reden " – „Aber zerrissen in vielerlei Staaten!" – „Das ganze Abendland ist zerrissen." – „Deutschland als natürliche Mitte sollte es einen!" – „Es gibt aber solche, die wollen das nicht!" – „Deswegen gibt's Krieg!" – „Dreißigjährigen, Hundertjährigen!" – „Immerwährenden!" – „Wehren wir uns!" – „Ja, aber wie?" – „Fragen wir, wem der Streit nützt! Wer sind diese Leute? Wehren wir uns!"

In vielen Stimmen, verschiedenen Mundarten, doch in derselben deutschen Sprache unseres Volkes schwirren die Worte kreuz und quer durcheinander. Als sie allmählich verstummen, summt Anderl aus dem Süden Tirols leise ein Lied: „Wir sind durch Deutschland gefahren ..." Sofort fällt einhellig und kräftig der volle Chor ein, und auch Georg singt freudig mit.

Wir sind durch Deutschland gefahren
vom Meer bis zum Alpenschnee.
Wir haben noch Wind in den Haaren,
den Wind von Bergen und Seen –

Wir haben noch Wind in den Haaren,
den Wind von Bergen und Seen.

Kaum ist der jubelnde Kehrreim verklungen, tönt ein deutsches Lied nach dem anderen: „O, du schöner Westerwald ..." – „Dat du min Leevsten büst ..." – „'s isch mer alles eis Ding" – „Wohl ist die Welt so groß und weit und voller Sonnenschein, das allerschönste Stück davon ist wohl die Heimat mein; dort, wo aus schmaler Felsenkluft der Eisack rauscht heraus: von Sigmundskron der Etsch entlang bis zur Salurner Klaus!" Mit brausendem „Heidi-heida" stimmen auch die „Nordlichter" gemeinschaftlich in das frohe Lied ein. „Und zum Abschluß?" fragt Anderl. „Was uns alle vereint", ruft der Wiener, der die Rede am Grab der Gefallenen gehalten hat: „Kein schöner Land!"

Kein schöner Land in dieser Zeit
als hier das unsre weit und breit,
wo wir uns finden
wohl unter Linden
zur Abendzeit ...

Als der Bus in Heilbronn nahe am Ziel ist, beginnt es zu dunkeln. Die Sänger dämpfen ihre Stimmen ganz leise. Denn in der letzten Strophe klingt das Lied sanft und in gläubiger Zuversicht aus.

Jetzt, Brüder, eine gute Nacht!
Der Herr im hohen Himmel wacht!
In seiner Güten
uns zu behüten,
ist er bedacht.

Als sie ausgestiegen sind, verabschiedet sich Georg und drückt vielen Kameraden herzlich die Hand. Die weißhaarige Dame, die ihn zuerst angesprochen hat, ruft Georg noch zu: „Dem Herrn, der hinter dem Busfahrer saß und nun eben aussteigt, verdanken wir, daß wir seit mehr als vier Jahrzehnten noch immer beisammen sind." „Er ist aber etwas jünger", entgegnet Georg, „weil er so schnell und beschwingt geradewegs zu Ihrem Hotel läuft!" „Das täuscht", antwortet sie lachend, „auch er hat seine neun Jahrzehnte schon hinter sich, aber sein flottes Temperament reißt unseren Adolf stets mit. Jedes Jahr wählt er einen anderen Treffpunkt, von dem aus wir die vielen Schönheiten unseres Vaterlandes erkunden. Vor 41 Jahren hat sich diese Gemeinschaft gebildet. In Kärnten kamen wir 1970 erstmals zusammen, Im nächsten Jahr trafen wir einander in der Kaiserstadt Wien, darauf hoch oben im nördlichen Bremen. Mit Briefen und Anrufen holte man immer mehr alte Kameraden zusammen, und beim vierten Treffen in Stuttgart waren es dann stolze zweihundertfünfzig. Was war das für ein prächtiger Chor beim gemeinsamen Singen!"

„Großartig, wie viele Lieder Sie singen und alle Strophen auswendig kennen", sagt Georg bewundernd. „Ja", erwidert Luise, „was wir in unserer Jugend gelernt haben, das bleibt uns im Alter. Singen bindet uns zur Gemeinschaft. Auch die Freude an unserer schönen Heimat vereint uns. Was haben wir nicht alles auf unseren Fahrten erlebt, die unser Adolf vorbildlich plant und organisiert! Die rauschenden Bäume des Schwarzwalds, das Meer um die Insel Rügen, das blaue Band des Bodensees, das drei Länder deutscher Sprache verbindet, Bootsfahrten auf den Wellen von Vater Rhein und Mutter Donau. Frohe Kameradschaft verbindet uns noch bis heute."

Mit herzlichem Abschiedsgruß reicht Luise Georg die Hand und steckt ihm einen Briefumschlag zu. „Darin liegt ein Blatt", sagt sie, „ich habe während eures Gesangs etwas darauf geschrieben." Georg bedankt sich, wird aber nochmals von vielen Freunden umdrängt, die ihm mit lieben Worten gute Weiterfahrt wünschen. Der Busfahrer holt ihm das Fahrrad aus dem Wagen, Georg schwingt sich in den Sattel und fährt über die hügelige Straße hinauf zu seinem Gasthaus.

Ermüdet ist er von der langen Radfahrt und legt sich zu Bett. Erinnerungen wandern ihm durch den Kopf. „Wunderbar", denkt er, „ist der Bund dieser Freunde, die gerührt um das Grab von Menschen standen, die sie doch gar nicht gekannt haben. Aber die Toten waren ihnen nicht fremd. Sie kamen aus ihrer Generation, aus dem Krieg, der ihre gemeinsame Jugend geprägt hat. Bis in hohes Alter hat dieses Erleben ihr Wesen geformt. Sie haben sich nicht umerziehen lassen. Sie glauben an das, was einst ihr Ideal war: Gemeinschaft, Treue, Liebe, Volk und Vaterland. Achtzig Jahre und älter mögen viele von ihnen sein. Aber wenn sie singen, werden sie wieder jung, und ihre Augen beginnen zu leuchten. Wir müssen diesen Geist weitergeben an die Jugend von heute! Besonders beeindruckt hat mich die liebe weißhaarige Frau. Luise war doch ihr Name. Zum Abschied gab sie mir ja ein Schreiben!" Rasch erhebt sich Georg, sucht ihren Brief, öffnet ihn und liest.

Soldatengrab
Zwei Linden überwölben den Felsenstein,
darauf die dunkle Tafel mahnt:
Gedenke, Mensch! Hier ruht letztes Sein
blutjunger Söhne im Heimatland.
Ein Dorf bekränzt mit Blüte und Blatt
seit sechs Jahrzehnten den Ehrenhain.
Ihr Tun beschäme Ehrlose der Stadt,
die kein Denkmal den Soldaten weih'n.
Die Stille. Die Worte. Trompetenklang.
Zur Feier sich straffen alte Kameraden
wie zum Appell, gedenken im Treuesang
der Toten, gedenken unsterblicher Taten.
Rings weithin dehnen sich Wald und Feld,
gesegneter Gottesgarten!

Fern ist der Krieg. Weitab die Welt.
Nur Tote, Tote warten.
Vielleicht, daß im Sterben ein letztes Bild
sich hat in brechende Augen gebrannt:
Das Himmelsgewölbe als schirmender Schild
über dem ewigen deutschen Land.

Aufruf zum Ungehorsam

Wunderbar weit reicht der Blick von der Höhe, wo Georg und Lutz stehen, auf die tief unter ihnen breit und ruhig dahinströmende Donau. Hügel und Wälder liegen vor ihnen, und darüber strahlt sommerlich heller Himmel. „Als ich einmal", sagt Georg, „vom anderen Ufer die Kirche Maria Taferl erblickte, blitzte in mir ein Plan auf: Hier könnte man hoch über der Donau eine Gedächtnisstätte für Menschen unseres Volkes errichten, die im und nach dem letzten Krieg ihr Leben verloren. Nicht groß und monumental soll sie sein, sondern einsam und dem Haß der heute Herrschenden ganz verborgen. Was ich damals erträumt habe, ist mir seither oft begegnet: im Schwabenland beim Kreuz zwischen den hohen Linden, bei den drei holzgeschnitzten Kruzifixen in Südtirol, am Rhein und da und dort in deutschen Landen. Vor einer Woche war ich hier und konnte einen Platz finden, der sich für ein stilles Gedenken und für ein Treffen von Kameraden eignet." Georg führt seinen Freund durch einen dichten Wald, der sich dann öffnet. „Eine herrliche Wiese", ruft Lutz, „abseits der Straße und gut abgeschirmt durch dichte Bäume. Das wäre ein idealer Platz für ein Julfest im Sommer!" – „Ja, damit haben wir Ort und Zeit für unser nächstes Treffen gefunden! Hier versammeln wir unsere Kameraden und entzünden das Sonnwendfeuer am 21. Juni, heute in einer Woche. Dieser alte Brauch ist noch nicht verboten. Auch in Rosenau steigt dann der Rauch des Julfeuers am Bismarckturm auf, den Schönerer dort erbaut hat."

Unter schattenden Bäumen, zwischen denen aus dem Wald angenehme Morgenluft fächelt, sitzen beide nebeneinander im grünen Gras. Lutz holt den Schreibblock aus seinem Rucksack und schlägt vor: „Teilen wir diese Idee im Internet unseren Freunden mit!" „Erarbeiten wir dazu ein Programm", stimmt Georg zu, „notiere bitte in Stichwörtern! Wir wollen unsere Toten ehren und denken auch an die Sorgen der Lebenden. Mit dem Gedenken an Vergangenes verbinden wir den Kampf um die Zukunft. Am Sonnwendtag sprechen wir über eine brennende Frage unserer Zeit: Masseneinwanderung von Fremden! Vor einem halben Jahrhundert begann es mit der Anwerbung von Gastarbeitern. Doch diese ‚Gäste' gingen nicht wieder heim. Sie blieben und holten stets neue nach. Unsere Regierungen, ob Rot, Grün, Schwarz, Gelb oder Orange, rissen weit alle Tore auf. Der Türke Vural Öger, Mitglied der SPD und Abgeordneter Deutschlands im EU-Parlament, hat das offen bejubelt." Aus einem Zeitungsausschnitt, den Georg seiner Mappe entnimmt, zitiert er den frechen Spruch Ögers: „Im Jahr 2100 wird es in Deutschland 35 Millionen Türken geben. Die Einwohnerzahl der Deutschen wird dann bei ungefähr 20 Millionen liegen. Das, was Kamuni Sultan Süleyman 1529 mit der Belagerung Wiens begonnen hat, werden wir über die Einwohner, mit unseren kräftigen Männern und gesunden Frauen verwirklichen."

„Dann werden", fügt Lutz erbittert hinzu, „unsere Kinder und Enkel einmal Fremde im eigenen Land! In Österreich, las ich kürzlich, hat fast ein Viertel der Volksschüler eine andere Muttersprache als Deutsch, in Wien sind es mehr als die Hälfte, in einem seiner Bezirke fast 90 Prozent. In vierzehn Jahren sind diese Kinder Erwachsene, und bis dahin kommen weitere fremde Kinder dazu. In den Großstädten Deutschlands ist es ebenso. Im Berliner Bezirk Kreuzberg fürchten sich deutsche Kinder, in die Schule zu gehen, weil die fremden Schüler sie tyrannisieren! Thilo Sarrazins Buch ‚Deutschland schafft sich ab' schlug daher wie eine Bombe ein. ‚Die Türken', warnt er, ‚erobern Deutschland genauso, wie die albanischen Kosovaren den Kosovo erobert haben: durch eine höhere Geburtenrate!' Obwohl Sarrazin Berlins SPD-Finanzsenator und Bundesbankvorstand war, brach bei Politikern und Medien ein Sturm der Empörung aus. ‚Perfid und infam' schimpfte man, ‚Rote Karte für Provokateur Sarrazin!' schrieb eine Zeitung. Der Staatsanwalt ermittelte wegen ‚Volksverhetzung', Sarrazin mußte seinen Posten bei der Bundesbank räumen. Aber eine Welle begeisterter Zustimmung in Leserbriefen und Meinungsumfragen bewies, daß Sarrazin nur gesagt hatte, was eine überwältigende, doch leider schweigende Mehrheit schon längst denkt!"

„Aber", meint Georg, „man muß es noch deutlicher sagen als er. Deutschland schafft sich nicht selbst ab. Nein: Deutschland wird abgeschafft! Von denen, die es regieren! Euer ehemaliger Bundespräsident Wulff sagte, die Bundesrepublik soll eine ‚bunte Republik' sein, er behauptete: ‚Der Islam gehört zu Deutschland!' Auch in Österreich forderte die Innenministerin, bei der Integration müßten sich alle anstrengen: nicht nur die ‚Menschen mit Migrationshintergrund', wie sie die Fremden verharmlosend nennt, sondern auch die ‚Mehrheitsbevölkerung'! Aber nicht nur Deutschland wird abgeschafft, sondern ganz Europa will man systematisch umvolken. In westlichen Ländern üben die Fremden gewaltsamen Terror. In Spanien tötete ein islamistischer Sprengstoffanschlag hunderte Menschen, in England starben bei einem solchen Attentat auf die U-Bahn fünfzig Personen. In Frankreich tobten Aufstände in den Vororten der Großstädte. Muslime warfen Steine gegen Polizisten, zündeten Autos, Kindergärten und Schulen an. In den Niederlanden schnitt ein Fanatiker dem Filmemacher Theo van Gogh die Kehle durch, weil ihm dessen Darstellung des Islam nicht gefiel.

Diesen Tatsachen müssen wir ins Auge sehen. Leben Menschen mit verschiedenen Sprachen und Sitten eng zusammen, entstehen Konflikte. So ist das in Bosnien, im Kosovo, bei Basken und Spaniern, Kurden und Türken, Hutus und Tutsis in Ruanda, und nicht zuletzt auch in Palästina. Multikulti-Gesellschaft provoziert Krieg!"
„Vielleicht", wirft Lutz ein, „wollen das die Hintergrundmächte, die diese Völkerwanderung gegen Europa in Gang gesetzt haben und mit EU-Gesetzen und Verordnungen aus Brüssel hartnäckig betreiben. Ich habe einen alten Zeitungsausschnitt bei mir, in dem man liest: ‚Die Europäer werden eines Tages nicht umhin können,

zu kapieren, daß der Kampf der Kulturen nicht erst kommt. Er ist schon längst da und wird in Europa ausgefochten werden.'" – „Wer schreibt das?" – „Ariel Muzicant, der Präsident der Israelitischen Kultusgemeinde in Österreich." „Dafür", seufzt Georg, „haben die meisten Menschen bei uns keine Augen, oder sie schließen sie feig, um die Gefahren nicht sehen zu müssen. Hält dieser Ansturm der Einwanderung weiter an, kommt Fürchterliches auf uns zu. Das Heer der Asylanten kann sich über Nacht in eine Bürgerkriegsarmee verwandeln. Gewalt und Anarchie dringen bei uns ein. Wehren wir uns!"

„Was können wir tun?" fragt Lutz. – „Die Schweiz", antwortet Georg, „wird als reiches Land noch mehr von Fremden bedrängt als wir. Sie gibt uns ein Beispiel. Bei einer Volksabstimmung gegen den Bau weiterer Minarette sagte eine Mehrheit von 57,5 Prozent ein klares Nein, das waren 1.534.000 Bürger! Sie lehnten damit nicht nur das Minarett ab. Sie verteidigten sich gegen das fremde Wesen, das mit dieser Menge von Einwanderern eindringt, die sich nicht integrieren läßt. Mit dem Nein zum Minarett wehrte sich das Volk gegen Masseneinwanderung und Überfremdung! Ein Jahr danach stimmten die Schweizer wiederum ab, diesmal über die ‚Ausschaffungsinitiative'." „Was heißt das?" fragt Lutz. „Wer kriminelle Verbrechen begangen hat, wer illegal in das Land kam, auch wer mißbräuchlich staatliche Sozialleistungen bezieht, hat die Schweiz zu verlassen! Trotz gehässiger Gegenpropaganda der meisten Parteien und Medien sagten mehr als 53 Prozent der Bürger zu dieser Ausschaffungsinitiative Ja!" „Das würden die Menschen bei uns auch tun", ruft Lutz, „unser Land darf kein Multikulti-Babylon werden!" Leidenschaftlich erhebt er seine Arme, läßt sie aber dann resigniert wieder sinken: „Allerdings haben wir keine Volksabstimmungen und keine direkte Demokratie wie in der Schweiz!"

„Das ist das eigentliche Problem", bestätigt Georg. „Bei uns deklariert die Jugendorganisation der Regierungspartei SPÖ: ‚Österreich ist ein Einwanderungsland. Und das ist gut so!' Damit verhöhnen sie unsere Verfassung, in der kein Wort von Einwanderung steht. Doch die führenden Parteifunktionäre schauen gleichgültig zur Seite, und die meisten Leute nehmen es kommentarlos hin. Lassen wir uns das nicht gefallen! Wir brauchen einen grundsätzlichen Wandel der Gesinnung, eine Erneuerung der staatlichen Ordnung. Wir brauchen einen Aufruf zum Ungehorsam!" „Aufruf zum Ungehorsam", wiederholt Lutz, „das ist großartig! Ungehorsam gegen den Zeitgeist! Ungehorsam gegen die Parolen der ‚political correctness'! Ungehorsam gegen die Umerziehung!" Diese Begeisterung über seine spontan hingeworfenen Worte reißt Georg mit. „Aufruf zum Ungehorsam", ruft er, „das heißt: Mut zu kritischem Denken! Wir sind das Volk! Wir müssen bei Lebensfragen der Zukunft selbständig entscheiden: Ist unsere Heimat ein Einwanderungsland für Fremde aus aller Welt? Die heute Herrschenden wollen es dazu machen. Wie schaffen wir wieder Ordnung? Gelegentlich hat zwar die Regierung geruht, das Volk zu befragen. Doch das hat keine bindende Kraft, und oft ging es um nichtige Fragen. Wir wollen freie Volksabstimmungen nach dem Vorbild der Schweiz!"

Erregt haben Georg und Lutz sich erhoben. Sie verlassen die Wiese, wo ihnen neue Ideen erwacht sind, und wandern durch den Wald zu dem Weg, wo ihre Fahrzeuge auf sie warten. „Lieber Lutz, jetzt haben wir das Thema für unsere Sonnwendfeier heute in einer Woche: Aufruf zum Ungehorsam! Benachrichtige bitte alle Kreise unserer Gesinnung. Alle sollen ihre Vertreter zu uns schicken. Auch sie sollen am Sonnwendtag mit uns beraten, wie wir dem Volk eine entscheidende Stimme erkämpfen. In Internetbotschaften verbreiten wir das und bilden überall in deutschen Landen Bewegungen für Freiheit und neue Ordnung!" Herzlich drückt Lutz seinem älteren Freund die Hand. „Du kannst dich auf mich verlassen, Georg!" „Das weiß ich, und das macht mich froh! Denn niemand ist sicher, wie lang ihm die Gnade des Lebens und voller Kraft noch geschenkt ist. Deine Kameradschaft gibt mir

Gewißheit: Jugend ist da und führt den Kampf weiter. Danke, Lutz, und leb wohl!"

Jeder von beiden fährt mit seinem Wagen in verschiedener Richtung heim. Freudig spürt Georg, daß ihm das Lenken des Autos trotz der langen Pause nach seinem Unfall wieder leicht und vertraut ist. „Eine Warnung des Schicksals", geht es ihm durch den Sinn, „ist meine Verletzung vor einigen Jahren gewesen. Gut war es, mit Lutz für den Fall des Falles ein Wort über die Nachfolge zu sprechen. Pflicht und Verantwortung haben wir zu erfüllen. Eine Aufgabe, an die sich niemand heranwagt, müssen wir übernehmen, wenn wir die Fähigkeit dazu haben. Das ist unsere Pflicht. Und die Verantwortung befiehlt uns im Alter, einen Jüngeren zu finden, dem wir diese Aufgabe vertrauensvoll in die Hand geben können. Aber noch habe ich Kraft, Freude und Mut. Noch ist unendlich

Schönerers Heimat: das Waldviertel

vieles zu tun!" Über kurvenreiche Straßen erreicht Georg die Höhen des Weinsberger Waldes, wo er die weite Sicht auf Niederösterreichs Waldviertel hat: Schönerers Heimat ist das, die er so liebt. Da er im Schatten von Bäumen nahe der Straße eine Bank sieht, steigt er aus und läßt seinen Blick schweifen: weiche Hügel, sanfte Täler und grüne Fichtenwälder, Wipfel an Wipfel zur unendlichen Kette gereiht. Wie Lynkeus, der Türmer in Goethes „Faust", empfindet sich Georg „zum Sehen geboren, zum Schauen bestellt".

Das Mobiltelefon weckt ihn aus seinen Träumen. Unwillig greift er zu seinem Gerät, doch Irmgards liebe Stimme läßt sein Herz noch höher schlagen. „Gestern hatte ich meine vorletzte Prüfung, ausgezeichnet ist sie gelungen, im Herbst schließe ich mein Studium ab!" Noch froher als sonst fließen ihr die Worte, so daß Georg Mühe hat, ihr seinen Glückwunsch zu sagen. „Können wir einander jetzt sehen?" fragt er dann voll Ungeduld. – „Zwei Vorlesungen höre ich noch. In sechs Tagen fahre ich nach Krems, eine Studienkollegin hat mich eingeladen." – „Das trifft sich! Ich bin jetzt auf der Fahrt ins Waldviertel, wo ich im Haus meines Verwandten eine Woche zubringen kann." „Dann kommen wir heute in einer Woche zusammen", verspricht Irmgard. Georg beschreibt ihr am Schluß des Gesprächs ihren Treffpunkt beim Eingang zum Rosenauer Wald. Dann blickt er beglückt in Gottes herrliche Welt. „Endlich! In einer Woche!" – „In einer Woche", fällt ihm plötzlich ein, „habe ich ja das Treffen mit meinen Kameraden! Doch vom Morgen bis Abend, das sind viele glückliche Stunden! Und bei der Sonnwendfeier danach: mein Aufruf zum Ungehorsam! Wie alles sich rundet! Wieder ist mir, ich sei Goethes Lynkeus, der Türmer, der voll Dankbarkeit jubelt."

Ihr glücklichen Augen, was je ihr gesehn,
es sei, wie es wolle, es war doch so schön!

Auf rechten Wegen

Als Georgs Wagen eine Woche später am vereinbarten Treffpunkt hält, steht Irmgard vor der stattlichen Front des alten Gasthauses „Wirt Helmreich". Lieb lächelnd, mit blauem Kleid und gelb gestreifter Schürze, kommt sie Georg entgegen. „Wie anders sie heute aussieht", geht es ihm durch den Sinn, „am Krankenbett war sie ein lichter Engel, bei der Demo in Wien eine wilde Emanze, und jetzt ist sie so, wie ich sie in meinem Gedicht mir erträumte." Tief beglückt faßt er herzlich zum Gruß ihre Hand: „Liebe Schwester Irmgard! Endlich sehe ich Sie wieder! Es ist so lieb, daß Sie kommen! Sie haben doch Zeit für eine kleine Wanderung? Das Waldviertel ist, sagt ein Dichter, ‚das Paradies der Stille'. Wollen wir durch den Wald zum Schloß Rosenau gehen?" Heiter strahlen Irmgards hellblaue Augen: „Gerne!" – „Dann nehmen wir hier den rechten Weg." Zuerst wandern die beiden an einem Kornfeld vorbei. Die zarten Halme sind hoch emporgewachsen, an ihren Spitzen beginnen Ähren zu sprießen. Auf dem Ackerboden aber leuchtet es blau. Blüten der Kornblumen, die Georg so liebt, haben sich zaghaft geöffnet und verweben sich wie im Märchen zum schönen Traum.

Dann kommen sie zu hochstämmigen Fichten und sehen am Wegrand eine kleine Kapelle. Georg führt Irmgard zu einem vergitterten Fenster, hinter dem man ein buntes Bildchen erkennt. „Maria", sagt Irmgard, „die hoheitsvolle Göttin Ihres Gedichts: ‚Willst du Huld uns mild gewähren' …" „Warum so streng gegen mein Dankgebet an Maria?" entgegnet Georg. „Gibt es ein schöneres Bild als die Mutter mit ihrem Kind?" Irmgard senkt ihren Blick. „Ja, es ist schön. Aber die Göttin thront hoch und fern über uns in einem unendlichen Himmel." Georg lächelt: „Holen wir sie herab in unsere Herzen! Jeder von uns war vor seiner Geburt dem Mutterherzen innig verbunden. Der Mutter bleibt diese Bindung, auch wenn wir Kinder sie manchmal enttäuschen. Mutter und Kind – Sinnbild der Liebe. Im Bildnis der Muttergottes haben es Künstler zum Wunder gestaltet: Dürer, Raffael und auf seine bescheidene Weise der Maler des Hinterglasbildes in dieser Kapelle. Auch unsere Dichter lieben Maria. Wunderschön sagt es Novalis."

> *Ich sehe dich in tausend Bildern,*
> *Maria, lieblich ausgedrückt.*
> *Doch keins von allen kann dich schildern,*
> *wie meine Seele dich erblickt.*
> *Ich weiß nur, daß der Welt Getümmel*
> *seitdem mir wie ein Traum verweht,*
> *und ein unnennbar süßer Himmel*
> *mir ewig im Gemüte steht.*

Träumerisch blicken Irmgards Augen in weite Fernen. Ahnt sie die Sehnsucht, die Georg bewegt? Der Himmels ist blau, herrlich kornblumenblau. Strahlend wölbt er sich über Georg und Irmgard. Ein schmaler Fußweg nach rechts führt sie durch einen Forst zum Schloß Rosenau. Wohltuend empfinden sie den Schatten und die Morgenkühle des Waldviertels. Schräg leuchten die Strahlen der Sonne zwischen den schlanken Stämmen der Bäume. „So dicht", sagt Georg, „so sorgfältig gepflegt, findet man hier weit und breit keinen Wald." Farne und Heidelbeerkraut bedecken den Boden, da und dort schimmern runde Schirme weißer Parasolpilze. Plötzlich sperrt der riesige Stamm eines niedergestürzten Baums ihren Weg. Wirre Wurzeln, die ein Sturm aus dem Boden riß, recken sich hilflos empor. In weiter Runde starren ihnen Baumstümpfe und zersplitterte Äste entgegen, als hätten Granaten hier eingeschlagen. „Ein Windbruch", erklärt Georg, „hat im Winter die Wälder verwüstet. So ähnlich, erzählte mir meine Mutter, sah unser Land im Krieg aus, als feindliche Bomben unsere Städte zerstörten: Tod und Vernichtung, ein trostloses Leichenfeld."

„Ist es heute", sagt Irmgard, „nicht ähnlich in unserer Welt? Zertrümmert wird sie wie dieser Wald: Bürgerkriege in Nordafrika, Raketen auf Libyen, Bombenanschläge in Afghanistan und im Irak!" – „Überall Blutgier und Geldgier," ergänzt Georg, „Krieg und Verwüstung! Aus diesen Ländern berichtet man uns, wenn auch sehr einseitig. Doch wie ist es in anderen Gegenden, über die man hartnäckig schweigt? Was leiden die Palästinenser, denen die Israelis quer durch das Land eine riesige Mauer gebaut haben? Hunger und Elend, Mangel an Nahrung und Medikamenten! Wollen Schiffe den Palästinensern Hilfe bringen, werden sie gestürmt, unschuldige Menschen werden erschossen." Irmgard berührt sanft Georgs Arm: „Aus Ihrem Buch weiß ich um Ihre Sorgen. Ich weiß auch um Ihre Pläne und Grundsätze: Sie suchen nach rechten Wegen." „Damit folge ich Goethe!" entgegnet Georg und lächelt vergnügt. – „Wieso?" – „Sie kennen doch sicher den ‚Faust'? Im ‚Prolog im Himmel' erbittet Mephisto von Gott die Erlaubnis, Faust ‚auf seine Straße sacht zu führen' und zum Bösen zu lenken. Der Herr gewährt das großmütig dem Teufel, fügt aber warnend hinzu:

Und steh beschämt, wenn du erkennen mußt:
Ein guter Mensch in seinem dunklen Drange
ist sich des rechten Weges wohl bewußt!"

Hellauf lacht Irmgard: „Der rechte Weg ist also der richtige! Sie verstehen es herrlich, mit der Sprache zu spielen! Ich kenne das aus Ihrem Buch, in raschem Zug habe ich es gelesen!" Zögernd setzt sie fort: „Schon unsere Begegnung in Wien hat vieles in mir verändert. Sie erinnerte mich an die Zeit im Krankenhaus, als ich sie pflegen durfte: ‚liebevoll mit starken Armen', wie Sie so schön sagen. Das alles stand wieder vor meinen Augen." – „Wirklich? Auch ich habe beim Schreiben die schönen Tage und Stunden mit Ihnen nochmals erlebt!" – „Als mich einmal ein Patient kränkte und als ‚Piefke' beschimpfte, weil ich in Deutschland geboren bin, sagten Sie mir so lieb: ‚Deutschland ist für uns nicht Ausland.' Das tat mir wohl!"

„Wir gehören zusammen", sagt Georg und drückt ihr die Hand. Scheu vermeidet Irmgard, ihm in die Augen zu blicken, und setzt leise fort: „Bei meinem ersten Anruf habe ich es Ihnen schon erzählt: Ich bin nicht mehr die wilde Sabrina, die Sie bei der Demo in Wien so garstig angefaucht hat. Für kurze Zeit haben mich linke Emanzen und Antifa-Lausbuben in ihre Kreise gezogen. Ich war jung und dumm. Aber ich habe mich dann von ihnen gelöst und mich in Graz in mein Medizinstudium eingegraben. Bald bin ich Ärztin! Kranken möchte ich helfen, damit sie heil und gesund werden. Ich bin wieder die Irmgard, will Menschen, die Hilfe brauchen, ‚aus dem Dämmerschlaf heben'. Sie schreiben das so schön in Ihrem Gedicht."

„Was Sie tun wollen, Schwester Irmgard, ist auch die politische Aufgabe unserer Zeit. Krank, todkrank ist unsere Welt. Auch sie muß wieder heil werden! Eine neue Ordnung müssen wir schaffen! Die Zukunft der Jugend müssen wir sichern! Ich kämpfe darum! Junge Freunde habe ich gewonnen. Sammeln wir sie, von Südtirol bis Schleswig-Holstein! Heute abend berate ich mich mit den Kameraden. Schwester Irmgard, was die Umerziehung in euren Köpfen verrückt hat, das rücken wir wieder gerade. Einen Bund rechter Gesinnung wollen wir gründen. Er soll denen, die uns belügen, beherrschen und unterdrücken, das Heft aus der Hand nehmen!" Erschrocken unterbricht Irmgard Georg: „Ist das nicht gefährlich!" wirft sie ein. „Gefährlich?" fragt er. „Stets sind wir von Gefahren umstellt, jeden Augenblick. Wir müssen sie bewältigen. Jedes Leben hat irgendwann sein Ende, früher oder später. Wer das weiß, ist gewappnet." Sie senkt die Augen und schweigt. Still ist es eine Weile zwischen den beiden. Stumm schreiten sie über den Waldweg.

Schließlich bricht Georg das lähmende Schweigen: „Ein wenig haben Sie recht", gibt er zu: „Wir rufen zum Ungehorsam gegen den Zeitgeist, aber nicht mit Gewalt. Unser Wesen, unsere Ziele, unser

Wertebewußtsein muß sich ändern. Die vom Mainstream veröffentlichte Meinung darf uns nicht länger beherrschen! Reißen wir uns los von den linken Lügen, so wie Sie, Schwester Irmgard, es taten. Aber schlagen wir nicht alles zu Scherben! Zwist und Hader nützt nur unseren Feinden!" Vertrauensvoll blickt Irmgard in Georgs Augen. Warm wird ihm und auch wehe im Herzen. Wie schön ist es, daß eine junge Frau sich ihm, dem seit Jahren einsamen Manne, zuneigt! Doch schmerzlich bedenkt er den Abstand des Alters. Schweigen, Entsagen ziemt seinen Jahren. „Gut", sagt er schließlich, um nur irgend etwas zu reden, „daß Sie rechte Wege nicht scheuen. Und der rechte Weg führt jetzt zum Schloß Rosenau!"

„Rosenau", erwidert Irmgard, „ist ein schöner Name, schön wie Rosen, wohlklingend wie Musik. Aber ich habe von diesem Schloß noch nie gehört." – „Dort lebte vor einem Jahrhundert ein Mann, der Georg hieß wie ich: Georg von Schönerer." „Über ihn", entgegnet Irmgard, „erzählt man aber böse Geschichten: Gewalttäter, Fremdenfeind, Rassist ..." Georg lacht: „Das wundert mich nicht. Das waren schon zu seiner Zeit die Verdammungsurteile der Presse. Man betet sie immer noch nach. Die Zeitungen logen damals, sie lügen heute und verfolgen Menschen, die den Herrschenden unbequem sind. Mir geht es auch so. Schönerer war im ganzen Waldviertel sehr beliebt. Das sagte sogar ein Spitzel, der im Auftrag seiner Gegner bei politischen Versammlungen spionierte. ‚Hier', berichtete er, ‚steht alles für Schönerer als den richtigen Vertreter des Volkes.' Er war ein hinreißender Redner. Seine Augen glühten, wenn er sprach, seine kräftige Stimme war klangvoll. Was seine Worte nicht ausdrücken konnten, sagten die leidenschaftlichen Gesten der Hände. Schönerers Freunde nannten ihn den ‚Herrgott von Zwettl'!"

Georg entnimmt seiner Brieftasche ein Blatt und reicht es Irmgard: „Das ist Schönerer!" Das Bild zeigt einen Mann mit energischen

Zügen, dunklem Haar und dunklem Bart. Sie betrachtet es aufmerksam und blickt dann vergleichend auf Georg: „Einen Bart", lacht sie, „tragen Sie nicht, sind wohl auch nicht der ‚Herrgott von Zwettl', aber sonst ... Schreiben können Sie mitreißend, reden wie ein Buch, haben lebhafte Gesten, und Georg heißen Sie schließlich auch!" „Irmgard ...", er stockt, setzt dann aber fort: „Darf ich Sie bitten ... es wäre schön, wenn Sie Georg zu mir sagen wollten ... bitte!" – „Gern! Und zu mir sagen Sie Irmgard und lassen die ‚Schwester' jetzt weg! So spricht es sich leichter: Georg und Irmgard wandern gemeinsam auf rechten Wegen!"

New crowned hope

Auf einem schmalen Weg gehen Irmgard und Georg zwischen bizarren Felsen, die riesig emporragen. Eng drängen sich die hohen Stämme der Fichten zusammen. Nur da und dort schimmert der Himmel durch die mächtigen Baumkronen. Georg kann das lang erträumte Glück seiner Wiederbegegnung mit Irmgard kaum fassen. Wie unbefangen und heiter sie ihm von ihrer Wandlung erzählt hat! Doch ihm, der sonst so geläufig zu reden versteht, mangeln nun plötzlich die Worte. „In Rosenau", beginnt er stockend, „gibt es auch ein Freimaurermuseum ..." „Freimaurer", unterbricht ihn Irmgard, „was sind das für Menschen? Wissen Sie etwas?" Georg ist erleichtert, nun über ein neutrales Thema sprechen zu können. „Die Freimauer sind eine Geheimgesellschaft. Keiner von ihnen darf den Namen eines Logenbruders verraten, solange dieser noch lebt. Über ihre Versammlungen bewahren sie strengstes Stillschweigen. Will man etwas von ihren Plänen und Zielen erfahren, werfen sie uns Lügengespinste über den Kopf. Auch unsere geschwätzigen Medien wagen es nicht, unwillkommene Fragen zu stellen. Einiges aber weiß ich aus meinen Büchern." – „Erzählen Sie bitte!"

„Ihr Hochgradsystem ist in dreiunddreißig Grade gegliedert. Die geringeren Brüder haben den Aufträgen der höheren zu gehorchen." – „Haben Sie selbst einen Freimaurer kennengelernt?" – „Die meisten verbergen ihre Mitgliedschaft ängstlich. Bei einigen weiß ich trotzdem, daß sie zu diesem Geheimbund gehören. Aber haben wir keine Angst vor der dunklen Gesellschaft! Mit Ihnen zu wandern, Schwester Irmgard, ist schön, und ich will Sie nicht langweilen. Lieber erzähle ich Ihnen ein lustiges Erlebnis, das ich mit einem Freimaurer hatte. Dabei wurden mir auch manche Geheimnisse klar." Irmgard und Georg haben den dunklen Wald nun verlassen. Frischer Wind hat alle Wolken hinweggefegt. Hell öffnet sich vor ihnen eine Wiese, warm flutet Sonnenschein vom blauen Himmel herab.

„Kennen Sie", beginnt Georg, „Peter Sellars?" – „Ja, ein Schauspieler, glaube ich, oder Regisseur." – „Theatermann jedenfalls, den die Medien hochjubeln und einen ‚Visionär' nennen, weil er den König Lear in New York von einem zerlumpten Sandler hat spielen lassen. Ich kann diese Regietheaterchaoten nicht leiden." – „Trotzdem haben Sie mit ihm gesprochen?" – „Reden muß man mit allen und kann dadurch vieles erfahren. Es war 2006, als die Welt Mozarts 250. Geburtstag gefeiert hat. Das Gedenkjahr mit seinen herrlichen Opern und Konzerten war fast zu Ende, als die Stadt Wien – ich vermute, in höherem Auftrag – das Festival ‚New crowned hope' zu feiern begann. Es nehme dort seinen Anfang, verkündete man pompös, ‚wo Mozart aufhört'. Die meisten Veranstaltungen von ‚New crowned hope' hatten aber mit Mozart gar nichts zu tun, sondern waren albernes Zeug. Den Wiener Steuerzahlern kosteten sie zehn Millionen Euro, wozu Banken und Firmen – auch sie wohl in höherem Auftrag! – noch zwanzig Millionen zuschießen mußten. Warum wirft man für Unfug massenhaft Geld zum Fenster hinaus? Ich war neugierig und besuchte eine Presseführung in der Kunsthalle Wien. Grotesk war ihr Beginn. Liebe Irmgard, stellen Sie sich das bitte vor:

Ein Mensch mit urkomischer Stichelfrisur stürmt verrückt in den Saal, schwenkt beide Arme und schreit: ‚Helloh! Helloh! Good morning to everybody!' Es ist Peter Sellars. Deutsch kann er offenbar nicht. Daher palavert er in rasantem US-amerikanischen Wortschwall und gibt tollen Unsinn von sich. Dann lädt er alle Anwesenden ein: ‚Gehen Sie in den Nachbarraum! Dort liegt künstlicher Rasen! Legen Sie Schuhe ab, ziehen Sie Strümpfe aus, schreiten Sie über unseren Kunstrasen: Sie speichern Naturfrische!' Einige gehorchen sofort, andere folgen, entledigen sich der Schuhe und Strümpfe und wandern barfuß über künstliches Gras. ‚Okay! Beautiful! Wonderful!' flöten sie, als sie zurückkommen, und lächeln in seliger Wonne. Wer so etwas brav mitmacht, läßt sich dann jeden Unsinn aufschwatzen! Kopfschüttelnd verlasse ich die Kunsthalle und laufe zum Künstlerhaus, wo der zweite Teil der Pressekonferenz abgespult wird. Mit ‚Helloh! Good morning to everybody!' stürmt wieder Peter Sellars herein und schwadroniert wild darauf los. Unvermittelt steigt er vom Podium, setzt sich zu einem Tisch und winkt einer Reporterin, die ein Mikrophon mit der Aufschrift ORF in der Hand hält. Nun wissen Sie aber nicht, Irmgard, daß ich auch frech sein kann. Da beim Tisch ein dritter Sessel steht, nehme ich, ohne eingeladen zu sein, Platz. Nachdem die ORF-Dame notiert hat, was Struwelpeter Sellars ihr vorplappert, wendet er sich mit ‚Helloh! Helloh!' huldvoll an mich.

‚Why', frage ich Sellars, ‚is the title of your show New crowned hope'? – Das sei, antwortet er, die Übersetzung des Namens der Freimaurerloge ‚Neu gekrönte Hoffnung'. Mozart, erzählt er mir umständlich, sei in diese Loge eingetreten, sei Freimaurer gewesen und habe Freimaurerkantaten komponiert. Wir müßten Mozart im Jubiläumsjahr als großen Freimaurer feiern! ‚Aber was', will ich wissen, ‚bedeuten die Freimaurer für uns?' Sellars englischer Wortschwall beginnt zu sprudeln: ‚At the time of Mozart the USA have been founded by Freemasons (Freimaurer).' ‚Ich weiß', antworte ich, ‚1776. Aber waren die Gründer der USA wirklich Freimaurer?' – ‚Look at my money!' Sellars zeigt mir eine Dollarnote. Ich habe auch eine bei mir. Irmgard, Sie sehen hier die Freimaurersymbole: Pyramide, oberste Spitze abgetrennt, darüber riesiges Auge, Jahreszahl 1776 und den Spruch ‚novus ordo seclorum – neue Weltordnung'. Präsident Bush führte ihn stets im Mund. ‚Was wollen die Freimaurer?' frage ich Sellars. – ‚They fight against autocraty!' – ‚That is', antworte ich ‚they fight for democracy – sie verbreiten über die Welt alleinseligmachende Demokratie!' – ‚Okay!' – ‚Auch in den USA, obwohl ihr Präsident so viel Macht hat? Do they succeed with George Dabljuh Bush?' – Sellars lächelt sauer. ‚We have to change some things,' gibt er unwillig zu. ‚No', sage ich, ‚you have to change everything!' ‚Okay, okay!', ruft Sellars begeistert und drückt mir die Hand! ‚Okay! We change everything!' Doch vermutlich haben er und ich damit nicht ganz dasselbe gemeint …"

Irmgard, die belustigt gelauscht hat, bricht in herzliches Lachen aus. „Ich hätte nicht gedacht, daß Sie so übermütig und lustig sein können! Ja", sagt sie mit einem Blick scheuer Bewunderung, „Sie haben Mut und Übermut! Von Ihnen können wir Jungen viel lernen. Doch im Grund ist die tolle Geschichte, die Sie mir erzählt haben, sehr ernst." „Daher soll man", entgegnet Georg, „bei all dem Verrückten und Unheimlichen, das heute geschieht, drei Fragen stellen: Wem nützt es? Was sind das für Leute? Wie wehren wir uns? Das ist eure Aufgabe, ihr Jungen! Mein Leben – wer weiß, wie lang es noch dauert? Um euch geht es. Laßt euch nicht verdummen, nicht umziehen! Vielleicht kann ich euch helfen, wenn ich erzähle, was ich erlebt habe. Auch ich habe viel von dem gelernt, was ich von Älteren weiß. Irmgard, ich habe einmal ein Gedicht geschrieben: ‚Die Zukunft der Jugend'. In seinen letzten Versen sage ich, was ich innig hoffe:

Hell erklingt der Jungen Lachen,
die uns Alte glücklich machen.
Öffnen wir die Arme weit:
Frohe Tage, goldne Zeit!"

Irmgard hält ihren Schritt an und blickt auf ihren Begleiter: „Wie Schönerer sind auch Sie ein Ritter Georg! Und auch ein Dichter! Wie viele Verse auswendig in Ihrem Kopf wimmeln!" „Was sich reimt", entgegnet Georg, „haftet besser und überzeugt leichter! Doch leider lesen die meisten heute kaum mehr Gedichte, denn wir leben in prosaischen Zeiten. Mit Prosaerzählungen kann man die Menschen aber erreichen. Irmgard," schwärmt er begeistert, „ich träume davon, eine Erzählung zu schreiben. Da dürfte ich alles sagen, was uns sonst verboten ist. Die Kunst, heißt es ja in der Verfassung, ist frei!" „Nein!" ruft Irmgard und ergreift besorgt seine Hand. „Georg, seien Sie nicht unvorsichtig! Bitte!" Er fühlt den zärtlichen Druck ihrer Finger und sieht feuchtes Schimmern in ihren Augen. Plötzlich erlebt er wieder das Wunder wie einst im Krankenhaus, als Irmgard ihn in Gottes schöne Welt emporhob: „Als ich elend und bleich auf dem Krankenbett lag …" „Mir ist jetzt, Irmgard", spricht er ganz leise, „als wäre das wieder der sonnendurchflutete Tag, damals … zu neuem Leben geboren … aus dem Dämmerschlaf empor, bis das Dunkel sich verlor …"

Scheu erwidert sie sein Lächeln und schweigt. „Aber", sagt sie nach einer verlegenen Pause, „haben wir uns nicht verirrt? Sind wir wirklich auf rechtem Weg nach Rosenau? Schroffe Felsen sind hier ringsum. Der Steig wird plötzlich ganz wild!" „Nur wenige Schritte noch", beruhigt sie Georg, „dann haben wir Felsen, Steingeröll und ‚New crowned hope' hinter uns. Sehen Sie, nach diesem Bach, den wir jetzt – hopp! – überspringen, nimmt uns wieder der Waldfrieden auf." Feierlich, ruhig und ernst breiten die Bäume ihre schützenden Wipfel über den ansteigenden Pfad. Leichtfüßig schreitet Irmgard voran und blickt sich fürsorglich nach Georg um. „Gehe ich Ihnen zu schnell? Ich will Sie nicht jagen!" – „Immer weiter! Das schaffen wir! Sechzig bin ich noch nicht und gar nicht müde!" Als sie aus dem Dunkel des Waldes ins Freie treten, führt der Weg noch steiler bergauf. „Jetzt werde ich lieber den Mund halten", scherzt er, „sonst geht mir die Luft aus!" „Man muß ja nicht immer philosophieren", lacht sie und verlangsamt die Schritte ein wenig. „Sehen Sie, da vorne, die breite Allee!" Zwischen hohen Eichen führt der Weg nun hinunter zum Schloß. Rechts erhebt sich ein stattlicher Meierhof. Den Giebel schmückt ein Bild galoppierender Pferde. Nach wenigen Schritte erscheint vor ihnen das Schloß Rosenau.

Blaue Blumen

Einladend bietet sich den Blicken der beiden die barocke Fassade des Schlosses, dessen Portal zwei mächtige steinerne Riesen bewachen. Hoch ragt darüber der Turm mit sanft gerundeter Kuppel. Sie schreiten durch eine geräumige Halle, deren Tür in einen sonnigen Hof führt. Aus einem Becken erhebt sich eine dreiseitige Pyramide. „War der Bauherr ein Freimaurer?" fragt Irmgard. „Sie haben einen scharfen Blick für masonische Geheimnisse", lobt sie Georg. „Ja, Bauherr Graf Schallenberg war zur Zeit Maria Theresias einer der ersten Freimaurer Österreichs. Hier sehen sie an der Wand ein verblaßtes Gemälde, das damals wohl auch ein geheimes Symbol war. Es zeigt den biblischen Jakob. Er blickt zu einer hohen Leiter hinauf, hinter der die Engel mit breiten Flügeln emporschweben. Der Maler hat aber den Auftrag des Freimaurers in ein himmlisches Wunder verwandelt, von dem eine lateinische Inschrift berichtet. ‚Als ich aus dem Schlaf erwacht war'", übersetzt Georg, „sagte der Engel: Wahrhaft ist der Herr an diesem Ort. Hier ist das Haus Gottes und die Pforte des Himmels.'"

Diese Worte ergreifen ihn seltsam. Während er spricht, begegnet sein scheuer Blick den blauen Augen des Mädchens an seiner Seite. Auch in ihnen leuchtet die Schönheit des Bibelspruchs plötzlich und hell wie ein zartes Geständnis. „Die Pforte des Himmels", erinnert er sich an ihre erste Begegnung, „aus dem Schlaf erwachen – ‚liebevoll mit starken Armen' – Gott ist die Liebe – Irmgard …!" Georg merkt ein leises Lächeln auf ihren Lippen und möchte – Doch nein: er verschweigt, was sein Herz mit brausendem Glück und schmerzhafter Ungewißheit bis zum Bersten erfüllt hat, und wagt kein Wort.

„Sie wollten", unterbricht Irmgard die Stille, „im Schloßrestaurant essen. Aber ist das nicht teuer? Soll man mit uns ein Geschäft machen? Im Rucksack habe ich Fleischlaberl, wie Sie in Österreich sagen, Brot, eine Flasche Ribiselsaft." Ihre munteren Worte helfen Georg, seine Verwirrung zu überwinden. „Liebe Irmgard, fast sind Sie so, wie meine Frau war: sie hat immer für alles gesorgt! Ja, wenn es Ihnen recht ist, wandern wir noch ein halbes Stündchen kreuz und quer, vielleicht finden wir eine Wiese zur Rast. So war es, als ich mit Frau und Kindern auf diesen Wegen bis nach Zwettl marschiert bin. Und wenn ich heute mit Ihnen hier gehe …" – Irmgard unterbricht ihn lachend mit schelmischem Blick: „Dann träumen Sie von ewiger Jugend?" – „Hölderlin hat einmal gesagt: ‚Ewige Jugend ist Lust und Arbeit in Fülle.'" Irmgard hält kurz ihren Schritt an. „Lust und Arbeit? Arbeit haben wir erst wieder morgen, heute wollen wir lustig sein! Meistens sind Sie sehr ernst. Aber jetzt weiß ich, daß Sie auch fröhlich sein können! Kommen Sie, wandern wir weiter, die Welt ist so schön!"

Fröhlich geht es durch Wald und Gebüsch wie in Georgs jüngeren Tagen. Neben einem heiter sprudelnden Bach führt ihr Weg zwischen dunkel schattenden Fichten, hügelauf, hügelab, kreuz und quer. Am Rand einer Wiese leuchtet es blau. In freudiger Überraschung ruft Georg: „Kornblumen! Irmgard, Kornblumen! Auf dieser Wiese, nahe dem Wald, obwohl es daneben keine Kornfelder gibt! Wie flog der Same hierher?" Blau streben die Blütenblätter sehnsüchtig empor zur fernen Bläue des Himmels. „Die blaue Kornblume", sagt er beglückt, „Schönerers Liebe! Blau ist die Sehnsucht, blau ist die Treue, blau ist der Himmel." Und nach verlegenem Zögern: „Der Tag, liebe Irmgard, den Sie mir heute schenken, ist mir der schönste seit langem. Diese Kornblume – darf ich? – Ein kleines Geschenk, weil Sie mich so lieb auf rechten Wegen begleiten!" Sie reicht ihm die Hand, die Finger der beiden schließen sich sanft, haften zaghaft ein wenig und lösen sich dann.

Irmgard steckt die blaue Blume an ihr Kleid: „Eben", sagt sie, „dachte ich wieder an Ihr Gedicht: ‚Als ich elend und bleich auf dem Krankenbett lag, in dunkler Betäubung verloren ...' Der Same der Kornblumen, wenn er verborgen im Boden liegt: sehnt er sich auch nach der Sonne?" Traumverloren blickt Georg das Mädchen an. „Sehnsucht? Sie haben recht. Sehnsucht ist ein Gottesgeschenk. Nur wissen wir nicht immer, wonach wir uns sehnen, und ..." „Vielleicht", unterbricht sie ihn ablenkend, „vielleicht nach einer Wiese für unser Mittagsmahl? Wie wäre es hier? Grünes Gras, rundum Fichten, wohliger Schatten!" Georg geht erleichtert auf Irmgards heiteren Ton ein. „Gefällt's Euer Gnaden?" fragt er und macht eine Verbeugung. „Fein!" ruft Irmgard, packt den Rucksack aus, breitet eine Decke über das Gras und richtet die Brote. Georg gießt roten Ribiselsaft in die Becher. Das schmeckt, das behagt, und laue Luft würzt das Mahl. Es ist ihm, als wäre er wieder ganz jung, als säße er neben seiner geliebten Frau, als spielten ihre Kinder noch auf der Wiese. Und bei ihm sitzt wieder ein lieber Mensch: Irmgard.

Nachdem sie gespeist haben, fragt er: „Darf ich Ihnen über Georg Schönerers Kornblume noch eine Geschichte erzählen?" Da sie ihm freundlich zunickt, beginnt er: „Als Prinz Wilhelm von Preußen ein kleiner Junge war, floh seine Mutter, Königin Luise, mit ihm aus Berlin, das Napoleons Soldaten 1806 besetzt hatten. Weit führte ihre Reise nach Ostpreußen. Bei einem Kornfeld hielten sie Rast. Da pflückte der Bub Kornblumen und wand sie für seine Mutter zum blauen Kranz. Voll Freude umarmte und küßte sie ihr Söhnchen. Von da an war die Kornblume Wilhelms Lieblingsblume. Das blieb sie auch, als er ab 1871 Kaiser des Zweiten Deutschen Reichs wurde." „Und deswegen", fragt Irmgard, „wurde sie auch Schönerers Lieblingsblume?" – „Die Kornblume', sagte Schönerer, ‚trägt der Deutschgesinnte als Sinnbild seiner Herzenssehnsucht.' Er nannte sich und seine Gesinnungsfreunde ‚kornblumenblaue Deutsche'." – Fröhlich wendet Irmgard sich Georg zu: „Georg Schönerer sagt das wunderschön! Kornblumenblau deutsch – ja, das bin ich doch selbst!" Kornblumenblau hell strahlt der Glanz ihrer Augen.

„Betrachten Sie", erklärt Georg, „diese Blume genau: ihr Stengel trägt einen Kranz hellblauer Blätter. Jedes Blatt spaltet sich in vier kleine Blättchen, die aussehen wie Krönchen. Die Blume vereint diese Krönchen zu einem Gebinde. Ebenso hat Wilhelms Kanzler Bismarck alle Kronen deutscher Fürsten, von Sachsen, Bayern, Preußen und von kleinen und kleinsten Ländchen, zur großen Krone der Deutschen vereinigt: eine Krone, ein Vaterland, ein Reich für ein einiges deutsches Volk! Das Blau der Kornblume ist die Farbe der deutschen Treue." Irmgard blickt träumerisch in den Himmel: „Blau ist auch die Farbe der Sehnsucht. Was wir ersehnen, ist oft unendlich fern. Aber wenn unsere Sehnsucht stark ist, vielleicht …"

Georg ist von Irmgards Worten beglückt. Doch schweigt er noch immer. Auch sie sagt kein weiteres Wort. Als er schließlich zu sprechen beginnt, wird seine Stimme, die sonst klar und kräftig ist, wundersam weich: „Die Kornblume, Irmgard, ist Sinnbild der Sehnsucht. Der Romantiker Novalis – sein schönes Gedicht ‚Maria' kennen Sie jetzt – spricht vom Geheimnis der ‚blauen Blume'." – „Was meint er?" – „Mit einem einzigen Wort ist das nicht zu sagen. Es kann die Sehnsucht nach einem Menschen sein. Wir nennen das Liebe. Wir sehnen uns aber auch nach einem Hohen und Unbekannten, das wir im blauen Himmel uns träumen. Das ist die Liebe zu Gott, der uns die Welt und das Leben geschenkt hat. Dann sind wir dankbar wie ein Kind in den Armen der Mutter."

In Irmgards blauen Augen stehen Fragen: Sehnt sich Georg nach seiner Mutter? Nach der Muttergottes Maria? Nach Gott im fernen Himmel? Wird seine unerfüllbare Liebe zum Gedicht? Ist Georg, der Mann an ihrer Seite, nicht nur ein Kämpfer, sondern auch ein träumender, sehnsüchtiger Dichter? Was ist es, das ihn bewegt? „Jetzt verstehe ich", sagt sie leise, „daß Ihr Gedicht, das Sie mir einmal schickten, ein Marienhymnus ist. Ich habe Ihnen darauf keine richtige Antwort gegeben, weil ..." Bang wartet Georg auf ihr Wort. Doch da sie schweigt, bittet er: „Irmgard, seien Sie mir nicht böse! Ich wollte Sie mit meinen Versen nicht enttäuschen, bitte, glauben Sie mir! Ich hatte Ihre liebe Betreuung am Krankenbett tief im Herzen: ein unverlierbarer Schatz, ein Geschenk Gottes! Das Geschenk einer Göttin: ‚Jungfrau, Mutter, Königin!' Wenn man dichtet, weiß man oft nicht, warum. Man muß dichten, man muß, man hat keine Wahl. Worte sind eigentlich arm. Verse sind aber mehr als Worte. Sie sind Musik, Reim und Rhythmus, himmlischer Klang und klingendes Glück. Nicht ich habe gedichtet. Es dichtet in mir. Sehnsucht treibt mich, beschwingt mich, hebt mich empor. Kann sich die Sehnsucht nicht erfüllen, verwandelt sie sich: bei manchen in Musik, bei anderen in ein Bild, bei mir in ein Gedicht. Und wenn das in mir ist – träumend, wachend, wühlend ... Verzeihen Sie mein dummes Gestammel ..."

Eine quälende Pause entsteht. Georg streicht sich wirr über die Stirn. Irmgard blickt versonnen. „Wie wäre es", sagt sie leise, „wenn ich Sie bitte, mir noch ein schönes Gedicht zu sprechen? Von blauen Kornblumen?" – „Kornblumen?" Georg schüttelt verlegen den Kopf. „Kann sein, daß mir einmal Kornblumenverse zufliegen. Jetzt nicht, aber ... vielleicht ..." Plötzlich entsinnt er sich. „Das hat ein anderer, einer meiner liebsten Dichter gemacht: Josef Weinheber! Er lag wohl im Gras, ganz allein, halb ins Dichten versponnen, halb in den Traum. ‚Im Grase' heißt sein Gedicht. Wenn er von Zyanen spricht, meint er damit ja die blauen Kornblumen. Bunt wogen Blüten und Blumen durch seinen seligen Traum."

Glocken und Zyanen,
Thymian und Mohn.
Ach, ein fernes Ahnen
hat das Herz davon.
Und im sanften Nachen
trägt es so dahin.
Zwischen Traum und Wachen
frag ich, wo ich bin.
Seh die Schiffe ziehen,
fühl den Wellenschlag,
weiße Wolken fliehen
durch den späten Tag –
Glocken und Zyanen,
Mohn und Thymian.
Himmlisch wehn die Fahnen
über grünem Plan:
Löwenzahn und Raden,
Klee und Rosmarin.
Lenk es, Gott, in Gnaden
nach der Heimat hin.
Das ist deine Stille.
Ja, ich hör dich schon.
Salbei und Kamille,
Thymian und Mohn,
und schon halb im Schlafen
– Mohn und Thymian –
landet sacht im Hafen
nun der Nachen an.

Lange bleibt es still zwischen den beiden. Georg hat seinen Kopf ins weiche Gras gelegt. „Sind Sie müde", fragt Irmgard, „möchten Sie ruhen?" Verlegen versucht er, sich zu erheben. „Das sollte man, von einer jungen Dame begleitet, eigentlich nicht." Energisch schüttelt sie ihren Blondkopf. „Eigentlich, eigentlich? Nee, nee!

Warum soll man nicht tun, was man eigentlich will? In meinem Rucksack liegt eine Weste, das wäre ein Polster, und der kornblumenblaue Himmel, Georg, deckt Sie warm zu." Widerstandslos läßt er es geschehen. Dankbar drückt er ihre Hand. Die Wanderung, das lange Gespräch und die wohlige Wärme des Sommers: Ruhebedürfnis kommt über ihn. „Nur kurz", sagt er, „nur ganz kurz ..."

Aber wie das so geht: kaum liegt sein Kopf auf dem weichen Polster von Irmgards blauer Weste, entschwebt er träumend der Wiese, entschwebt er dem Schloß, dem Schloßherrn Georg von Schönerer, denkt nicht mehr an Bismarck, nicht an Weinheber, nicht an ... Alles, alles löst sich sanft, und sein Nachen landet an ...

Rote Rose

„Wie sanft, wie friedlich wird da ein Mann, der sonst immer neuen Plänen nachjagt?" denkt das Mädchen, als sie den Schlafenden liebevoll anblickt. Sein Haar, sonst streng zur Seite gekämmt, ist über die Stirne geglitten, sein Mund hat sich entspannt, auf seinen Augen ruht ein Traum. Vorsichtig erhebt sich Irmgard und wandert über die Wiese. Gelb, weiß und rot blühen Blumen. Vögel huschen durch das Gesträuch. Still ist die Welt, in Gottes Liebe geborgen. Alles ist wie ein Märchen. Langsam und leise geht sie im Kreise und sinnt: „Wie haben die Gespräche mit Georg, wie hat sein Buch, wie hat er mein ganzes Wesen verwandelt? Wagemutig ist er und kühn! Kann ich ihm beistehen bei seinen gefährlichen Plänen?" Nach geraumer Zeit nähert sie sich behutsam dem schlummernden Mann. Seine Hand streift hastig über die Augen, und er richtet sich auf: „Wo war ich? Was ist denn? Woher?"

Träumt er, daß ihre Hand zart seine Wange berührt? Hat er ihr liebes Gesicht erblickt, über das eine blonde Locke sich ringelt, da sie sich über ihn beugt? Hat sein Traum ihm verraten, daß sie ihm nah ist? Hat er voll innigem Glück sich erhoben, ihr liebend die Hand um die Hüfte gelegt? Hat er endlich gesagt, was er zu sagen sich lange gewehrt hat?

Liebe Leserin, lieber Leser: leider weiß ich das nicht. Einleitend glaubte ich mich zu erinnern, ich hätte einst im Internet eine Geschichte gelesen. Doch sie ist mir nur trüb im Gedächtnis. Meine Erzählung, glaube ich, glitt davon allmählich Stück um Stück ab und ging eigene Wege. Habe auch ich nur geträumt wie mein Georg? Aber sind Träume nicht schöner und wahrer als das, was wir die Wirklichkeit nennen? Laßt uns träumen wie Georg, als er halb noch im Traum Irmgards liebes Gesicht mit den hell glänzenden Augen erblickt. Träumerisch sagt er beglückt: „Das Leben, das Gott uns geschenkt hat, ist schön! Damals – ‚elend und bleich auf dem Krankenbett' – habe ich mich dunkel gesehnt und meine Auferstehung erlebt: Da hast du mich zu neuem Leben geboren." – „Aber damit haben Sie nicht mich gemeint, Georg. Das Gedicht endet ja anders: Jungfrau, Mutter, Königin …" – „Ist uns Männern das Mädchen, die Mutter, die Frau nicht stets eine Königin? Die Königin, die wir scheu verehren, nach der wir uns sehnen?"

Irmgard schweigt. Zögernd und stockend beginnt Georg zu sprechen: „Irmgard, Sie sind mir jetzt vielleicht böse…" – „Böse, warum? Böse eigentlich nicht, aber …" Sie senkt die Augen. Auch er bleibt lange stumm, doch plötzlich bricht es aus ihm heraus: „Eigentlich, eigentlich habe ich die zweite Strophe erst später geschrieben, damit mein Gedicht ein Marienlied wird. Ursprünglich war die zweite Strophe anders, und dann kam noch eine dritte." „Anders? Wie?" fragt sie. Georgs Blick meidet das Mädchen an seiner Seite. Mit geschlossenen Augen spricht er die Verse, in die sich seine Liebe damals verströmt hat.

Unser Abschied kam bald: er war traurig und trüb.
Doch da fanden sich unsere Hände,
und Sehnsucht, die leise im Herzen mir blieb,
sprach: Nein, das war nicht das Ende!
Dich, mein Mädchen, scheu verehren –
willst du, kannst du mir das wehren?
Alles zieht mich zu dir hin,
Irmgard, weil ich glücklich bin.

Sie schweigt. „Sind Sie mir böse?" fragt er. – „Ja, weil ich das jetzt zum erstenmal höre!" Ihre Lippen sind schmal, aber ihre Augen strahlen: „Das ist", kommt es verhalten aus ihr, „ich meine Ihre Verse, die Sprache – das ist wunderschön." „War es", fragt er, „nicht wirklich so, damals?" Irmgard wendet sich rasch zum Gehen und schreitet voran. Als er ihr folgt, fragt sie über ihre Schulter hin: „Die dritte Strophe? Sie sagten doch, das Gedicht hat drei Strophen! Auch in Ihrem Brief heißt es einmal: ‚Es folgen noch einige Verse'!" – Er stockt. „Eigentlich ..." – „Eigentlich, uneigentlich, nee, nee!" Blau blitzen ihre Augen ihn an. „Wahrscheinlich gibt es die dritte Strophe gar nicht!" – „Es gibt sie! Aber, Irmgard, ich..." Ihre Lippen wölben sich trotzig, ihre Augen fordern. Georg beginnt stockend:

> *Eine endlose Zeit schwand inzwischen dahin,*
> *doch du wirst mir niemals entschwinden.*
> *Ich träume, ich frage mit zagendem Sinn:*
> *Wie werden wir wieder uns finden?*

Jäh bricht er ab. „Die Strophe", sagt sie, „ist noch nicht zu Ende. Einige Verse müssen noch folgen. Gefunden haben wir uns doch schon damals im Trubel der Demo auf der Ringstraße, als ich noch blind und dumm war. Wie geht es weiter?" Georg ist ratlos verwirrt. „Weiter? Nein, diesmal noch nicht – wird das Feuer – nein, man soll nicht in die Flammen greifen ..." „Herr Ritter Georg haben Angst", lacht das Mädchen, „das ist neu!" Der Weg steigt bergan, Irmgard beschleunigt die Schritte. Er kann mithalten, doch sein Atem geht schnell, das Herz schmerzt. Die Stimme ist ihm erstorben. „Hätte ich doch vielleicht ...", denkt er.

Sie treten aus dem Dunkel des Waldes in helles Sonnenlicht. Vor ihnen liegt die breite Fassade des Hauses „Wirt Helmreich", bei dem ihre Wanderung heute begann. Irmgard hält den Schritt an. „Blau ist die Sehnsucht", sagt sie, „wie die Kornblume an meinem Kleid. Aber schauen Sie, hier: die Liebe ist rot!" Am Gartenzaun des Hauses wächst ein Rosenstock. Eine Blüte, leicht abgeknickt, hängt durch die Latten. „Nee", ruft Irmgard keck, „die kann man schon nehmen, bevor sie noch welk wird!" Flugs zerrt sie am Zweig, dreht und wendet ihn und achtet nicht auf den ritzenden Dorn, der sie verwundet, so daß aus ihren Fingern zwei rote Blutstropfen quellen. Rot ist die Liebe! Üppig aufgeblüht ist die Blume. Aus

dunkler Mitte runden sich überquellend die Blätter und locken: Das Leben ist schön!

„Wohin fahren wir jetzt?" fragt sie. – „Wohin?" Georg blickt ratlos um sich. „Es wäre ja schön ... Aber Sie wissen ... ich sagte schon ... heute abend ... die Kameraden ... ich muß ..." Inzwischen sind sie zu ihren beiden Wagen gekommen, die im Schatten der Bäume auf sie warten. „Ja", erwidert sie knapp und öffnet ihren Wagenschlag, „ich weiß: Wer muß, der muß. Also – tschüß!" Schon ist sie auf ihrem Sitz, doch dann gleitet ihr Lächeln, das er so liebt, ihr noch einmal über die Lippen: „Danke, Georg, danke – und tschüß!" Mit raschem Schwung wirft sie ihm die rote Rose in die Hand, die er ihr zum Abschied entgegengestreckt hat. Dann schlägt die Autotüre mit hartem Knall zu. „Die letzte Rose?" schießt es Georg jäh durch den Sinn.

Als Irmgards Wagen hinter der Kurve der abschüssigen Straße entschwindet, durchblitzt ihn die Frage: „Hätte ich ihr doch den Schluß der dritten Strophe ... Wie war das nur? Wie im Wahnsinn habe ich die Zeilen damals auf das Papier geworfen:

Wird das Feuer mich verzehren?
Leidenschaftlich wühlt Begehren,
Liebe reißt mich zu dir hin,
Irmgard, daß ich selig bin ...

Morgentraum

Was wäre geschehen, wenn? Auf diese Frage wissen wir nie eine sichere Antwort. Der Autor, der diese Geschichte geträumt hat, kann euch nicht sagen, was gewesen wäre, wenn ... Doch eines weiß ich mit Sicherheit, denn das war kein Traum. Als ich mit meiner Erzählung „Kornblumen" beinahe am Ende war, las ich in einer Zeitung folgende Zeilen: „Vorgestern lenkte Georg M. seinen PKW auf der LB 217 in Richtung Ottenschlag. Er kam in einer Linkskurve auf der regennassen Fahrbahn von der Straße ab und schlitterte über eine Wiese, wobei sich der Wagen überschlug. Der Fahrer war offenbar sofort tot."

Georg Merendorff tot? Nein, das durfte nicht sein! Georg heißen doch viele! Mit M beginnen Namen wie Maier, Maierhofer und andere. Liegt denn Ottenschlag in der Richtung, die er nehmen wollte? Doch vielleicht wollte er einen Kameraden abholen und ihn zum Treffen an der Donau mitnehmen? Es ließ mir keine Ruhe. Ich rief Lutz an. Er hob nicht ab. „Sprechen Sie nach dem Piepton!" kam es monoton aus dem Anrufbeantworter. Aufgeregt nannte ich meinen Namen und meine Rufnummer. „Ich bitte dringend um Rückruf! Wie war es? War Georg bei euch? Habt ihr das Julfeuer entzündet? Habt ihr das Kreuz aufgerichtet? Folgt ihr dem Aufruf zum Ungehorsam?" Nochmals rief ich und nochmals. Ich erhielt keine Antwort. Angstvolle Gedanken schossen durch meinen Kopf: War es tatsächlich ein Unfall? Hat der verdächtige Mann ...? Schräge Augen, schmaler Kinnbart ...? Hat Georg es schon geahnt? Wird die Gedenkstätte an der Donau für unsere Toten und für die Zukunft unserer Jugend jemals errichtet? Die vielen anderen, die wir noch planen? Was wird aus unserem umerzogenen Volk? Sind Elend und Untergang unumkehrbar? Ist Deutschland für immer verloren? Sinkt das Abendland freier Völker in Trümmer? Gibt es Hoffnung auf Rettung? War alles nur Traum? Sind

Träume nur Schäume? – Was singt Hans Sachs in Wagners „Meistersingern von Nürnberg"?

*Glaubt mir, des Menschen wahrster Wahn
wird ihm im Träumen aufgetan:
all Dichtkunst und Poeterei
ist nichts als Wahrtraumdeuterei ...*

Werden Träume wahr? Gibt es in deutschen Landen nicht schon Gedenkstätten für deutsche Opfer? Steht nicht eine Kriegerkapelle im Waldviertel? Ein hohes Kreuz an der Donau? Ein anderes auf ferner Höhe im Schwabenland? Und viele da und dort? Gedenken trauernde Menschen ihrer Toten nicht trotz den Versuchen, das zu verhindern? – Bekennen wir uns zu Vätern und Müttern, zu unseren Ahnen, zu unserer Geschichte! Wir sind doch im Traum mit Georg durch deutsche Lande gefahren. Haben deutsche Flüsse und Wälder, Burgen und Klöster, Städte und Dome gesehen. Haben deutsche Dichter, deutsche Künstler aus alten Zeiten und aus unserer eigenen Zeit bewundernd erlebt. Ist das, was sie schufen und schaffen, nicht ein Geschenk Gottes: an unser Volk, an die Völker des Abendlands, an die Menschheit? Warum schämen, warum verbergen wir uns? Seien wir ungehorsam! Es ist hohe Zeit, vom Schlaf zu erwachen! Wagen wir eine geistige Wende zu rechten Wegen!

War das alles nur Traum? Standen um das Kreuz beim Grab der Soldaten nicht alte Kameraden, die einander in Treue verbunden sind? Vereinen sich nicht in Dresden, in Südtirol und überall in deutschen Landen die jungen Menschen? Mein wunderseliger Morgentraum, aus dem ich eben erwache, hat euch, liebe Leser, viel von ihnen erzählt. Aus nebelhafter Ferne scheinen sie uns nochmals zu grüßen. Fröhlich lacht Georgs Freund Lutz uns entgegen. Walter aus Köln faßt seine Braut Eleonore zart an der zierlichen Hand. Fabian und Gisela halten einander liebend umschlungen wie Papageno und Papagena. Der riesige Dirk aus Nürnberg ballt seine starken Fäuste. Markus aus Leipzig reicht seinen Brief Christine, dem Mädchen mit blonden Zöpfen: „Aktion Widerstand!" – „Liebe dein Land!" – „Jugend für Deutschland!"

„Woll, woll ...", murmelt versonnen der baumlange Sepp aus Tirol und summt leise ein Lied. Die Schaffnerin Veronika öffnet im Zug die Tür zum Abteil und lacht. Viktor Streck hält sein Buch in den Händen: „Heimat ist ein Paradies". Seine Irma zeigt uns ihr Bild „Morgengruß". Auch ältere Damen und Herren schließen sich an: die rheinische Frohnatur Jochen, der Burgtheaterdeutsch sprechende Andreas Krammer und seine Gemahlin Gerlinde. Luise, die weißhaarige Dichterin, ersinnt neue Verse, die uns Trost spenden. Hilde aus Nürnberg rezitiert leidenschaftlich ein Gedicht. Walther Groß kann nach achteinhalb Jahren Kriegsgefangenschaft seine treue Pauline endlich wieder umarmen. Frauke zeigt uns das Modell der monumentalen Gedächtnisstätte ihres Rolf, die irgendwann doch entstehen wird. Und hinter den vielen Menschen jeglichen Alters, die deutsches Wesen bewahren, schreitet das große Heer der toten Soldaten, der treuen Frauen und liebenden Mütter. Ihnen gilt unser Gedenken.

Allmählich entschwinden sie unserem Traum. Einsam an Georgs Grab sehen wir die Gestalt eines weinenden Mädchens. Leises Schluchzen durchbebt sie. Ihr Gesicht können wir nicht erkennen. Verse und Reime tönen an unser Ohr.

Als ich elend und bleich auf dem Krankenbett lag,
in dunkler Betäubung verloren,
da hast Du wie ein sonnendurchfluteter Tag
mich zu neuem Leben geboren ...

Ein Blumenstrauß gleitet aus ihrer Hand lautlos in das Grab des Wanderers von Südtirol bis Schleswig-Holstein, sinkt zu den Erdschollen tief unten und bedeckt seinen Sarg. Waren es blaue Kornblumen? War auch eine rote Rose darunter? – Hören wir Richard Wagners Musik mit den trostvollen Worten von Hans Sachs, Botschaft aus alten Zeiten, niemals erlöschende Sehnsucht und Hoffnung:

Wacht auf! Es nahet gen dem Tag:
Ich hör' singen im grünen Hag
ein wonnigliche Nachtigall,
ihr Stimm durchdringet Berg und Tal:
die Nacht neigt sich gen Okzident.
Der Tag geht auf von Orient,
die rotbrünstige Morgenröt'
her durch die trüben Wolken geht:
WACHT AUF!

Keller-Dommasch, Inge:
Wir aber mußten es erleben

Ostpreußen - 1944 bis 1947. Eine Jugend im sowjetisch besetzten Teil Ostpreußens. In Ostpreußen geboren und aufgewachsen, erlebte Inge Keller-Dommasch die schweren Jahre von 1944 bis 1947 in ihrer Heimat. Sie schildert in ihrem autobiografischen Bericht „Wir aber mußten es erleben" einen Teil ihrer Kindheit, die eigentlich längst keine mehr war.

Immer bedroht von Hunger, Vergewaltigung, Vertreibung und Tod, mußte sie mehrere Jahre mit ihrer Mutter und Großmutter um das Überleben kämpfen. Die Autorin schildert eindringlich den Alltag in dieser Zeit. Ergänzt durch Texte ihrer Mutter, ergibt sich ein lebendiges Bild der unmittelbaren Nachkriegszeit. Ein Buch, das die Vergangenheit nicht vergessen läßt. So wie die Vergangenheit zum Leben und zur Zukunft jedes einzelnen gehört, gehört auch die Vergangenheit eines Volkes zu seinem weiteren Fortbestehen. Um der Wahrheit willen und aus Liebe zur Heimat Ostpreußen sowie zur Erinnerung an die Menschen, die Ostpreußen nicht mehr lebend verlassen konnten, wurde dieses Buch geschrieben.

Inge Keller-Dommasch, geb. 1930 in Kaukehmen (später Kuckerneese) in Ostpreußen, wurde im November 1947 zusammen mit ihrer Mutter aus Ostpreußen ausgewiesen. Nach mehrjährigem Aufenthalt im Rheinland heiratete sie 1962 und lebt seither in der Schweiz. Ihrer Ehe wurden vier Kinder geschenkt.

288 Seiten, mit zahlreichen farbigen und s/w-Abb., Karten, Faksimiles; Festeinband mit Fadenheftung

ISBN: 978-3-9814347-9-8 **€ 21,80**

Groß, Walther:
Ein Kriegsfreiwilliger und Spätheimkehrer berichtet

Die Erinnerungen des ehemaligen Obersturmführers der 1. SS-Panzerdivision Leibstandarte-SS Adolf Hitler (LAH) und Spätheimkehrers Walther Groß geben einen detailreichen Einblick in seine Kriegs- und Gefangenschaftsjahre. Der spätere Brigadegeneral des österreichischen Bundesheeres entführt den Leser mit seiner spannend geschriebenen Biographie an die militärgeschichtlichen Brennpunkte des Zweiten Weltkrieges.

Wir begleiten den in der Wiener Hitlerjugend aktiv gewesenen Autoren von seiner Ausbildung zum Flak-Artilleristen in der Kaserne in Berlin-Lichterfelde und auf der Flakartillerie-Schule I im mecklenburgischen Rerik über seinen ersten Kriegseinsatz auf dem Balkan und in Griechenland (1941) bis in die SS-Junkerschule Bad Tölz (1942), dann weiter in die Normandie und wieder zurück an die Ostfront (Schlacht um Charkow, 1943), um schließlich seinen Einsatz bei der Reichsluftverteidigung bei Berlin (1944) und den tragischen Endkampf in und um Wien mitzuerleben.

Im zweiten Teil seines mit zahlreichen Bildern und Dokumenten aufgelockerten Buches erzählt uns Walther Groß von seinem achteinhalbjährigen Leidensweg durch sowjetische Kriegsgefangenen- und Gulag-Lager, bis er endlich im Jahre 1953 in die Heimat zurückkehren kann, wo ihn seine geliebte Frau Pauli, seine ihm noch unbekannte Tochter Karin und seine Eltern erwarten.

Wer aus objektiver Perspektive über die geschmähte und verleumdete Generation unserer Väter und Großväter urteilen möchte, der kommt an diesem Buch nicht vorbei. Walther Groß hat die Gegner Deutschlands im Westen und Osten so kennengelernt, wie sie real waren. Sein Buch ist Erinnerung, Vermächtnis und Mahnung zugleich.

290 S., mit zahlreichen, größtenteils bisher unveröffentlichten s/w-Abb., Dokumenten und einer Karte, Festeinband mit Fadenheftung

ISBN: 978-3-9814347-5-0 **€ 20,80**